イギリス近世・近代史と議会制統治

青木 康 編著

仲丸英起　松園 伸　辻本 諭　薩摩真介
一柳峻夫　金澤周作　川分圭子　水井万里子
君塚直隆　ジョナサン・バリー

吉田書店

序

青木　康

　「代表なくして課税なし」という有名なせりふがある。学部の学生として西洋近代史の勉強をしていた頃から，私はこのせりふの持つレトリックとしての性格に興味をひかれていた。というのは，歴史学に「れはたら」は禁句であるが，仮にイギリスの北米植民地から何十人かの議員がロンドンのウェストミンスタの議会に選出されていて，その議会で北米植民地に対する課税が可決されたのだとすれば，植民地人はその課税を受け入れられるということなのか，どうもそういう話ではないような気がしたからである。パトリック・ヘンリはそんなことは百も承知で，「代表なくして課税なし」と主張していたのであって，代表がいるところで決まったのであれば，賛成（少なくとも容認）できますということではないであろう。

　その後，私はイギリス[1]史の専門家として，主として18世紀議会政治史の細かいトピックを研究するようになったが，根底のところでは，先ほどの問題がずっと気になっていた。その問題を言い換えると，国の統治下にある地域に議席を配分し，そこから代表が中央の議会に出てきて議事に参加してくれれば，それだけで議会が統治機関として有効に機能するという保証はない。おそらく，別の歴史的な諸要素がからみあって，議会は初めて成長し，統治の上で大きな役割をはたすことができるのであって，イギリス，少なくともイングランドで比較的順調に議会政治が発展したとすると，その順調さはどうして可能になったのだろうか，いや，そこにおいても議会政治の発展は本当にそれほど順調であったのだろうかということである。

　そんなことを漠然と考えていたところに，近世・近代のイングランド西部地域[2]に重点をおいて，議会による統治の歴史的展開を検討する研究プロ

ジェクトを立ち上げないかという誘いが，本書の執筆者のひとりである水井万里子さんからあった。西部は，近代イギリス史の輝かしい発展の物語からはやや取り残された感のある地域であり，主にそこに材料を求めることで，議会制統治の順調な発展というステレオタイプ化したイギリス史理解の図式を批判的に再検討できるのではないかということであった。私はそれにすぐに賛同し，さらに，本書に執筆している何人かの研究者にもプロジェクトに加わっていただくことができた。メンバーは全員がイギリス議会史の専門家というわけではなかったが，少なくとも，下院[3]議員の政治活動や選挙について実証性の高い研究を経験してきた人々であった。こうして，本書に直接つながる研究プロジェクトが始動し，それは2011年度から3年間は，西部地域への限定をはずした上で，科学研究費助成事業の基盤研究（C）「イギリス史における議会制統治モデルの限界」[4]として精力的に進められた。本書は，その研究成果を形にしたものである。

　本書を構成する11本の論文は，科学研究費助成事業に応募した時からこの研究プロジェクトの柱として設定していた「1　下院の議席配分と地域代表」，「2　商人等の非地主議員と議会」，「3　地域利害に関する下院以外のチャンネル」という三つの問題群に分けて，3部構成で配置されている。研究会で報告と討論を繰り返すなかで，取り上げるべき具体的話題が徐々にはっきりと見えるようになってきて，公刊する書籍の章別構成においては，より内容にそくして，「1　下院の議席配分と地域代表」が「第Ⅰ部　代表制議会」（さらに第Ⅰ部を二分して，「A　議席配分と地域代表」と「B　議員選出の実態」とした）に，「2　商人等の非地主議員と議会」が「第Ⅱ部　海洋帝国の議会」に，そして「3　地域利害に関する下院以外のチャンネル」が「第Ⅲ部　議会制統治の外縁部」になった。しかし，大枠の問題意識はプロジェクトが立ち上がった時点から変わっていないと言える。

　もう少し具体的に本書の内容を説明すれば，「第Ⅰ部　代表制議会」におさめられた5本の論文が問題にするのは，下院の議席が配分され，議員がある地域から中央の議会に送られても，議員がその地域社会の代表としては必ずしも働かない（Aの論点），そもそも選挙で議員が地域社会を代表する者と

してすんなりと決まるわけではない（Bの論点）という点である。第Ⅱ部の「海洋帝国の議会」というタイトルは，一見すると，もともとの研究プロジェクトの第2の柱「商人等の非地主議員と議会」とかなり違っているように見えるかもしれないが，問題意識は一貫している。少なくとも近世から近代の前半まで（15世紀末から19世紀前半まで）の時期については，「議会制統治モデル」の歴史像は，地域社会の「生まれながらの支配者」としての地主貴族の政治的重要性に対する高い評価と裏腹な関係にあったのであり，そのモデルを疑うとすれば，地主出身議員の働きにも疑問符をつけざるをえなくなる。近世・近代のイギリスでその重要性を高めていった商業利害，製造業利害，植民地利害などの，あえて言えば個別的な利害は，素人政治家である地主出身議員だけでは十分に担うことができず，より直接的にそれを担ったであろう非地主議員を検討したいというのが，第2の柱が言っていたところであり，研究プロジェクトが進む過程で，近世・近代のイギリスが海洋帝国として大きく発展したという歴史的現実を反映して，具体的には植民地を含む海外にかかわる諸利害がどのように議会に代表されていたかが複数のメンバーにより取り上げられて検討されることになった。その成果が，「第Ⅱ部 海洋帝国の議会」の4本の論文である。最後の「第Ⅲ部 議会制統治の外縁部」は，プロジェクトの第3の柱「地域利害に関する下院以外のチャンネル」をほぼそのまま受け継いだもので，そこにおさめられた2論文は，議会＝下院による統制が徐々に，しかも間接的にしか及ばなかった二つの利害，コーンウォル公領と，デヴォン・コーンウォル両州のすず鉱業の問題を扱っている。

　このように本書の11本の論文は，それぞれがイギリス近世史，あるいは近代史上のトピックをとりあげた詳細で実証的な個別研究であるが[5]，全体として，研究プロジェクト名「イギリス史における議会制統治モデルの限界」が示す通り，地主貴族が担う議会制統治のイギリス近世・近代史における順調な発展という常識化した図式の不十分さを明らかにするものである。他方で，個々の検討作業を進めるなかで，同時期のイギリス議会の多様な機能もあらためて確認することができた。本プロジェクトの研究会がしばしば，

「たかが議会，されど議会」という締めの言葉で終わったのはそのためであり，本書のタイトルは最終的に『イギリス近世・近代史と議会制統治』となった。

なお，本書の巻末には，近世イギリス西部の歴史の代表的研究者であるエクセタ大学のジョナサン・バリー教授による「コメント　選挙区と利害」（日本語訳は水井万里子さん）をおさめることができた。本書の出発点となった，西部地域に重点をおいて議会制統治の問題を考えようという研究プロジェクトを構想し始めた時から，イギリスの歴史学界で近い問題関心をもって仕事をしていると思われる研究者との交流の可能性が模索されていたが，今回のバリー教授によるコメントの寄稿はその一つの結果である。バリー教授には，本書の基本的コンセプトをお伝えした上で，11本の論文のある程度詳しい英文レジュメ（一部については論文の英訳）を読んでいただき，本書所載の諸論文をイギリス議会史，さらには広くイギリスの近世・近代史の研究史の流れのなかに位置づけていただいた。

研究プロジェクト「イギリス史における議会制統治モデルの限界」の成果である本書では，「順調な議会制統治の発展というステレオタイプ化したイギリス史理解の図式を批判的に再検討」するというプロジェクト当初の目的は，一定程度達成しえたものと考えている。ただ，批判的再検討を進めた結果，統治と議会にかかわる多くの論点を解明することができたものの，従来のものに替わるイギリス史理解を提示しうるところまではいたっていない。この課題は，本書を刊行して，従来の理解の問題点をより多くの研究者と共有した後に，新たに取り組んでいかなければならないと考えている。

注
1) イギリスという語の使い方は難しいが，本書では一般的な用法に従って，1707年まではイングランド王国（17世紀半ばの共和政期は例外），1707年以降1800年まではグレートブリテン王国，1801年以降は連合王国を指すものとして，あるいは，それらの通時代的呼称として用いている。

2) 本書では，ここに記したような制作の経緯から，「西部（地域）」に言及されることが多いが，その定義は執筆者間で必ずしも統一されてはいない。例えば，青木康「第2章　18世紀イングランド西部の下院議員」では，西部をコーンウォル，デヴォン，ドーセット，サマセットの4州としているが，他章では異なる定義が使われていることがある。
3) 本書では（エディンバラのスコットランド議会をも視野にいれた第3章を例外として），ウェストミンスタの議会の二院（House of Lords と House of Commons）は貴族院と下院という不釣り合いな訳語で表記している。一般には，貴族院と庶民院と訳されることが多いが，本書が対象としているほとんどの時期において，下院議員となるのは，大地主のような社会のごく一部の富裕者に限られており，庶民院という訳語は適切でないと考えられる。
4) 課題番号は23520912，研究代表者は青木康。
5) イギリス近世史を詳細に取り扱う際には，つねに暦の問題を意識していなければならない。本書では，新暦への移行（1752年9月）以前のイングランド内の事項については，旧暦で表記する。ただし，その場合でも，新年は1月1日に始まるものとしている。

イギリス近世・近代史と議会制統治

目　次

序 .... 青木　康 …… *1*

第Ⅰ部　代表制議会

─ A　議席配分と地域代表 ─

第1章 │ 近世コーンウォルにおける下院議員の選出様態
│ 数量的分析 .... 仲丸　英起 …… *15*
　はじめに　*15*
　第1節　近世コーンウォルの統治形態と問題の所在　*16*
　第2節　分析の手法　*21*
　第3節　ミッド・テューダー期から初期ステュアート朝期にかけての全体的傾向　*22*
　第4節　エリザベス治世期から初期ステュアート朝期にかけての変化　*28*
　おわりに　*32*

第2章 │ 18世紀イングランド西部の下院議員
│ 議員と選出区の関係をめぐって .... 青木　康 …… *39*
　はじめに　*39*
　第1節　西部地域への議席配分　*40*
　第2節　生涯選出区数　*42*
　第3節　地元率　*44*
　第4節　州内率　*46*
　第5節　連続在職年数と議員歴中断議員割合　*48*
　第6節　官職就任に伴う議員辞職経験　*51*
　おわりに　*53*

第3章 │ スコットランド代表議員の政治的機能（1707〜1747年）
│ 合同以前のスコットランド身分制議会との関連において ……… 松園　伸 …… *57*
　はじめに　*57*
　第1節　スコットランド議会議員からブリテン議会代表議員へ　*60*
　第2節　合同条約締結以降のスコットランド議員の質的変化　*70*

── B　議員選出の実態 ─────────────────────────

第4章 | 王政復古期における五港統治と下院議員選挙
　　　　…………………………………………………………… 辻本　諭 …… *85*

　　はじめに　*85*
　　第1節　五港長官と慣行としての議員推薦権　*86*
　　第2節　ドーヴァ副城代ジョン・ストロウド　*89*
　　第3節　五港における下院議員選挙と地域政治（1661〜1681年）　*92*
　　　（1）1661〜1678年　*92*
　　　（2）1679〜1681年　*95*
　　第4節　王権による統制強化と議員推薦権公式化の試み（1682〜1688年）
　　　　　　98
　　　（1）五港における「トーリ反動」　*98*
　　　（2）ジェイムズ2世期──1685年選挙と特権付与状再交付政策の継続　*103*
　　おわりに　*106*

第5章 | ブリジウォータの都市自治体と1780年総選挙
　　　　…………………………………………………………… 青木　康 …… *113*

　　はじめに　*113*
　　第1節　ブリジウォータの下院議員選挙　*114*
　　第2節　1780年の総選挙　*116*
　　第3節　その後の動き　*121*
　　第4節　1780年総選挙と都市自治体　*126*
　　おわりに　*130*

第Ⅱ部　海洋帝国の議会

第6章 | 私掠と密輸
　　　　九年戦争期のイングランドにおける捕獲物関連制度の改革と議会，王権
　　　　…………………………………………………………… 薩摩　真介 …… *139*

　　はじめに　*139*
　　第1節　九年戦争前半　*144*
　　　（1）対仏戦の開始とイングランドの海上貿易　*144*

（2）私掠の奨励とそれに伴う諸問題の発生　*146*
　　　（3）捕獲物委員への批判　*150*
　　　（4）「対仏貿易禁止継続・私掠奨励法」の制定　*151*
　　第2節　九年戦争後半　*153*
　　　（1）私掠奨励と密輸の防止　*153*
　　　（2）捕獲物委員か関税委員か　*155*
　　　（3）1696年の私掠奨励法案をめぐる対立　*158*
　　おわりに　*161*

第7章　ジャリット・スミス
　　　　ブリストルの下院議員 ……………………………………… 一柳　峻夫 …… *169*
　　はじめに　*169*
　　第1節　ジャリット・スミスの経歴　*174*
　　第2節　ジャリット・スミスの顧客関係　*177*
　　第3節　議員としてのジャリット・スミス　*182*
　　おわりに　*188*

第8章　18世紀イギリスにおける海難者送還システムと議会制定法
　　　　………………………………………………………………… 金澤　周作 …… *193*
　　はじめに　*193*
　　第1節　18世紀における海難問題の特徴　*194*
　　　（1）19世紀における海難問題への関心　*194*
　　　（2）18世紀における海難問題への関心　*196*
　　　（3）「海難＝天災」期の対策のかたち　*198*
　　第2節　国内海難者送還　*198*
　　　（1）チャリティ　*198*
　　　（2）浮浪法と救貧法　*200*
　　　（3）救貧としての送還　*204*
　　第3節　海外海難者送還　*205*
　　　（1）自力救済と条約　*205*
　　　（2）1728年法と帰国支援　*208*
　　　（3）人材循環としての送還　*215*
　　おわりに　*216*

第9章 減税か賠償か
　　　　イギリス議会と奴隷制廃止をめぐる議論　1823～1833年
　　　　……………………………………………………………………川分　圭子……223

　はじめに　*223*
　第1節　1833年全英領植民地奴隷制廃止法　*224*
　　（1）奴隷制廃止法──徒弟制と賠償制度　*224*
　　（2）奴隷制廃止の方法──労働奉仕期間の設置と金銭賠償　*225*
　　（3）奴隷制廃止期の英領西インド経済　*226*
　第2節　奴隷制廃止への歩み──1823～1833年　*229*
　　（1）1823年カニング決議と奴隷待遇改善　*229*
　　（2）ウェリントン内閣と西インド不況対策の試み　*233*
　　（3）グレイ内閣と奴隷待遇改善への圧力としての不況対策　*234*
　第3節　賠償制度の設置　*236*
　　（1）賠償容認の出発点としてのカニング決議　*236*
　　（2）賠償内容の具体化　*240*
　おわりに　*244*

第Ⅲ部　議会制統治の外縁部

第10章 近世イギリスのスタナリ議会
　　　　すず鉱業地域利害の調整と回路の検討………………………水井　万里子……253

　はじめに　*253*
　第1節　スタナリーズとスタナリ議会　*254*
　　（1）スタナリーズ　*254*
　　（2）スタナリ議会と下院　*256*
　第2節　先買とすずの財源化──17世紀前半　*259*
　　（1）王権歳入とスタナリーズ　*259*
　　（2）大蔵卿のすず財源化　*260*
　　（3）「不平の請願」──議会とのかかわり　*262*
　第3節　先買とすずの財源化──17世紀後半から18世紀初頭　*263*
　　（1）小額硬貨鋳造と先買請負　*264*
　　（2）シヴィル・リスト（王室費）　*266*
　　（3）アン女王の先買と大蔵卿　*268*
　　（4）スタナリ議会　*269*

おわりに　*271*

第11章　アルバート公によるコーンウォル公領の経営改善と議会政治
　　　　　　……………………………………………………………君塚　直隆……*277*

　　はじめに　*277*
　　第1節　ヴィクトリア女王の即位と公領の継承　*279*
　　　（1）女王による継承と鋳造税の廃止　*279*
　　　（2）女王懐妊とアルバートへの期待　*280*
　　　（3）アルバートによる公領管理体制の確立　*282*
　　第2節　公領経営改善の必要性と法制化　*284*
　　　（1）公領の経営改革　*284*
　　　（2）公領関連法案の作成と有力者との調整　*286*
　　　（3）公領関連法の成立　*287*
　　第3節　公か私か？――議会制統治モデルと公領の存在　*289*
　　　（1）公領経営をめぐる議会審議のはじまり　*289*
　　　（2）トリロニからのさらなる追及とその収束　*292*
　　おわりに　*294*

コメント　選挙区と利害
　　　　　　………………………………………ジョナサン・バリー　Jonathan Barry……*301*

　　人名索引　*315*

第Ⅰ部
代表制議会

A 議席配分と地域代表

第1章 近世コーンウォルにおける下院議員の選出様態
数量的分析

仲丸　英起

はじめに

　イングランド議会は，他の大陸諸国と同様に封建制度の枠組みのなかで生起した機関であった。しかし，テューダー朝が成立し中央集権化が進展してゆくなかで，政治統合における独自の手段として国制に根を下ろすことになり，G・R・エルトンが主張するように支配者と被支配者の「接触点」としての機能を高めたとされてきた[1]。他方でウェストミンスタへの議員の選出は，イングランド中央政府の統治権下への編入をも意味するようになっていった。すなわち，1534年のウェールズ，1707年のスコットランド，1801年のアイルランドに顕著なように，イングランド議会への代表選出権の付与は，地方と中央の政治的対話の公的な回路を開くと同時に，中央政府の支配権拡大を象徴的に明示するものでもあったのである[2]。

　以上の議員選出に関する両義的な側面を具体的な事例に則して検討するため，本章では近世コーンウォルを俎上に載せる。他州と比較しても人口が稀薄な同州には，16世紀中に多数の選挙区が創設され，イングランド中で最も議席数の多い州となった[3]。この選挙区創設という現象は，テューダー王権による中央集権化策の一端とみなすべきであるのか，それとも他の要因を考慮すべきであるのか。また，コーンウォルのような辺境地域において，議会の議席や議員はどのような存在として認識されていたのか。本章ではこのような問題に関して，主として数量的分析にもとづいて考察してみたい。まず第1節では，同時代のコーンウォルをめぐる政治状況と統治構造および研

究史を概観した上で，本章における具体的な課題を提示する。これを踏まえて，第2節では本章で用いる分析の手法について説明し，第3節ではミッド・テューダー期から初期ステュアート朝期における全体的傾向について，第4節ではエリザベス治世期から初期ステュアート朝期にかけての時系列的変化について，それぞれ検討を加えることにしたい。

第1節　近世コーンウォルの統治形態と問題の所在

　15世紀前半から16世紀初頭にかけて，コーンウォルを含む西部地域で権勢を振るっていたのは，エクセタ侯爵ヘンリ・コートニであった[4]。ヘンリ8世の従兄弟であった彼は，その血縁関係を生かし王の側近として活躍してゆくことになる。1520年代からは枢密顧問官（Privy Councillor）として国王の離婚問題への対応にあたるなど，トマス・ウルジが失脚した時点で宮廷内における一番の実力者にのし上がった。しかし宗教改革と同時に行政改革を推し進めたトマス・クロムウェルが台頭してくると，彼との権力争いに巻き込まれてゆく。そして1538年には西部地域のカトリック反乱に参加した廉で逮捕，処刑されてしまう。コーンウォル公領（Duchy of Cornwall）管理官（High Steward）の地位にあり，解散した修道院領の執事職（Stewardship）も保持するなど，政治的にも社会的にも西部地域に強い影響力を有していたエクセタ侯爵の処刑により，コーンウォルは権力の「真空地帯」となってしまった[5]。

　この状況に対処するためにヘンリが送り込んだのが，1539年に男爵の爵位を授与されたばかりのジョン・ラッセルであった[6]。ラッセルは，その爵位を授けられたのと同年に，新設の西部辺境評議会（Council of the West）の長官（Lord President）ならびにコーンウォル公領管理官およびスタナリ長官（Lord Warden of Stannary）に就任している[7]。しかし1540年代には海軍卿（Lord High Admiral）や王璽尚書（Lord Keeper of the Privy Seal）として中央での活動が目立ち，西部地域については軍事的な危機が発生した場合に対処するだけであった。その態度が変化してゆくのは，1549年に発生した西部反

乱以降である[8]。当該地域の軍務を司る統監として現地に派遣されたものの，反徒の鎮圧に手を焼いたラッセルは，西部地域において事前に反乱の芽を摘む重要性を認識した。翌年ベドフォード伯爵となったラッセルは，これを契機として，司法・行政・軍事など様々な面で積極的に関与するようになり，下院議員の選挙にも干渉を始めたのである。

1555年に（初代）ベドフォード伯爵が亡くなると，その息子であったフランシスが父の爵位を引き継ぎ，（第2代）ベドフォード伯爵となる[9]。プロテスタント信仰の篤かった（第2代）ベドフォード伯爵であったが，メアリ治世期にすでに父が保有していた西部諸州の統監職を引き継ぐことを認められ，エリザベスが即位した直後の1558年には枢密顧問官に任命される。翌年にはスタナリ長官に，1572年にはコーンウォル公領管理官にも就任し，こうした官職に付随する権限や西部地域に保有していた広大な所領を背景に，中央政府の意に沿うようにデヴォンやコーンウォルの選挙における影響力を行使するようになっていった。

さらに（第2代）ベドフォード伯爵は，1577年以降はロンドンよりエクセタに滞在する時間が長くなるなど西部地域への関与を強めていったが，1584年に体調が悪化し職責を果たせなくなった。これに伴い，新世代の寵臣であったウォルタ・ローリがスタナリ長官に，翌年にはコーンウォル公領管理官，3年後にはコーンウォルの統監に就任している[10]。しかし名門家系の出身ではなく，海外遠征のためにイングランドを不在にする期間の長かったローリは，西部地域に両ベドフォード伯爵ほどの影響力を発揮できず，女王が亡くなるとロンドン塔に収監されて，政治の表舞台から姿を消してしまう。

ローリの跡を襲って，1604年にコーンウォル公領管理官，スタナリ長官，コーンウォルの統監に就いたのは，（第3代）ペンブルック伯爵ウィリアム・ハーバートであった[11]。とはいえ，世紀が改まった直後にコーンウォルで選挙に対する影響力を発揮したのは，1603年に（初代）ソールズベリ伯爵となったロバート・セシルであり，そのセシルも両ベドフォード伯爵ほどの強大な権力を掌握していたわけではなかった[12]。

そしてソールズベリ伯爵が死去した1612年頃から，コーンウォルの権力構造に大きな変化が生じ始める。ジェイムズ1世の長男ヘンリは，15世紀以来久方ぶりに王位継承順位第1位の男子として成年に達してコーンウォル公爵となり，1610年にはその権限にもとづいて皇太子評議会（Prince's Council）が創設された。皇太子評議会を構成したのはヘンリのハウスホールドのメンバーであったが，コーンウォル公領管理官にしてスタナリ長官であったペンブルック伯爵は排除されていた。すなわち，王権が公領に対して有力貴族を介さず直接的に権力を振るい出したのである。ヘンリが1612年に夭折したため皇太子評議会はいったん解散されるが，弟であるチャールズ（後の国王チャールズ1世）が1616年に成年に達しコーンウォル公爵となった機会をとらえて再び設置され，公領に対する影響力を本格的に高めていった[13]。

　一方でこの間の1613年には，1604年議会の失敗に懲りた国王が，フランシス・ベイコンが立案した中央政府主導による選挙干渉策の採用を決定していた[14]。そしてこの方針にもとづいて最も大々的に選挙干渉がおこなわれた地域が，皇太子評議会が設立されていたコーンウォル公領であった。干渉がおこなわれたのは1614年・1620/1621年・1624年の3回の選挙であったが，特に後半2回の選挙においては公領の影響下にある都市（以下，公領都市）に対して皇太子の名で作成された議員推薦者リストの存在が確認されており，相当強い圧力がかけられたことがうかがえる[15]。

　1625年のジェイムズの死去に伴いチャールズが即位すると，コーンウォル公爵は不在となって再び皇太子評議会は解散され，1625年・1628年・1629年の3回の選挙においては王権による直接的な干渉はおこなわれなかった。とはいえ，テューダー朝期のように，西部地域における主要官職を保持していたペンブルック伯爵のみにパトロネジが回帰したわけではなく，当時中央政府内で権力を独占しようとしていた（初代）バッキンガム公爵ジョージ・ヴィリヤーズもこの地域への介入を強めようとしたため，両者間での争いが激しくなっていった。両者のせめぎ合いは，その代理抗争という形でコーンウォル内のジェントリ間の対立をも惹起したのである[16]。

上記の宗教改革前後から内乱前までの政治史の概観からもわかるように，同時代のコーンウォルには他州とは異なり公的な統治組織が複数存在し，そのため権力体系が重層的になっていた。すなわち，一般の州（County）の行政組織とは別に，特別行政区である公領（Duchy），さらには鉱物資源に関する特権を与えられたスタナリ（Stannary）が存在し，各々が原理的にはそれぞれ独立した機関として権限を行使していたのである[17]。とはいえ，辺境地域の統合政策を進めていたテューダー王権は，公領やスタナリを中央政府の出先機関として活用することを試み，解散させた修道院領を公領に編入すると，公領のトップである管理官に中央から派遣した（初代）ベドフォード伯爵を就け，彼にスタナリ長官も兼任させた。さらに16世紀半ば以降に統監制度が整備されてゆくと，ベドフォード伯爵父子はその官職をも保持するようになった。こうして16世紀中には，王権と親密な関係にある貴族をコーンウォルにおける見かけ上すべての行政組織の頂点におく体制が築かれていったのである。とはいえ，公領やスタナリの権限を日常的に行使するのは，コーンウォル公領副管理官（Deputy Steward）やスタナリ副長官（Vice Warden of Stannary），州の副統監（Deputy Lieutenant）の地位にあった，アランデル家（Arundell）やゴドルフィン家（Godolphin），グレンヴィル家（Grenville）のような20から30程度の地元の有力ジェントリ家系のものたちであり，その実質的な影響力は相対的に大きなものであった。彼らが官職などのパトロネジを共有することで，比較的安定した統治がおこなわれていたのである[18]。しかし17世紀に入ると，皇太子評議会の設置や宮廷内の派閥争いの影響などで，従来の行政機構による統治は行き詰まりを見せるようになり，コーンウォルの政情は徐々に不安定となっていった。

　以上の政治状況および統治構造を念頭においた上で，同時代のコーンウォルにおける下院議員と選挙の位置づけに関する研究史を瞥見しておこう。古くはM・コートやA・L・ラウスによる研究が存在するが，現在では両者とも実証性が低いといわざるをえない[19]。G・ハスラムは，大部分の選挙区が創設されたのが政府の権力基盤が弱体化した時期（1547～1563年）であった点に着目し，この現象を新たな経済力の反映や政治的野心をもった都市か

らの圧力に帰すのは困難であり,むしろ同地域が王権の統治下にあることを明示するとともに,公領の権力を用いて政府に友好的な議員を選出しようとする意図のもとに生じたものであったと見ている[20]。だが,都市選挙区のうち7選挙区が西部反乱発生の2年前に創設された点については,ハスラムも明確な理由を記していない。J・チノワスは,これら7都市選挙区の創設は,ヘンリ8世死去後に権力を握った(初代)サマセット公爵エドワード・シーモアが,すでに西部地域での地位を確立していたジョン・ラッセルと和解すると同時に,自身の下僚を議会に送り込むために企図したものであったという,新たな解釈を提示している[21]。

　さらに選出された議員の類型と選挙区側の意識についても,見解は分かれている。ハスラムは,中央の利害と地方の利害との均衡は図られていたという留保を付けながらも,16世紀中に公領管轄下にある議席で地元出身者の割合が減少し,それ以外の議席では増加していることを根拠に,公領の影響力が増大したとしている[22]。そして17世紀に入ると,皇太子評議会が設立されたことで公領はいっそうその地位を高め,いったん解散された後も1640年までは継続的に影響力を保持し続けたとして,同時代を通じた公領の重要性を主張している[23]。一方でチノワスは,16世紀中において議会は宮廷と比較してコーンウォルの人々にとって関心を集める対象となりにくかったために,地元出身の議員が減少したのではないかとしている[24]。またP・M・ハンニバルは,皇太子評議会の選挙干渉は1624年の選挙では不首尾に終わったと論じており,さらにA・ダフィンは,その後バッキンガム公爵とペンブルック伯爵の関係悪化がコーンウォル内に激しい派閥争いを生み,両派の対立が選挙戦に大きな影響を与えていたとしている[25]。

　以上のように,コーンウォルにおける議員選出について一定の研究成果は上がっている。しかしコーンウォル選出の議員全体を対象とした網羅的な分析は十分になされておらず,全体的な動向は依然未解明のままである。また下院議員が頻繁に選挙区を移動したという事実は,ほとんど考慮されてこなかった[26]。地元代表者による地域利害の中央での代弁のみが,必ずしも議会に期待されていた機能ではないという近世における統治構造の特質を踏ま

えなければ,同地域の議員と選挙区の関係を理解するのは困難である[27]。したがって,以下ではエリザベス治世期と初期ステュアート朝期のコーンウォルにおけるすべての議員と選挙区を統計的に分析する手法を用いて,同地域における議員と選挙区との関係の変化についての趨勢を構造的に把握することをめざす。これにより,公領やスタナリおよび貴族や皇太子評議会など外部権力の地域社会における影響力や,地元ジェントリの議会に対する認識を解明する足がかりを得ることにしたい。

第2節　分析の手法

　本節では,次節以降でおこなう分析の枠組みを提示する[28]。本章では,議会史財団発行の包括的な下院研究シリーズのうち,テューダー朝前期の16議会を扱った『議会史——下院　1509-1558年』(以下,『下院Ⅰ』),エリザベス治世期の10議会を扱った『議会史——下院　1558-1603年』(以下,『下院Ⅱ』) と,初期ステュアート朝期の7議会を扱った『議会史——下院 1604-1629年』(以下,『下院Ⅲ』)を使用して分析をおこなう[29]。コーンウォル選挙区の全般的な傾向を分析する第3節においては『下院Ⅰ』『下院Ⅱ』『下院Ⅲ』を利用し,16世紀末までに議席を付与されたコーンウォル内の都市選挙区について,1545年から1629年の選挙で選出された議員を検討対象とする[30]。また,より詳細に時系列的な変化を検討しイングランド全選挙区との比較をおこなう第4節においては『下院Ⅱ』『下院Ⅲ』を利用し,同じく16世紀末までに議席を付与された都市選挙区について,1559年から1629年の選挙で選出された議員を検討対象とする。さらに,両節ともに筆者が以前に算出したエリザベス治世期と初期ステュアート朝期におけるイングランドとウェールズの全選挙区,およびイングランドの全都市選挙区との数値と比較をおこない,コーンウォルにおける議員選出がどのような特徴を有していたのかを浮き彫りにする[31]。

　『下院Ⅰ』『下院Ⅱ』『下院Ⅲ』から実際に抽出して検討をおこなう基本的な指標は,以下の通りである。1人の議員が生涯の間にどれほどの数の選挙

区から選出されていたのかを明らかにするために生涯選出区数を，議員の移動範囲を知るために州内率を，議席の安定度を調べるために空白率を，さらに議員と選挙区との関係の深さを検証するために地元率を，ある選挙区内部での議員の影響力を測定するために当該選挙区占有率を，議員の議席定着度を測定するために生涯当選回数を算出する[32]。

これらに加え，コーンウォル特有の事情を考慮して以下の指標についても集計をおこなう。西部諸州出身率は，検討対象としている全議員に占める西部出身者の割合である[33]。公領利害関係者率とスタナリ利害関係者率は，それぞれ検討対象としている全議員に占める公領官職を保有もしくは公領関連の所領を保有している議員の割合，スタナリ官職を保有している議員の割合である[34]。また親族占有率は，検討対象としている全議員に占める親族，すなわち4親等以内の人物が西部諸州内の選挙区で選出された経験のある議員の割合である。さらに都市内出身者率は，検討対象としている全議員に占める都市内出身者，すなわち選出都市内部もしくは5マイル以内の近隣に居住ないし選出都市の官職を保有していた議員の割合である。

本章では以上のような議員の個別的データを，類型化した選挙区と関連づけることにより，議員と選挙区との関係の考察を試みる。ここではコーンウォル全都市選挙区，公領都市選挙区，スタナリ都市選挙区，16世紀中に創設された新選挙区の各々について，全期間の平均値を算出し，それぞれについて比較をおこなう。具体的な都市選挙区名とその種別については，表1-1を参照されたい[35]。なお，新選挙区のみ創設当初の傾向と一定程度の時間が経過してからの傾向についての変化を分析するため，各選挙区が創設されてから30年以内とそれ以降の平均値についても算出している。

第3節　ミッド・テューダー期から初期ステュアート朝期にかけての全体的傾向

本節では，コーンウォルの全選挙区，公領都市選挙区，スタナリ都市選挙区，新選挙区について，前節で提示した指標にもとづきその特徴を明らかに

表 1-1　コーンウォル都市選挙区一覧

	公領都市	スタナリ都市	新議席
BODMIN		○	
BOSSINEY	○		○
CALLINGTON			○
CAMELFORD	○		○
FOWEY	○		○
GRAMPOUND	○		○
HELSTON	○	○	
LAUNCESTON (DUNHEVED)	○	○	
LISKEARD	○	○	
EAST LOOE	○		○
WEST LOOE	○		○
LOSTWITHIEL	○	○	
MITCHELL			○
NEWPORT	○		
PENRYN			○
SALTASH	○		○
ST.GERMANS			○
ST.IVES	○		○
ST.MAWES	○		○
TREGONY	○		○
TRURO		○	

出典：*HPT* II, Vol. 2 をもとに筆者作成。

してゆく。表1-2は，コーンウォル都市選挙区全体，公領都市選挙区，スタナリ都市選挙区の選挙区分類ごとに分析結果を整理したものである。また，比較のためにエリザベス治世期と初期ステュアート朝期におけるイングランド・ウェールズの全選挙区とイングランドの全都市選挙区の6指標についての数値を，表1-3として挙げておく[36]。

まず表1-2のコーンウォルの全都市選挙区平均（以下表中の番号①で略記，以降も同じ）の数値に着目してみよう。生涯選出区数は2.41となっており，生涯で一度しか当選を果たしていない者を含めても，平均して各議員は二つ以上の選挙区から選出されていることになる。これは表1-3におけるイングランド・ウェールズの全選挙区平均（表中の番号④）の1.88，イングランド全都市選挙区平均（表中の番号⑤）の1.89と比較して，明らかにかなり高い

表 1-2　コーンウォル全都市選挙区平均・公領都市選挙区平均・
　　　　スタナリ都市選挙区平均（1545～1629 年）

	生涯選出区数	州内率	空白率	地元率	当該選挙区占有率	生涯当選回数	西部出身者率	公領利害関係者率	スタナリ利害関係者率	親族占有率	都市内出身者率
コーンウォル全都市選挙区平均　①	2.41	53.7%	47.0%	33.9%	44.1%	3.25	52.8%	8.7%	2.0%	34.0%	20.6%
公領都市選挙区平均　②	2.43	53.4%	47.0%	31.9%	42.8%	3.24	49.6%	6.9%	3.9%	33.0%	16.6%
スタナリ都市選挙区平均　③	2.39	62.3%	45.6%	44.7%	47.8%	3.49	61.3%	15.7%	2.3%	38.0%	30.3%

出典：HPT Ⅰ，HPT Ⅱ，HPT Ⅲをもとに，筆者作成。

表 1-3　イングランド・ウェールズ全選挙区平均・イングランド全都市選挙区平均
　　　　（1559～1629 年）

	生涯選出区数	州内率	空白率	地元率	当該選挙区占有率	生涯当選回数
イングランド・ウェールズ全選挙区平均　④	1.88	68.4%	48.5%	68.1%	63.4%	3.52
イングランド全都市選挙区平均　⑤	1.89	67.2%	44.8%	61.6%	62.6%	3.42

出典：HPT Ⅱ，HPT Ⅲをもとに，筆者作成。

数値であることがわかる。また州内率，地元率，当該選挙区占有率はそれぞれ 53.7 %，33.9 %，44.1 % となっている。すなわちコーンウォル州内のみの選挙区移動を経験している議員は半数強しかおらず，同州内に所領を有する者も 3 割強，同一の選挙区から移動しにくかった議員も 4 割強程度しか存在しなかったことを表している。④⑤では，いずれも州内率が 60 % 台後半，地元率は 60 % 台，当該選挙区占有率も 60 % 台であり，これらの指標のコーンウォル都市選挙区における数値の低さは顕著である。一方で，④⑤と比較

した場合，①の空白率は 47.0 ％とそれほど高いわけではない。また生涯当選回数も①では 3.25 と④⑤よりは低いものの，生涯選出区数ほど差が開いているわけではない。したがって，落選した経験を有する議員の割合は全国平均と同程度で，生涯を通じて当選できる回数が極端に少なかったわけでもないということになる。また西部出身者率は 52.8 ％となっており，半数近くが西部 3 州以外の出身者であった。親族占有率は 34.0 ％で，血縁者が選出される可能性の多い同時代の下院にあって，西部地域で選出された血縁者を 6 割以上の者が有していなかったことを示している。都市内出身者率は 20.6 ％であり，選挙区と密接な関係を有していた者は全体の 5 分の 1 程度にすぎなかったことになる。

　以上を総合すると，生涯選出区数が高く，州内率が低く，当該選挙区占有率が低いことから，コーンウォルの都市選挙区で当選している議員たちは，頻繁かつ遠距離を移動する傾向にあったと推測される。また地元率や西部出身者率，都市内出身者率はいずれも低く，選挙区近郊やコーンウォル内だけでなく，西部地域に活動の拠点をおく人物ですら議員に選出されにくく，逆に外部出身者が多数選出されていたことが読み取れる。もっとも，空白率はさほど高くなく，生涯当選回数も極端に低いわけではないことから，連続して当選を重ねていた議員も一定数含まれていたと推定される。各指標を偏差値に換算して表示したのが図 1-1 であるが，これを見てもコーンウォル都市選挙区の特異性は歴然としている。

　次に表 1-2 の公領都市選挙区平均（表中の番号②），スタナリ都市選挙区平均（表中の番号③）の数値に着目してみよう。②に関しては，都市内出身者率が 16.6 ％と若干低い以外，各指標とも①と目立った差は見られない。また公領利害関係者率は 6.9 ％と，むしろ低くなっている。よって全期間を通じて見ると，公領都市選挙区に顕著な特徴は見出せず，公領都市であることが特定の議員の選出には結び付かなかったと推知される。他方で③では，州内率・地元率・生涯当選回数・西部出身者率・都市内出身者率が，明らかに①より高くなっていることが読み取れる。よって，スタナリ都市選挙区においては，地元の人物が移動しないで当選を重ねる傾向がコーンウォル都市選

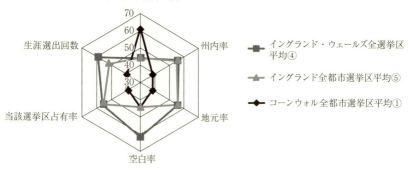

図 1-1 議員と選挙区の関係

注：イングランド・ウェールズ全選挙区とイングランド全都市選挙区は、1559〜1629年、コーンウォル全都市選挙区は1545〜1629年に当選した議員の平均値。
出典：*HPT* I、*HPT* II、*HPT* III をもとに、筆者作成。

挙区のなかでも高かったことになる。また公領利害関係者率も①②の２倍程度となっており、スタナリのチャンネルを通じて公領利害が表面化する可能性があったことを示唆している。

最後に表1-4の新選挙区の数値を検討してみたい。生涯選出区数の全期間平均（表中の番号⑥）は2.43と①とほとんど変わらないが、創設後30年以内平均（表中の番号⑦）と創設後30年以降平均（表中の番号⑧）を比較すると後者で数値が上昇しており、選挙区移動を経験する議員が増加している傾向がうかがえる。同様に、⑥の州内率・空白率・当該選挙区占有率・西部出身者率・親族占有率も①と大差はないが、⑦と⑧ではやはり後者の数値が上回っており、特に州内率・空白率・西部出身者率・親族占有率はその差が大きくなっている。⑥の地元率と都市内出身者率は①より低くなっているが、ここでも⑦と⑧では後者の数値が若干大きくなっている。生涯当選回数も、⑥は①より低くなっているが、⑦と⑧では後者の数値が前者を大きく上回っている。以上から、新選挙区では創設後間もない選挙では外部出身者が特に数多く選出されており、彼らは何度も当選を重ねられず、また頻繁に選挙区を移動したわけでもなかったが、移動する場合は遠距離であったことがわか

表1-4 コーンウォル新選挙区平均（1545～1629年）

	生涯選出区数	州内率	空白率	地元率	当該選挙区占有率	生涯当選回数	西部出身者率	公領利害関係者率	スタナリ利害関係者率	親族占有率	都市内出身者率
全期間平均 ⑥	2.43	48.9%	48.2%	27.3%	41.5%	3.15	48.5%	5.3%	1.5%	32.2%	15.2%
創設後30年以内平均 ⑦	2.36	32.5%	30.5%	23.4%	40.3%	2.81	39.0%	2.2%	0.4%	20.8%	10.9%
創設後30年以降平均 ⑧	2.45	49.6%	51.3%	28.4%	42.6%	3.27	56.1%	8.1%	1.8%	40.2%	17.3%

出典：*HPT* Ⅰ, *HPT* Ⅱ, *HPT* Ⅲをもとに，筆者作成。

る。そして一定期間が経過した後には，新選挙区から西部出身者が選出される傾向が強まり，彼らは遠距離の選挙区を移動することが少なく，生涯を通じて当選する回数は増加したものの，選挙区を移動する頻度自体は増加し，議席を獲得できない可能性も高まっていった状況が読み取れる。このことから，外部出身者に対する排他性が強まっていった一方で，西部出身者同士の議席獲得をめぐる競争が激しさを増していったと推測される。

本節では，1545年から1629年の間に選出された議員の各指標についての平均値から，コーンウォル都市選挙区選出議員の全体的な特徴について概観してきた。だが，ここまでの議論は当該期を一体のものとして分析を加えたものであり，この期間中にどのような変化が生じ，またそれがどのような要因によるものであったのかという点については未だ判然としていない。第1節で述べたように，当該期のコーンウォルの政治状況は大きく変動しており，議員の選出にもその影響が表れることは十分に考えられる。これらの問題を検討するために，次節ではこれまで検討してきた指標の一部に着目し，選挙ごとの数値の変化を検討することで，その具体像に迫ってゆくことにしたい。

第4節　エリザベス治世期から初期ステュアート朝期にかけての変化

　本節では，まずコーンウォル全都市選挙区平均（前節と同じく①と略記，以下同じ）とイングランド・ウェールズの全選挙区平均（④と略記）およびイングランド全都市選挙区平均（⑤と略記）の生涯選出区数・州内率・地元率の各選挙での変化について比較検討し，次いでコーンウォルにおけるこれらの指標の変化を同時代の政治状況と関連づけて論じてゆく。ただし検討対象とする時期は，イングランド・ウェールズの全選挙区についてのデータがすでに算出されている1559年以降に限定する。図1-2，図1-3，図1-4は，指標ごとに①④⑤の変化を示したものである[37]。

　まず全期間を通じての選挙区タイプ相互の関係について見てゆきたい。一貫して各選挙区タイプ間の序列がほぼ維持されているのは，地元率である。すなわち④がつねに最も数値が高く，それより10％弱程度の差で⑤が続き，④と⑤から①が大きく引き離されるという状態が，選挙ごとに振幅はあっても継続しており，この期間のコーンウォル都市選挙区では恒常的に外部の人物が選出されやすい傾向にあったことがわかる。州内率も1621年までは地元率とほぼ同じような傾向を辿り，ほとんど重なりあっている④と⑤に較べて，①はかなり低い数値に留まっている。もっとも，1624年以降は①の数値が④と⑤に急接近し，1628年には上回っている点で，地元率とは異なっている。すなわち，コーンウォル都市選挙区選出の議員は，1621年までは相対的に遠距離の選挙区を移動していたが，1624年以降はそうした移動が急激に減少していったことになる。これに対し，生涯選出区数は地元率や州内率とは全く異なる傾向を見せている。④が1.9前後で安定し，⑤も多少変化しつつこれにプラス0.5程度で1614年まで平行している。しかし，①は④および⑤とはあまり相関していない。特に1586年から1604年までの振幅はかなり大きくなっている。これは，この期間にコーンウォル都市選挙区から選出された議員のなかで，生涯選出区数の多い議員と少ない議員が選挙ごとに頻繁に入れ替わっていた状況を示している。また1614年以降も④と⑤が低下傾向にあるなかで①のみが高い数値を維持しており，依然として選挙

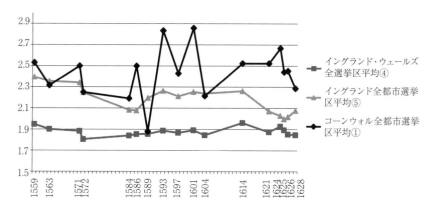

図 1-2　生涯選出区数の変化

出典：*HPT* Ⅱ，*HPT* Ⅲをもとに，筆者作成。

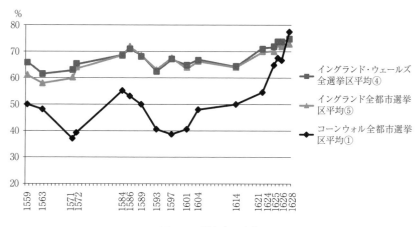

図 1-3　州内率の変化

出典：*HPT* Ⅱ，*HPT* Ⅲをもとに，筆者作成。

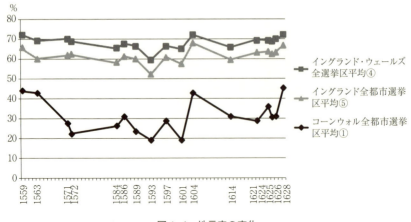

図1-4　地元率の変化

出典：*HPT* II, *HPT* IIIをもとに，筆者作成。

区移動がさかんであった状況を示している。

　以上の結果を踏まえ，次に1559年から1584年，1586年から1604年，1614年から1628年の3期に分けて，コーンウォル都市選挙区における指標の変化についてやや詳しく検討してみたい。まず1559年から1584年の期間について見てみよう。この時期の生涯選出区数は，1571年に若干上昇しているものの，全体的には低下傾向にある。また州内率は，1571年まで低下してゆき，1572年に小幅な上昇に転じ，1584年には大きく上昇している。地元率は1572年まで低下しており，1584年でもあまり上昇していない。よって少なくとも1572年までは，遠距離を移動する外部出身者の選出が増加していったが，彼らが選挙区を移動する回数は逆に減少しつつあったということになる。この時期は（第2代）ベドフォード伯爵が徐々にコーンウォルに対する影響力を強めていった時期であり，特にそのパトロネジを得てロンドン在住の法律家が選出される機会が増加していったために，このような傾向が表れているのではないかと思われる[38]。（第2代）ベドフォード伯爵晩年の1584年には，新規に選出される外部出身者が減少したものの，それまでに選出経験のある者が引き続いてコーンウォルから選出されたために，州

内率が上昇したのではないだろうか。

　次に1586年から1604年の期間に着目してみたい。この時期には生涯選出区数が大幅な増減を繰り返しているが，これを地元率と比較してみると興味深いことがわかる。1593年以降，生涯選出区数と地元率の変化は反比例している。すなわち，1593年と1601年には選挙区を頻繁に移動した外部出身者が増加し，逆に1597年と1604年にはあまり選挙区を移動しない地元出身者が増加しているのである。一方で州内率は，1593年まで徐々に低下した後，1601年まで同水準に留まり，1604年に増加に転じている。すなわち遠距離を移動する議員が1593年まで増加し，続く2回の選挙でも同数程度で推移していたことになる。前述したように，この期間にコーンウォル地域で権力を行使しうる名目上の地位にあったのはローリであったが，ベドフォード伯爵父子ほどの継続的な影響力は保持できず，選挙ごとの介入度に濃淡があった。そのため，当選者が毎回大きく入れ替わる結果を招いた可能性がある。これに加え，1590年代になって激しさを増していった宮廷内における派閥争いの影響も考慮する必要がある。(第2代)エセックス伯爵ロバート・デヴァルとパトロネジ争奪戦を繰り広げていたロバート・セシルは，すでにこの時期に積極的にコーンウォル都市選挙区の選挙に介入していた[39]。そしてその度合いは，エセックス側の出方によって選挙ごとに大きく異なっており，エセックス伯爵が海外遠征をおこなっていた1597年は，セシル側も強力な選挙介入をおこなわなかった。このように，地域に根ざして継続的に影響力を維持していたベドフォード伯爵のようなパトロンが不在となり，さらにセシルのような宮廷人が時宜に応じて介入するようになった結果，選挙区を移動しにくい地元出身者と，選挙区を移動しやすい外部出身者という種類の大きく異なる議員の割合が選挙ごとに大きく入れ替わり，遠距離の移動を経験する者も相当数含まれることになったと推測される。

　最後に1614年から1628年の期間について検討してみたい。生涯選出区数は1614年の増加後は高止まりしているが，1628年には低下している。また地元率も1614年に低下して以降大きな変化はないが，1628年に急上昇している。州内率は1621年まで緩やかに上昇し，さらに1624年と1628年に急

上昇し，最終的に80％に迫るほどになっている。すなわち，頻繁に選挙区を移動する外部出身者が一定程度存在し，彼らはコーンウォルに定着していったために遠距離の移動が減っていったが，1628年の選挙では選挙区をあまり移動しない地元出身者がかなり増加したことになる。すでに述べたように，1614年・1621年・1624年の選挙では王権による選挙干渉がおこなわれ，特に1621年と1624年には皇太子評議会が推薦候補者リストを作成するなど強圧的な介入をおこなっていたが，このグラフからはその影響はあまり感じられない。また1624年以降は短期間に選挙が連続したため，候補者が他選挙区へ移動したり選挙区の側が別の候補者を受け入れたりする時間的余裕がなく，同一の選挙区に留まる議員が増加したと推定される。そのため他の政治的要因をこの時期の数値の変化に読み込むのは困難である。とはいえ，ペンブルック伯爵とバッキンガム公爵の派閥争いが頂点に達していた1628年において選挙区をさほど移動しない地元出身者が増加した背景には，2派に分かれたコーンウォル州内の有力家系が互いに議席を獲得しようと争ったために，外部出身者に対する排他性が強まってゆく状況があったことは指摘できるだろう。

おわりに

　最後に，本章の議論を整理してみよう。
　下院議員の選出という面において，コーンウォルが他地域より圧倒的に外部権力の影響を受けやすい状態にあったのは明白である。コーンウォルで選出されている議員たちは，7割近くが外部出身者で，遠距離を頻繁に移動する傾向が強かった。これは，パトロンの影響力に比して各都市自治体の自律性が脆弱で，どのような権力主体に対しても指名された候補者を受け入れやすく，結果的にコーンウォルについての利害関係をほとんど有さない外部出身者が数多く選出されたためであると考えられる。ただし，こうした外部権力による選挙への介入は，各都市自治体や地元ジェントリとの間の非公式な関係のなかで認められていたものであった可能性が高い。すなわち，外部権

力者はみずからが有していた公領などの権限を利用して都市に恩恵をもたらす見返りに，私的に議席の提供を受けていたのである。

もっとも，外部権力と地元との関係はつねに安定していたわけではなかった。非公式な紐帯にもとづく統治が比較的上手くいっていたのは，ベドフォード伯爵父子が選挙でのパトロネジを継続的に発揮していたエリザベス治世期中頃までであった。こうした状況は，セシルとエセックスの宮廷内における派閥争いの影響がおよんだ1590年代から変容してゆく。初期ステュアート朝期になると，皇太子評議会による直接的な選挙干渉がおこなわれたにもかかわらず，かえって地元の人間が選出される傾向が高まるなど，地域社会と外部権力との軋轢は高まっていったのである[40]。

本章冒頭に提示した議員選出における二面性との関連で述べれば，同時代のコーンウォルにとって，ウェストミンスタの議会は中央との有用な「接触点」として機能していたわけではなかった。他州と比較しても，コーンウォルでは在地のジェントリや都市民などの有力者が地域を代表して議会で活動する機会は少なかったのである。だからといって，下院議員の選出権に有益な側面がなかったわけではない。各選挙区の議席は，貴族と地域社会との非公式な紐帯であり，これを強化ないし維持するために利用されていた。ここには，パトロネジの配分によって在地有力者の同意と協力を取り付けることで運営される，テューダー王権が構築した地方統治システムの一端が示されている。しかし公領ないし皇太子評議会など，王権の公的な統治機構が前景化してきた時，中央と地方の間に軋轢が生まれ，従前のシステムは機能不全に陥っていったのである。1640年以降の歴史の展開を安易に1620年代以前と関連づけることには常に慎重でなければならないが，本章でその一端を明らかにした中央と地方との関係のこのような変化は，その後のイングランド政治史の動向を考える上で大きな重要性をはらんでいると思われる。

注
1) G. R. Elton, "Tudor Government: The Points of Contact, I, The Parliament", *Transac-*

tion of the Royal Historical Society (5th ser., Vol. 24, 1974).
2) テューダー期議会の全般的な概観と研究史については，仲丸英起『名誉としての議席——近世イングランドの議会と統治構造』（慶應義塾大学出版会，2011年）序章2節および第1章を参照されたい。
3) S. T. Bindoff, *The History of Parliament: House of Commons, 1509-1558* (3 vols., London, 1982) （以下，*HPT* I), p. 4; P. W. Hasler (ed.), *The History of Parliament: The House of Commons, 1558-1603* (3 vols., London, 1981) （以下，*HPT* II), Appendix I-X.
4) ヘンリ・コートニに関しては，J. P. D. Cooper, "Henry Courtenay", *Oxford Dictionary of Biography* （以下，*ODNB*）を参照。また本章では，西部をコーンウォル・デヴォン・サマセットと定義する。これは，ハスラムの以下の論文がこの定義を採用しており，第3節以下でその数値との比較を可能にするためである。G. Haslam, "The Duchy and Parliamentary Representation in Cornwall 1547-1660", *The Journal of the Royal Institution of Cornwall* (n. s., Vol. 8, 1989), p. 233.
5) 以下，テューダー朝期におけるコーンウォルの政治状況に関しては，A. L. Rowse, *Tudor Cornwall* (London, 1941) ; J. Chynoweth, *Tudor Cornwall* (Stroud, 2002)を参照。
6) ジョン・ラッセルに関しては，D. Willen, *John Russell, first earl of Bedford, one of the king's men* (London, 1981) ; *HPT* I, Vol. 3, pp. 234-236; D. Willen, "John Russell", *ODNB* を参照。
7) ただし西部辺境評議会はクロムウェルの没落と同時に機能を停止しており，実質的に存続したのは1年強であった。J. A. Youings, "The Council of the West", *Transaction of the Royal Historical Society* (5th ser., Vol. 10, 1960).
8) 西部反乱に関しては，J. Youings, "The South-Western Rebellion of 1549", *Southern History* (Vol. 1, 1979) ; 水井万里子「エクセター市と西部反乱——16世紀中葉のイングランド西部地域」『西洋史学』（第173号，1994年）などを参照。
9) フランシス・ラッセルに関しては，*HPT* I, Vol. 3, pp. 230-231; W.T. MacCaffrey, "Francis Russell", *ODNB* を参照。
10) ウォルタ・ローリに関しては，*HPT* I, Vol. 3, pp. 173-174; A. Thrush (ed.), *The History of Parliament: The House of Commons 1604-1629* (Cambridge, 2010) （以下，*HPT* III), Vol. 3, pp. 271-276; M. Nicholls and P. Williams, "Walter Raleigh", *ODNB*; M. Nicholls and P. Williams, *Sir Walter Raleigh: in Life and Legend* (London, 2011) などを参照。
11) ウィリアム・ハーバートに関しては，V. Stater, "William Herbert", *ODNB*; V. A. Rowe, "The Influence of the Earls of Pembroke on parliamentary Elections, 1625-41", *English Historical Review* (Vol. 50, 1935), pp. 242-256 を参照。
12) ロバート・セシルに関しては，A. Haynes, *Robert Cecil, Earl of Salisbury, 1563-1612: Servant of two Sovereigns* (London, 1981) ; *HPT* II, Vol. 1, pp. 571-579; P. Croft, "Robert Cecil", *ODNB* などを参照。
13) ステュアート朝期のコーンウォルの政治状況に関しては，A. Duffin, *Faction and*

Faith: Politics and Religion of the Cornish Gentry Before the Civil War (Exeter, 1996) を参照。皇太子評議会に関しては, C. R. Kyle, "Prince Charles in the Parliaments of 1621 and 1624", *Historical Journal* (Vol. 41, 1998) ; P. M. Hanneyball, "Prince Charles's Council as Electoral Agent", *Parliamentary History* (Vol. 23, 2004) を参照。

14) 1604 年に召集された議会では, ジェイムズとソールズベリ伯爵が推進しようとしたスコットランドとの合同や財政改革などの法案が, いずれも下院の反対にあって否決された。*HPT* III, pp. xxxv-xl; D. L. Smith, *The Stuart Parliaments, 1603-1689* (London, 1999), pp. 101-108. ベイコンの献策に関しては, J. K. Gruenfelder, *Influence in early Stuart Elections, 1604-1640* (Columbus, 1981), pp. 59-63 を参照。

15) Duchy of Cornwall Office, Letters and Patents 1620-l, f 39v; Id., Prince Charles in Spain, ff 33v-5, 37; Gruenfelder, *Influence in Early Stuart Elections*, pp. 87-89, 92-95; Hunneyball, "Prince Charle's Council as Electoral Agent, 1620-24", pp. 318-319, 326-327. なおここで公領都市とは, その不動産の大部分が公領に帰属し, 実質的に公領の統治権下にある都市を指す。

16) Duffin, *Faction and Face*, pp. 78-102.

17) 近世における公領とスタナリに関しては, 本書第 10 章の他, G. Haslam, *An Administrative Study of the Duchy of Cornwall, 1500-1650* (Ph. D. dissertation, Louisiana State University and Agricultural and Mechanical College, 1980) ; G. R. Lewis, *The Stannaries: A Study of the English Tin Miner* (Cambridge, 1924), および水井万里子「イングランド南西部地域のスタナリ──近世すず鉱業の利益集団」『史苑』(第 55 号第 2 巻, 1995 年), 同「近世コーンウォル地域の政治状況──スタナリーズを中心に」『九州工業大学研究報告　人文・社会科学』(第 58 号, 2010 年) を参照。

18) Chynoweth, *Tudor Cornwall*, chs. 7, 8.

19) M. Coate, *Cornwall in the great Civil War and Interregnum 1642-1660* (Oxford, 1933, reprinted Truro, 1963), p. 19; A. L. Rowse, *Tudor Cornwall*, pp. 92-93, 300.

20) G. Haslam, "The Duchy and Parliamentary Representation", pp. 225-227, および仲丸, 前掲『名誉としての議席』107 〜 109 頁。

21) Chynoweth, *Tudor Cornwall*, pp. 269-270. なお, 筆者は以前にエリザベス治世期に創設されたイングランドの全都市選挙区から選出された議員に着目し, 彼らが議会内で目立った活動をしていない点から, この現象が王権によるパトロネジ増加策の一環であったという知見を得ている。仲丸, 前掲『名誉としての議席』第 4 章参照。

22) Haslam, "The Duchy and Parliamentary Representation", pp. 234-237.

23) Haslam, "The Duchy and Parliamentary Representation", pp. 237-242.

24) Chynoweth, *Tudor Cornwall*, pp. 276-277.

25) Hunneyball, "Prince Charle's Council as Electoral Agent, 1620-24", pp. 328-333; Duffin, *Faction and Face*, pp. 78-102.

26) ハスラムやチノワスは簡単な統計を用いているが, 議員を地元出身者と外部出身者, ないし地元のジェントリおよび商人と外部出身者に分類するのみに留まっている。Haslam, "The Duchy and Parliamentary Representation", pp. 234-237; Chynoweth, *Tu-*

dor Cornwall, pp. 270-273.
27) 仲丸,前掲『名誉としての議席』第5章を参照。
28) なお本章の分析手法は,青木康『議員が選挙区を選ぶ——18世紀イギリスの議会政治』(山川出版社,1997年) 第4章に大きく依拠している。
29) HPT I; HPT II; HPT III.
30) 1545年からとするのは,それ以前の選挙については史料の残存状況が悪く,当選者名が不明な選挙区が多いためである。また州選挙区選出議員については,都市選挙区選出議員と比較して他州との共通性が高いと想定されるため,本章では分析対象から除外している。
31) これらの数値に関しては,仲丸英起「近世イングランド下院議員による選挙区移動様態の時系列的変遷」(以下,「時系列的変遷」)『西洋史学』(第248号,2013年),第2章で提示した算出方法で析出されたデータにもとづく。
32) 本章では,紙幅の都合上これらの諸指標についての詳細な説明は省略する。仲丸,前掲『名誉としての議席』,同,前掲「時系列的変遷」を参照。
33) ここで「西部出身者」とは,自分自身・両親・妻のいずれかが西部出身者である者と定義する。
34) ここで公領官職とは,当時の公領における主要官職である会計検査官 (Auditors),収税官 (Receiver-General),法務総裁 (Attorney-General),港湾長官 (Havenor),土地監督官 (Feodary) と定義する。同じくスタナリ官職とは,副長官 (Vice Warden) ないし試金監督官 (Assay Master) と定義する。
35) 公領都市は,マナに包含されない都市と,マナとしての都市に法律上は分類されるが,公領の統治下におかれているという点で実質的な差異はほぼ存在しないため,本章では区別せずに一括して扱う。Haslam, "The Duchy and Parliamentary Representation", pp. 228-229. スタナリ・タウンとはすずの計量と試金がおこなわれる都市のことで,スタナリーズの利害が表れる可能性が高い都市である。水井,前掲「イングランド南西部地域のスタナリ」78〜81頁。
36) ただし表1-3はミッド・テューダー期の議員を除外した結果であるので,表1-2の数値との微少な相違の比較は有意とならない点には注意が必要である。またイングランド・ウェールズの全選挙区には,州選挙区も含まれる。イングランド全体についての選挙区移動様態に関する時系列的変化の詳細については,仲丸,前掲「時系列的変遷」を参照。
37) 空白率・当該選挙区占有率・生涯当選回数についての検討は割愛する。というのも,これらの指標は選挙が実施される間隔に大きく左右されることが想定され,他の要因を読み取るのが困難と思われるからである。検討対象とする3指標についてもこの点を考慮し,折れ線グラフが選挙の間隔を反映するように工夫している。また公領都市選挙区平均やスタナリ都市選挙区平均についても,コーンウォル都市選挙区平均の変化と比較して大きな相違が見られなかったため,ここでは検討していない。
38) 本章第1節参照。(第2代)ベドフォード伯爵の影響下に議席を獲得した議員は,1559年から1571年の間にはコーンウォル全都市議席の38%から39%で推移し,

1572 年には 45％に達している。*HPT* II, Vol. 1, pp. 60-63.
39) 仲丸，前掲「時系列的変遷」33 頁。また大野真弓「エリザベス朝の派閥抗争――サー・ロバート・セシルとエセックス伯爵ロバート・デヴァルー」(『政治経済史学』第 300 号，1991 年)，松浦志穂「エリザベス朝末期における枢密顧問官の派閥活動」(『史論』第 52 集，1999 年)を参照。
40) なお筆者の別稿では，本稿での調査結果を受けて，皇太子評議会の選挙干渉とそれに対する都市自治体側の対応を，より具体的なレベルで検証している。併せて参照されたい。拙稿「近世コーンウォルにおける議員選出――皇太子評議会による選挙干渉とリスカード都市自治体の対応を中心として」(『史学』第 84 巻第 1〜4 号，2015 年)。

第2章 18世紀イングランド西部の下院議員
議員と選出区の関係をめぐって
青木　康

はじめに

　本章の目的は，イングランドの西部地域[1]を取り上げて，選挙制の議会を介して地域社会と中央とがどのように結び付けられていたかという問題を，下院議員と選出区の関係という視点から考察することである。時期的に考察の対象とするのは19世紀初頭までを含む18世紀であるが，その時期はちょうど，地域社会の自律性が相対的に強固であった近世社会から，国家統合がより進んだ近代社会へとイギリスが移行していく時期にあたっている。この時期にイングランド西部の選挙区から選出されていた下院議員が，その選出区とどのような関係をもっていたのかを実証的に検討[2]してみることは，議会制下の中央・地域関係の考察という研究課題にとって，一つの興味深い素材を提供してくれるものと考えられる。

　本章では，筆者が先に著書『議員が選挙区を選ぶ』において18世紀イギリス下院の性格，特に下院議員とその選出区との関係を分析するために用いた方法を[3]，イングランド西部という特定の地域から選出された議員の検討に適用する。前著では，18世紀イギリスの下院議員がその議員としての生涯のうちに自らの選出区を変えた事例が少なくなかったことを強調し，各議員が代表を務めたことのある選挙区の通算の数（生涯選出区数）を分析の柱として用いている。また，それに加えて，その選出区が自分の土地財産等が所在する地元にあるのかどうか，あるいは，議員が選出区を移動した場合，移動する先が元の選挙区と同一の州内かどうか，といった観点からの分析も

おこなっている。本章でも，以上のような方法がそのまま継承される。

『議員が選挙区を選ぶ』では，1725年4月，46年2月，67年2月，87年2月の4時点で議員の職にあった合計2217人（対象時点に欠員のあった選挙区が15あり，定員では2232名）の下院議員を検討材料とした。前著刊行後，下院議員のデータベースに，さらに2時点（1803年3月と15年5月）の議員1312人のデータを加えることができたので，本章での議論は，全部で3529人（定員では3548名。なお，同一の議員が複数の時点に登場している場合があるので，重複を差し引いた実数では2837人）の議員のデータにもとづく。ただし，1801年にグレートブリテンおよびアイルランド連合王国（UK）が成立した結果，1803年と15年のデータには，それ以前の4時点には存在しなかったアイルランド内の選挙区から選出された議員が含まれることになった。この点は，全国（UK）のデータ[4]で時間的推移を見る場合には特に注意が必要である。また，同じグレートブリテンの範囲内でも，イングランドと，ウェールズおよびスコットランドとでは，下院議員をめぐる歴史的状況が大きく異なるため，本章におけるイングランド西部選出議員の検討では，多くの場合，イングランド選出の全議員2922人のデータを比較の対象として用いている。

第1節　西部地域への議席配分

1832年の議会改革以前，西部4州からはウェストミンスタの下院に106名の議員が選出されていた。4州の州ごとの内訳は，コーンウォル44，デヴォン26，ドーセット20，サマセット16である。本章では六つの時点の議員を検討することになるので，検討対象となる下院議員は635人（1767年に欠員が1名ある。なお，重複を差し引いた実数は563人）である。

西部地域に与えられていた定員の106名は，アイルランドを含む連合王国の下院全体の定員658（グレートブリテンでは全部で558，イングランドでは全部で489）名の16（同19，22）％にあたった。人口，あるいは担税額などに応じた議席配分からすると，西部4州は過大な議席を配分されていたと考え

られる。特に，コーンウォルの44の議席は異常とも言える多さで[5]，スコットランドの全議席よりも1議席少ないだけであった。下院の議席配分を近代イギリスの社会や経済の実勢により近づけたとされる1832年の議会改革（第一次の選挙法改正）以後は，コーンウォルが30議席を失って14議席になったのをはじめ，西部4州はすべて議席数を減らし，合計で63議席となっている。

　議会を介しての中央・地域関係を歴史的に考察する上では，両者をつなぐ下院議員の数（議席数）とともに，議員を選ぶ有権者の規定のされ方も無視できない重要な要素である。というのは，18世紀当時の有権者は成人男性の数分の1程度に限られ，選挙区による選挙資格の決め方の多様性が議会改革以前の選挙制度の最も大きな特徴の一つであったからである。ここでは，研究者F・オゴアマンの分類を参考にして[6]，連合王国全体で380ほどの選挙区を，1.金権型，2.財産所有型，3.都市自治体型，4.パトロン影響力型，5.開放型，6.イングランドの州，7.ウェールズの州，8.スコットランド，9.アイルランドという九つのタイプに分類する。このうち，245選挙区（定員では489名分）を占めるイングランド内の選挙区の検討にあたっては，世論の影響力が比較的強いと考えられるタイプ5の開放型都市選挙区とタイプ6の州選挙区とを合わせてグループAとし，それ以外のタイプ1から4の都市選挙区をグループBとするという二分法も適宜用いて考えることにしたい。なお，オゴアマンの設定したタイプ3と4には少数のウェールズの都市選挙区（いずれも定員1名，タイプ3が1選挙区，タイプ4が11選挙区）も含まれているが，本章の議論に大きな影響を与えるものではない。

　選挙区のタイプという点から見た全国と西部4州の議席配分は，表2-1の通りである。ここで特に注目されるのは，西部4州には，タイプ5の開放型の都市選挙区が一つもなく，結果として，世論の影響力が大きいと考えられる選挙区の定員の割合が著しく低くなっている（グループAとBの選挙区の定員比を見ると，全国では1:3であるのに対して，西部では1:12に達する）ということである。先に言及した『議員が選挙区を選ぶ』は，世論の影響力の強いグループAの選挙区においては議員の移動が少なく，議員と選出区の

表 2-1 選挙区タイプごとの議席配分

	選挙区タイプ	全国選挙区数	西部選挙区数	全国定員	西部定員	全国割合(%)	西部割合(%)
1	金権型	20	10	40	20	8	19
2	財産所有型	46	7	94	16	19	15
3	都市自治体型	38	11	74	22	15	21
4	パトロン影響力型	91	20	167	40	33	38
5	開放型	22	0	46	0	9	0
6	イングランドの州	40	4	80	8	16	7
7	ウェールズの州	12		12			
8	スコットランド	48		45			
9	アイルランド	66		100			
総計		383	52	658	106		

注:割合はタイプ 1 〜 6 の定員について計算。
　　タイプ 5 には,厳密な議論では都市選挙区と区別される場合のある大学選挙区を含む。
　　スコットランドの選挙区はすべて定員 1 だが,1 回おきに総選挙に参加する 6 つの州選挙区があるので,定員より選挙区数が多くなっている。

関係がより緊密であることを傾向的に確認しているので,西部 4 州においてグループ A の選挙区が相対的に少なかったとすれば,その事実は,西部 4 州から選出されている議員と地域社会の関係の親疎を検討する場合に,その関係が緊密ではなかったと考える一つの材料となることであろう。

第 2 節　生涯選出区数

ここでは,西部 4 州選出の下院議員の性格を,彼らの平均生涯選出区数という指標から考えてみたい。生涯選出区数とは,上述のように,ひとりの下院議員がその議員生活を通じていくつの選挙区を代表したかを示す数値である。生涯選出区数が大きい議員というのは,(この数値が小さい)特定の選挙区からの選出にこだわって,そこから移動しようとしなかった議員と比べて,選出区とのつながりが相対的に弱い議員であったと考えられる[7]。

西部選出の議員についての検討を始める前に,まずその前提として,図 2-1 により,全国,あるいは全イングランドの下院議員の生涯選出区数の平

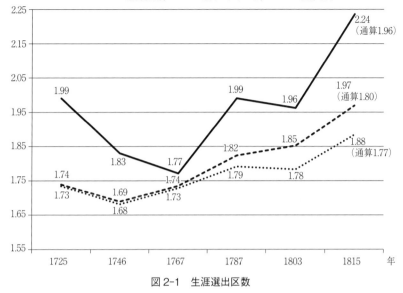

図 2-1　生涯選出区数

均値と，その時間的推移を見ておこう。データベースに登場する全議員の生涯選出区数の総平均は 1.77（全イングランドでは 1.80）で，議員は少なくとも 1 回は選出区を移動するのが，むしろ一般的であるという結論が得られている。後の第 4 節で扱う，議員としての生涯を通じて選出区が同一州内に限られていた議員がどれくらいの割合でいたかを示す数値（州内率）も通算でせいぜい 60 % 程度であり，相当数の下院議員は，自律性，あるいは独立性が強調されてきた州社会の枠を越えて選出区を移動し，政治活動を展開していたのである。生涯選出区数の時間的推移に議論を移すと，政治的安定期と見られる 18 世紀の半ばにいったん低下した数値は，18 世紀末から 19 世紀初頭には再び上昇し，全イングランドでは 2 をうかがう水準に達している。このような傾向の背景としては，18 世紀半ばの安定期を経た後，アメリカ独立革命やフランス革命の勃発とそれに付随する戦争の継続，社会を急速に変貌させていく産業革命の展開によって，国政上の難問が次々と浮上し，多くの議員がただ選出区とその背後にある地域社会の代弁者としておとなしくふ

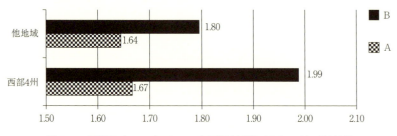

図2-2 選挙区グループAとBの生涯選出区数(西部4州と他地域)

るまっているということを許されなくなりつつあったという現実があったと考えられる。

　それでは，このような生涯選出区数の全国値に照らして，西部選出の議員の生涯選出区数はどのような特色を示しているであろうか。再び図2-1によると，西部地域選出議員の生涯選出区数は，全イングランド，あるいは全国(UK)の平均値と比較して目立って大きくなっている。時間的な推移で見れば，全国値に類似した増減の変化を示しているが，六つの時点のいずれにおいても，全イングランド，あるいは全国平均を下回ったことはなかった[8]。西部選出の下院議員は，他の地域の議員よりも頻繁に動く傾向があったのである。この結果は，第1節の末尾で選挙区のA・Bグループ別割合から考えられたこととも一致しているが，念のため，図2-2に，A・Bグループ別の生涯選出区数を，西部4州と他地域に分けて示しておこう。ここに明らかなように，西部4州の議員の生涯選出区数が目立って高くなっているのは，西部地域では区数の点でグループAを圧倒するグループBの選挙区から選出された議員が，特に高い数値を示していたからであった。

第3節　地元率

　次に，地元率という観点から，西部4州選出の下院議員の特徴を見ることにする。地元率とは，ある議員集団を取り上げて，その集団に属する議員のうちの何％が，自分の地元の（例えば地主であれば主要な土地財産，商人であ

れば商売の拠点が所在する）州[9]に含まれる選挙区を代表しているかを示したものである。議員にとって選出区が地元にあたるかどうかが必ずしも明白ではない場合もあり、研究者により地元／非地元の判断が異なる可能性もある。その意味で、地元率は、先に見た生涯選出区数と比べると客観性がやや低い指標と言わなければならないが、下院議員と選出区の関係を考えるという本章の目的からすれば、議員とその選出区とを結び付ける物的な基盤の有無にかかわるきわめて重要な情報を提供すると思われるので、前著『議員が選挙区を選ぶ』と同様、ここでも利用することにしたい。

　まず、地元率の全国的な動向について見ておこう。図2-3が明らかにしているように、全国的に見ると、地元率は、本章の検討対象としている時期全体の通算で60％台である[10]。時間的な推移では、地元率は18世紀半ばまでは70％を維持しているが、その後、19世紀初頭にかけて下降していき、全イングランドの19世紀初頭の2時期の数値は50％台半ばで落ち着くことになった。なお、図2-3で全国と全イングランドがつねに離れていて、前者の地元率が高くなっているのは、前者にのみ含まれている選挙区タイプの7. ウェールズの州、8. スコットランド、9. アイルランドの議員が、90％以上という高率の地元率を一貫して示しているからである。

　次に、西部4州選出の議員に議論を移そう。図2-3のように、西部の議員の地元率は全体に低く、最も高くなった1746年の時点でも、全イングランドの最低値（1803年）とほぼ同じ50％台の半ばであった。西部議員の地元率は、その後は一貫して低下し続け、1815年には42％になった。六つの時点を通した数字でも、西部の議員の地元率は50％を下回っており、西部4州の選挙区から出ている議員には、むしろ地元人の方が少なかったということになる。

　このような低い地元率を生み出すのに特に大きく貢献していたのが、選挙区タイプの1. 金権型の選挙区であった。表2-1で示したように、全国で20を数えたこのタイプの選挙区の半数が西部4州にあり、西部の全議席中の19％を占めていた。全国的に見ても、金銭次第で票が動くこのタイプの選挙区から出ている議員の地元率は低いが、それでも全国値は38％である。

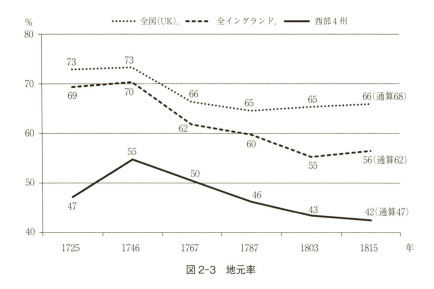

図2-3 地元率

それに対して,西部4州でこのタイプの選挙区を代表する議員の地元率を計算すると,通算で23％,1803年は10％,1815年では5％にまで落ち込んでいる。

このように,西部4州には確かに多くの議席が配分されていたが,そこから選出される議員の地元率は,他の地域よりも明らかに低かった。西部地域の選挙区は,地元の代表を中央に送り出すという機能の点では他地域の選挙区より明らかに劣っていたのである。

第4節　州内率

生涯選出区数を扱った第2節ですでに一度言及したが,州内率は,選出区が議員としての生涯を通じて同一州内[11]に限られていた議員がどれくらいの割合でいたかを％で表した数値である。仮にある議員が選出区をしばしば移動し（生涯選出区数が大きく）,また,自分の土地財産は選出区とは別の州に有していた（地元ではなかった）としても,下院議員としての生涯を通じ

て同一州内にある選挙区を代表し続けていたとすれば,その議員とその選出区との間に何らかのつながりの存在を想定できるのではないか。そして,ある議員集団について,同一州内の選挙区のみを代表したという議員が大きな割合で含まれている(州内率が高い)とすれば,その集団は,選出区の所在する州とのつながりが強い議員の集まりと性格づけられるであろう。こうした観点から,本章の議論のデータ源になっている下院議員3529人のデータベースには,あるひとりの議員がその生涯を通じて同一州内の選挙区のみを代表したのか,それとも州外の選挙区でも議員経験があったのかという情報も記載されている。

この下院議員としての生涯を通じて同一州内の選挙区に留まっていたかどうかという設問は,当選回数が2回以上の議員(複数回当選議員)にとってしか意味をもたない。1回当選して何年間か議員を務め,その後は下院を離れて二度と下院には戻らなかった[12]という議員は,選出区が1区のみで,それが同一州内に限られるのは当然のことであるから,州内率の計算では除外されている。データベースに登場する全下院議員3529人中の3223人,イングランド選出の議員2922人中の2675人,そして,西部4州から選出されている議員635人中の567人が,当選2回以上であり,州内率という観点からの検討の対象となる。州内率は図2-4に示した通りであるが,全体として地元率に似た傾向を示していると言えよう。州内率においても,通算で52%という西部選出議員の値は,56%の全イングランド,61%の全国と比較するとやはり低率であり,これまでと同様,西部選出議員の選出区とのつながりの弱さをうかがわせる結果となっている。

ただし,図2-4のグラフのように,1767年については,西部選出議員の州内率が,低下傾向にある全国値の動向に反して上昇し,少なくとも全イングランドの値を上回っている。異常とも思えるこの1767年の数値が生じたことについては,西部地域にあった選挙区タイプ4のパトロン影響力型の都市選挙区から出ている議員の州内率が,前後の時期と比べてこの時期に急上昇した影響が大きいことがわかっている。一般的な傾向とは異なるこのような事態がなぜ生じたのかについては,今後の検討の課題としたい。

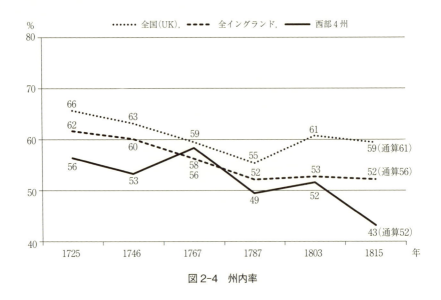

図2-4 州内率

第5節 連続在職年数と議員歴中断議員割合

ここまで，生涯選出区数，地元率，州内率という三つの観点から，西部4州の選挙区を代表した下院議員の特徴を考えてきた。それらの指標はいずれも，西部地域の議員がその選出区と相対的に弱いつながりしかもっていなかったことを示していた。本章が依拠しているデータベースでは，この他にも，各議員の，①当該選出区での連続在職年数，②議員歴中断期の有無，③官職就任に伴う議員辞職経験の有無についても記録されている。以下，この第5節では①，②の観点から，次の第6節では③の観点から，西部地域の議員がどのような姿を見せるかを確認することにしたい。

まず，①当該選出区での連続在職年数は，データベースに登載された議員がその選出区で議席を前後何年間続けて保持していたかの数値である。長い議員では50年間を超えるケースもある[13]。図2-5のように，全イングランドの議員2922人の平均連続在職年数は15年であるのに対して[14]，西部選出の635人の平均は13年であった。一般的に言って，議員と選出区とのつ

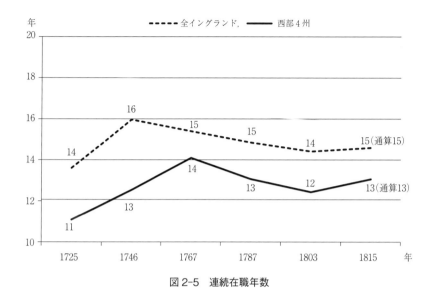

図2-5　連続在職年数

ながりが強ければ、同一区に長く連続して留まる可能性が大きいと考えられるので、これも、西部選出議員の選出区とのつながりの弱さを示していると言えよう。

　次の②議員歴中断期の有無という項目は、下院議員としての生涯の途中に、議席をもたなかった議員歴の空白期があったかどうかを調べている。もちろん、議員歴が中断する事情は様々である。例えば、体調がすぐれず、一時議会を離れる場合も、また、外交官として数年間外国に赴任しているということもある。したがって、議員歴の中断の有無に過度に大きな政治史的な意味を読み取るべきではないと思われる。しかし、同じ選出区に留まるにせよ、あるいは選出区を移動させるにせよ、下院議員の座を長年途切れさせることなく維持できるのは、やはり地域社会に根付いた有力な地主貴族家の出身者など、社会的立場がごく安定した議員であろうと考えられる。したがって、議員歴中断議員割合は、ある議員集団のなかで、理由はともあれ議席の中断を経験した、言い換えれば、どのような状況下でも議席の継続が約束されるような安定した立場にあったとは推定することができない議員がどれだけの

割合(%)で含まれているのかを示す指標であると言えよう。なお,議席中断の有無が議論できるのは,そもそも2回以上当選した議員に限られるので,州内率の場合と同様,この項目でも,当選1回のみの議員は検討の対象からはずされている。

まず,図2-6で全イングランドの議員の値を見ると,議員歴中断議員割合は42%となっている。すなわち,4割以上の議員がその下院議員としての生涯の途中で議席のない時期を経験しているのである。歴史家のネーミアは,18世紀には下院をめざす名門出身の若者にとって議員となること自体はそれほど難しいことではなかったと書いているが[15],下院の議席を連続して保持し続けることはそれほど簡単なことではなかったように思われる。時間的経過で見ると,議席中断議員の割合は,18世紀初めに高く,半ばには低くなり,18世紀末から19世紀初頭にかけて上昇する。政治的な安定期であった18世紀半ばには,相対的に多数の議員が議席の中断という憂き目を見ずにすんでいたことがわかる。西部選出の議員の数値も,1767年の低下が

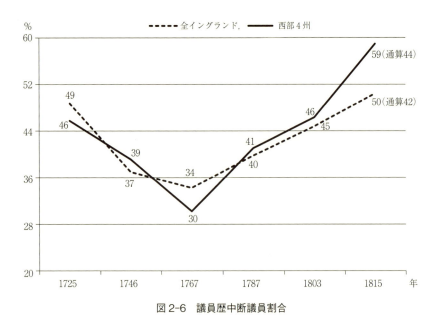

図2-6　議員歴中断議員割合

やや極端であるが，全イングランドの議員の場合と同様の時間的推移をたどっている。西部選出議員の議席中断の割合は通算で44％，総じて全イングランドよりもやや高い値になっている。ということは，西部選出の議員には，不安定な要素をもった議員が，全議員についての平均よりも大きな割合で含まれていたというように解釈できよう。ただし，この指標については，グラフで全イングランドと西部の線は複数回交差しており，差もそれほど大きくないので，西部選出の議員について何か断定的なことを言うことはできないと思われる。

第6節　官職就任に伴う議員辞職経験

先の第5節の冒頭に挙げた三つの指標のうち，③官職就任に伴う議員辞職経験の有無については，まず，その前提となる制度の説明が必要であろう[16]。1707年以降，イギリスの下院議員は，有給官職への就任をはじめとして，その独立性の喪失につながると懸念される状況が生じると[17]，いったん議員の職を辞さなければならなかった。議員との兼職が明示的に禁じられた官職に就任するような場合を除いて，辞任した議員のほとんどは，辞任の直後におこなわれる補欠選挙に出馬し再選されて議席を回復した。これは，いったん辞任し再選されるという手続きをとることで，選出区の有権者の同意を得て，選出区のためのみならず，国王のために働くことが認められるということを意味していた。したがって，この制度にもとづく議員辞職の経験がある議員というのは，中央の政府や宮廷においても一定の役割を期待される存在[18]であったのである。その結果，辞任経験者を大きな割合で含んだ（官職就任に伴う議員辞職経験率が高い）議員集団は，それだけ各自の選出区の利害のみに固執しない，地域社会から離れた存在たりえたと考えられる。このような観点から，図2-7を検討しよう。

全イングランドの議員と西部選出の議員の辞職経験議員割合を比較した図2-7を見ると，全国（ここでは全イングランド）の値21％に対して，西部の方が高く24％となり，これまでと同様，全国値と比較して，西部選出の議

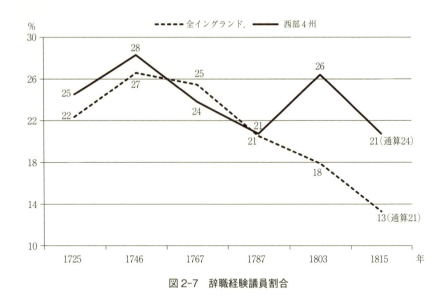

図 2-7　辞職経験議員割合

員は自己の選出区から距離をおいていることを示す結果となった。ただし，先の議員歴中断議員割合の場合と同様，ここでもグラフの2本の線は交差しており，数値の差もそれほど大きなものではない点には注意が必要である。

　辞職経験議員割合について，全イングランドと西部の差が，例えば地元率の場合ほど大きくなっていない理由は必ずしも明らかではないが，ここでは，以下のような説明を仮説的に提示しておきたい。この辞職経験議員割合が高いことは，平均の生涯選出区数が大きい，地元率が低い，平均の連続在職年数が短いといったこととならんで，検討している議員集団の選出区離れを示すものであると言えるが，より一般的な後の三つの指標とは異なって，議員辞職については，その原因となる事由が，官職への任命をはじめ，国王・政府から個人に対する何らかの恩典付与といった性格のものに限定されている。したがって，西部選出の議員が，他地域の議員との比較において，選出区とのつながりが弱く，頻繁に選出区移動をしていても，官職就任などの機会にはあまり恵まれない議員を多く含んでいれば，この議員辞職経験という項目ではあまり高い数値を示さないことになる。ところで，西部地域から出てい

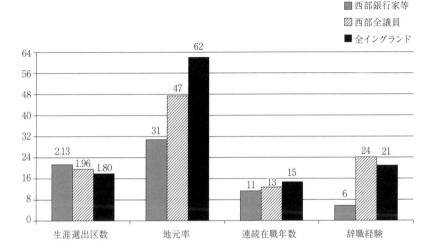

図2-8　西部選出の銀行家・ネイボブ議員

注：他項目と単位を合わせるために，生涯選出区数については10倍に補正してグラフ化した。

る議員には，銀行家，インド帰りのネイボブなど，地主貴族優位の近世イギリスの議会では相対的に不利な立場に置かれた，つまり官職に就任する可能性も低い人々が，他地域よりも高い割合で含まれていたのではないかと思われる[19]。図2-8のように，銀行家やネイボブは，生涯選出区数，地元率，連続在職年数といった項目では，選出区とのつながりの弱さや選出区移動の頻繁さを西部選出議員全体よりも強く示しているが，官職にはあまり縁がなかったために，辞職経験議員割合だけはきわめて低いのである。このように，地主貴族優位の社会で不利な立場にある議員を相対的に多く含んでいた結果，その選出区離れという特徴にもかかわらず，西部選出議員の辞職経験議員割合はそれほど高くはならなかったのではないかと考えられる。

おわりに

下院議員と選出区の関係という視点からなされた以上の検討を通じて，18世紀から19世紀初頭の西部4州選出議員の特徴が明らかとなった。西部

地域の選挙区を代表していた議員には地元人が少なく，彼らのうちの相当数は他州の選挙区から移ってきたか，またはやがて移っていく人々であった。他地域の議員と比較すれば，一つの選挙区で連続して議員を務める年数も短く，議員生活の途中で議席のない状態を経験する割合も高かった。つまり，西部地域選出の議員には，同地の選挙区を一時的に利用して下院に議席を確保する余所者が数多く含まれていたのである。

　最後に，以上のことを中央からの視点で述べると，西部地域は，議会入りを希望する，あるいは議会への参加が期待される全国各地の人々に広く議席を提供してくれるということになる。議会が全国的視野に立って国内の諸利害の調整をおこなう場であろうとすれば，自分の地元にある選挙区から議会に出て，選出区との強い結び付きを誇り，選挙区民の意向からはずれた行動はとらないとする議員ばかりでは，十分にその機能を果たすことができないであろう。18世紀のイギリスには，選出される議員のほとんどが地元人であるといった選挙区も少なくなかった。他方，当時はまだ，地域利害を背負って各地から集まってくる議員の主張を集約して国の政策にまとめあげる役割を果たすべき政党も未発達であった。そうした状況下では，国政機関としての議会は，西部地域から大量に選出されてくる「余所者」の，それゆえに自らの選出区にはあまりとらわれない議員を構造的に必要としていたというようにも考えられるのである。

注
1) ここでは，西部地域 (the West) をコーンウォル，デヴォン，サマセット，ドーセットの歴史的4州とする。
2)「実証的に検討」と言っているのは，印象的な個別事例にもとづいた立論でなく，より数量的な方法の利用を意識してのことである。
3) 青木康『議員が選挙区を選ぶ——18世紀イギリスの議会政治』(山川出版社，1997年)。また，Y. Aoki, "Members of Parliament and their Connections to Constituencies in the Eighteenth Century: A Study in Quantitative Political History", *Parliaments, Estates & Representation* (XVIII, 1998) も参照されたい。
4) 連合王国 (United Kingdom, 略してUK) の名称は1801年のアイルランド合同以降

に用いるべきであるが，本章の図においては，簡略のため，「全国（UK）」という表示を 1800 年以前についても用いている．
5）エリザベス 1 世治世に多くの選挙区が創出され，コーンウォルにそれが目立ったことは，学界でも注目を集めてきた．これについては，仲丸英起『名誉としての議席——近世イングランドの議会と統治構造』（慶應義塾大学出版会，2011 年）第 4 章を参照されたい．
6）Frank O'Gorman, *Voters, Patrons, and Parties: The Unreformed Electoral System of Hanoverian England 1734-1832* (Oxford, 1989), Chapter 2.
7）生涯選出区数をはじめとする本章で使用される諸指標の意味について，本章では詳細な説明を省略する．青木，前掲書を参照のこと．
8）詳細に見るならば，他の時点と比べて 1767 年では西部と全国（UK）・全イングランドの数値がかなり接近している．なぜこのような事態となったのか十分な説明はできないが，第 4 節の本文末尾に記した事情が関係しているかもしれない．
9）イングランド以外の，ウェールズ，スコットランド，アイルランドの選挙区から出ている議員については，地元率や，次の第 4 節で扱う州内率などの計算にあたって，ウェールズ，スコットランド，アイルランドという地方をそれぞれ一つの州とみなしている．
10）各州に影響力をもった地主貴族が，爵位貴族は貴族院議員，ジェントリは下院議員として議会に参加し，中央と地域社会とをつないでいるという 18 世紀イギリス史の通説的理解からすれば，図 2-3 の地元率はもっと高くなってもよいのではないかと思われる．全イングランドの通算の地元率 62 ％という数値は，18 世紀イギリス社会の現実の性格が通説ほど単純なものではなかったことを示唆していると考えられるが，本章では西部地域選出議員の問題に集中したい．
11）先の注 9 でも断っているように，州内率の算出にあたっても，イングランド以外の，ウェールズ，スコットランド，アイルランドの選挙区から出ている議員については，ウェールズ，スコットランド，アイルランドという地方をそれぞれ一つの州とみなしている．
12）「二度と下院には戻らなかった」と言っても，選挙には出たが落選したために戻れなかったという場合と，下院の議席を再度求めることはなかったという場合とがあり，特に前者については，その落選した選挙区が元の選出区と同一か，また同一州内かということも，議員と選出区との関係を知るという意味からは興味をひかれるところであるが，ここで利用しているデータベースでは，その点は追跡できていない．
13）下院議員を 50 年間以上にわたり連続して務めていれば，データベースに 2 回以上現れてくることになる．重複を除いた実数で 12 人の議員が，50 年以上連続して同一選出区を代表していた．
14）この指標については，西部議員の比較対象を全イングランドの議員のみとしているが，それは，全国（UK）のデータに異常値が多く含まれることになるためである．まず，アイルランドの選挙区はすべて連合王国の成立に伴って 1801 年の新設であり，当該選出区での連続在職年数の長さという点では，アイルランド選出の議員はグレー

トブリテンの選挙区から出ている議員に比して圧倒的に不利になっている。また，スコットランドの州選挙区の一部は，1回おきの総選挙においてしか議員選出を認められない制度になっており（表2-1の注参照），そうした州を代表する議員は，その選出区での連続在職年数が最長でも7年にしかならないといった特異な事例もある。なお，この次に検討する議員歴中断にかかわる指標についても，同様の事情から，全国（UK）のデータを参照することはしていない。

15) L. Namier, *The Structure of Politics at the Accession of George III*, 2nd ed. (London, 1957), Chapter 1.
16) 青木康「選挙区・議会・政府」近藤和彦編『長い18世紀のイギリス——その政治社会』（山川出版社，2002年）に，この制度の成立事情を含む，やや詳しい説明がある。
17) 以下の説明からもわかるように，ここに取り上げる議員辞職の事由は官職就任に限られるものではないが，その制度の成立の経緯からも官職就任が特に重要と考えられ，ここでの指標の名称も「官職就任に伴う議員辞職経験の有無」としている。この点についても，青木，前掲論文を参照されたい。
18) あるいは，議員辞職の理由が官職就任ではなく年金受領などの場合は，「中央政府や宮廷における過去の役割が高く評価される存在」と言い換えられる。
19) 下院議員中の誰が銀行家やネイボブであったかについては，G. P. Judd, *Members of Parliament, 1734-1832* (New Haven, Conn., 1955)の情報を利用している。その情報を筆者作成の全3529人の下院議員のデータベースに加えて計算したところ，西部選出議員では，銀行家あるいはネイボブとされた議員の割合は全体の9％近くに達した。

第3章 スコットランド代表議員の政治的機能(1707～1747年)
合同以前のスコットランド身分制議会との関連において

松園　伸

はじめに

　2007年のイングランド・スコットランド合同300周年「記念」は，スコットランドにおける現実政治はもちろんのこと，学問的な合同研究にとっても画期であった。王立鋳貨局，政府刊行物出版局 (Royal Mint, Stationery Office) などはそれぞれこぞって記念硬貨，記念出版を出し，合同の「成功」を誇示しようとした[1]。ブリテン国家統合の揺るぎなさを示そうとする高い政治的性格は，「良識革命」(sensible revolution) として，立憲政治の原点である名誉革命の300周年を「祝賀」した1988, 89年の諸行事の政治性にも似ているように思われたのである。だが，にもかかわらず，スコットランド民族党 (Scottish National Party, 略称SNP) は昔馴染みの「イングランドの金で購われた合同」(The Union Bought for English Gold) 論を持ち出し，国辱に塗れた不平等な合同条約とそれがもたらした政治体制を修正し，いま以上の権限委譲 (devolution)，さらには完全独立の主張をおこなったのは周知の通りである。そして2014年夏，ついに合同条約の継続か，廃棄＝スコットランド独立かを問うレファレンダムが実施された。奇しくも1715年のジャコバイト反乱後300周年のわずか1年前におこなわれた住民投票は，結局連合王国残留派が多数を占めたが，スコットランド独立支持派の活発な運動は世界的な注目を集めたのである。

　こうした実際政治の動向と完全に無関係ではありえないのがスコットランドにおける合同研究の特徴とは言えないか。本章の筆者は実証的な史料批判

に立ったエディンバラでの学会，研究会において蕩々と合同条約の不平等性を衝くSNP系の研究者の所論を聴いたことがある。だがそれは必ずしも「迷惑」とはみなされていなかったようである。こうした研究者のバイアスは別として，かつて合同研究において暗黙のうちに了解されてきたのが，合同研究をもっぱら公法学，政治学の観点から分析する傾向であった。それは一言で言えば，イングランドにおいて営々と築き上げてきた"King in Parliament"という名の議会主権論が，両国合同によっていかなる影響を受けたかを問うものであった。そして多くの研究において取り上げられたのは，1707年前後の言説を直接俎上に載せるよりはむしろ，ウィリアム・ブラックストンの憲法理論，さらに1世紀ほど経ったダイシーの議会主権論であり，さらにダイシーの理論を史実にもとづいて敷衍したレイト卿によるスコットランド議会史研究であった[2]。ブラックストンそしてダイシー，レイトによれば，1707年以前においてイングランド，スコットランド両議会はともに完全な主権を有する存在であったが，スコットランド議会が実質的に廃止され代表貴族，庶民院議員がウェストミンスタ議会に「参入」することで，イングランドの議会政治の枠組みは大きく変化することなく持続したのであった。

　それは合同直後のブリテン議会のありようにも明らかに見て取ることができるだろう。新生ブリテン第一議会は1707年10月に開会したが，この議会は新たに加わった少数のスコットランド代表議員を除けば，合同以前の1705年イングランド総選挙で選ばれた庶民院議員とイングランド聖俗の貴族の顔ぶれは全く変わらないものであった。その意味では新生ブリテン議会は実際には「アン女王イングランド第二議会第三会期」とほとんど異なることのないものだったのである。イングランド側が彼らの伝統的国制を歪めることなく，この合同でもたらされるであろう困難，軋轢を乗り切ろうとしたのは明らかであった。そしてかかる国制観はブラックストン，ダイシーと引き継がれ，ついこの10～20年まで大きな疑問もなく済まされてきたのである[3]。

　これに対してクリストファ・ウェイトリ，コリン・キッド，カレン・バウ

イ，ボブ・ハリス，J・R・ヤングらの政治，経済，民衆社会，文化比較，パンフレット・請願類の言説分析など現今の多彩なアプローチからなる合同研究は，憲法（政）史，議会史に傾斜していた過去の研究をもはや時代遅れの存在にした観がある[4]。しかしブリテン国家における議会主権の問題は現代的な問題としてもけっして「解決済み」となっているわけではない。一方でEUの求心力の増加により統合の上向きのベクトルと，他方スコットランド，ウェールズ，北アイルランドへの権限委譲によってますます分権化（さらには分裂の危機）を進める下向きのベクトルで両方向から相対化され続けるイギリス議会主権を，いま一度歴史的に読み直す試みが種々なされているのである[5]。

さて本論では合同前後の議会史を主に二つの観点から考察する。第一。1707年以前には一個の独立した身分制議会を構成していたスコットランド議会は，「統合」の名の下に廃止され，少数の貴族，庶民の代表がウェストミンスタに席を占めることを許されたことはよく知られている。だが身分制議会を構成する貴族，勅許都市（royal burghs），州の三身分（Estates）から代表議員への変化は単なる数の縮減ではなく，代表制の観点からすれば大きな「質的」変化が生じていたのではないか[6]。これが最初の問題設定である。第二。合同以降，選挙によってロンドンに送られた庶民院代表議員であるが，その選挙人の規模が著しく小さいことは，当時少しでも国政に関心のある者ならば周知の事実であった。合同以後のスコットランド選挙区の選挙民総数が恐らくはロンドン・シティ，ウェストミンスタ市，ノッティンガム州などの選挙区一つ分の選挙民の総数にも及ばないであろうという現実のため，すでに18世紀においてもスコットランド代表選挙はブリテン代議制の発達にそぐわないという厳しい見方も存在していた[7]。加えて高地地方を中心にごく少数の地方実力者，氏族族長（clan chiefs），大地主（lairds）らによってしばしば選挙がコントロールされていた事実が，選挙民の投票行動の自律性に疑問符をつけることとなったのである[8]。だがこうしたきわめて閉鎖的な選挙区の構造が仮に事実としても，それは合同によってもたらされたものなのであろうか？　それともスコットランド議会時代にすでに内在していたので

あろうか？　これを理解するにはスコットランド議会の選挙法制と，それを用いた実際の選挙の実態分析が不可欠であるが，残念ながらわれわれはいまだスコットランド議会選挙法とそれにもとづき施行された議員選挙についてきわめてわずかしか知らないのである。この小論がスコットランド議会と，1707年以降のブリテン議会の連続，非連続を問い直す端緒になれば幸いである[9]。

かかる選挙研究の困難さに加えて，議会合同以降ウェストミンスタに現れた代表議員は，しばしば「貧窮」(necessitous) 議員という蔑称に甘んじなければならなかった。イングランドから比べればはるかに遠地からはるばるロンドンに上京し，到着すればそれ相当の格式を維持した生活を数カ月おくる必要のあるスコットランド議員を「貧窮」の名の下に一括するのは酷なものであろう。だが彼らの多くが概して官職・年金などでいとも易々とコントロールされうる存在と考えられていたことは確かであり，そのイメージは18世紀末スコットランドが"improvement"の時代になり本格的な産業革命の段階に入るまで続いた。しかし合同成立時でも代表貴族，庶民院代表議員がおしなべて経済的窮状にあったとは考えられない。そこで本論では合同成立以降のスコットランド代表議員のなかでの新しい勢力として，スコットランド法について精通した弁護士 (advocate) 身分保有者，および彼らからなる職業法曹家層に着目することにする。

第1節　スコットランド議会議員からブリテン議会代表議員へ

マニュスクリプトを含む一次史料にもとづく精細な研究とは必ずしも言えないものの，1706年の合同条約締結交渉の中で，来たるべきブリテン議会においてスコットランドを代表すべき貴族，庶民院議員の数については種々の研究が積み上げられてきた[10]。1702年アン女王即位直後本格的戦闘に発展したスペイン継承戦争は，国王−政府をイングランド・スコットランド合同に向かわせることとなる。もしスコットランドがフランス−スペイン側に立ったならばイングランドは地政学的にきわめて不利な立場となり，この状

況を避けるためには同君連合（regal union）から一歩進めてより統合性の強い法的連合（legal union）に踏み込むことが不可欠なのであった。

　だがイングランドにおける国教会のスコットランド長老派教会への嫌悪は根強いものがあった。それは一つには，イングランドでは長老派は1689年の寛容法により私的な小規模礼拝が許容されていたのに対し，スコットランドではこの程度の信仰寛容もイングランド国教会に近い監督制教会（Episcopalian Church）には認められていなかったためである。監督制教会はスコットランドでは地域差はあるものの，しばしば迫害の対象となっており，この迫害のためイングランド国教会はより両国のより強固な合同実現を逡巡していたのである。他方スコットランド側にとっても信仰問題は合同実現のための大きな妨げとなっており，スコットランドにおける長老派教会の卓越した地位をイングランドに認めさせること，カトリックおよび監督制教会の国内での勢力伸長を極力封じ込めることが絶対条件であった[11]。信仰面でのイングランド・スコットランド間の対立が「一つの国家，二つの（国定）教会」という政治的妥協で一応の終局を見たことはよく知られている。だがイングランドにおける長老派，スコットランドにおける監督制教会といった非国教徒の処遇についての問題は先送りされ，特にスコットランドにおける監督制教会に対する寛容は，合同実現後，両国間の先鋭な政治問題となるのである。

　さて合同後のブリテン議会における代表数の問題に戻ろう。交渉にあたった両国代表にとって先例はなかったわけではない。ジェイムズ6世兼1世（スコットランド王在位1566～1625年，イングランド王ジェイムズ1世として在位1603～1625年）は，同君連合君主としてイングランド王位に即位するやいなや両王国の全面的な合同を指示し，両者の代表委員を決め交渉を重ねた[12]。統合後の国旗の図柄まで考えられていた交渉は，結局決裂で終わった。しかし交渉記録は残り，その後の合同に影響を与えることとなる。ジェイムズ以外で合同に積極的であった君主はと言えばウィリアム3世（スコットランドでは2世）が挙げられよう。彼はカルヴァン派プロテスタントであり，スコットランド長老派教会に自然に友好的な感情を抱いていたと見られる。王がまだオラニエ公ウィレムとしてオランダにいたとき，彼はパトリック・

ヒューム (のちの初代マーチモント伯爵) ら, 王政復古後チャールズ2世, ジェイムズ7世治下で迫害され亡命を余儀なくされていたスコットランド長老派のよき保護者であり, ウィリアムは同君連合の国王となった後, 記録に残っているだけでも少なくとも三度両国合同の提案をしている。特に最後の提案は彼の死去 (1702年3月8日) の1カ月前に出されており, 死の床においても王は両国の合体を願っていたのであった。したがって合同実現は王の「政治的遺言」となり, この実現はアン女王に託されることになったのである。

またこれらの試みとは別に, 唯一英国史上実現した統一議会があった。1653年オリヴァ・クロムウェル率いる護国卿政権によって作成された成文憲法「統治章典」(Instrument of Government) はイングランド, スコットランド, アイルランド代表が一堂に会する議会を定めており, このときの三国に認められた議員数はそれぞれ400, 30, 30でイングランド代表の圧倒的優位が保証されていたのである。共和国体制は復古王政によって完全に否定されたのであるが, 18世紀初期に合同問題が再燃したとき, このスコットランドにとって著しく不利な数字 (イングランド：スコットランド約13：1) は再び引き合いに出されることになる。

先述のように信仰問題が棚上げにされたことで, 焦点は比較的緩やかで両国とも主権を有する議会を保持しうる連邦制か, それとも単一の議会に収斂させる完全な統合かに移った[13]。だがイングランドの有力政治家にとっての選択は連邦制ではなく, ロンドン議会に主権を集中させることを選んでいたようである。スコットランドは貴族, 庶民の代表をブリテン議会に送ることになるが, その数的基準は, スコットランドが租税面で来たるべきブリテン国家に貢献できる割合であった[14]。スコットランド側は比較的多数の代表を送ることができる人口比 (約1：8) を好んだと考えられるが, イングランド側は租税負担比 (約1：40) にこだわり, 結局租税負担比に近い数字として貴族16名, 庶民院議員45名で決着を見たのであった[15]。スコットランド側がより多くの代表を強硬に要求しなかった一つの理由は, 多くの代表が選ばれた場合, 彼らはロンドンでの数カ月にわたる多額の出費に耐えられ

ないのではないかと懸念されていたことが挙げられよう[16]。実際スコットランド議会の時代でさえ，勅許都市代表，州代表議員は議会登院のための旅費，滞在費を議会あるいは選挙区から支給される例が見られたのである。だがブリテン議会においては，歳費等の支給は全く望むべくもなかった。

　だが本論で考察したい事柄はこうした数字上の問題よりも，名誉革命後急速にその相貌を変えつつあるイングランド議会と，いまだ一院制で身分制議会の色彩を強く残すスコットランド議会の質的相違である[17]。身分制議会としてのスコットランド議会は，複数の院を持ったことはなく，つねに異なった身分代表が同じ場に会同していた。議会に相当する機関は13世紀初頭には出現していたが，スコットランド史上 *Parliamentum* なる語が初めて現れたのは1290年であり，常会としての議会の出現はこの時期に求められる。1290年議会の構成は司教12，大修道院長34，伯爵12，バロン（現在の世襲貴族身分としての「男爵」ではなく，平民の最上層部と考えられる）50で総議員は108である。その時々で聖職議員の数にも多少の変動はあるものの，大きく変化を経験したのは世俗の世襲貴族身分と平民身分代表であった。バロン身分は次第に再編成されていき，1326年には勅許都市（royal burghs）の市民（Burgesses）代表が常に議席を有することになる。そこで1357年には議事録上には聖・俗の貴族と勅許都市代表からなる「三身分」(Three Estates) なる語が初見されることになる。一見してわかるように中世身分制議会としてのイングランド議会とスコットランド議会は，前者がまず州（shire or county）代表から整備されたのに対して，後者はまず勅許都市代表が常置の議会代表として認められ，州代表の制度化はイングランドに比べて著しく遅れた事実である。

　イングランド議会では14世紀後半には州代表（knights of the shire）の議会内の位置がまず確立する。この頃には自律性の高い「王権伯領」(County Palatine) であるダラム，チェシャ（Durham, Cheshire）両州を除いた37州から各2名が選出されていた[18]。州代表は州の最も富裕な平民の中から選出され，近代以降も州代表の自治都市選出議員に対する優越感は残ることになる。他方イングランド議会では，自治都市（borough）選挙区の制度化は遅

れた。代表権を有する都市の数は議会ごとに変動していた。傾向としては 14 世紀初頭までは都市代表の数はむしろ減少傾向にあり、その主因は小都市の代表からの脱落に求められる。彼らはまだ議会出席の効用よりも、登院費用や課税負担を重く見ていたと考えられる。しかし 15 世紀半ばから 16 世紀半ばになると約 80 の自治都市が代表を選出し、また各都市 2 名の代表選出の慣行も確立しつつあった。当初からロンドン・シティは例外であり、1355 年以来 4 名の代表を選び続けてきた。15 世紀後半以降は代表選出をおこなう都市は着実に増加してくるが、それが一気に拍車がかかるのは、16 世紀以降である。宗教改革議会以降、議会の権能が他の国家機関の権力を凌駕し、かつ修道院財産没収・売却などの経済行為に深くかかわっていったことは、自治都市代表議員となることの効用を著しく高めたと考えられる[19]。

　スコットランド議会は全く異なった歩みを示している。レイトは 1326 年議会において勅許都市代表が確立した身分代表として認められる以前、すでに勅許都市は国王の諮問機関的機能を果たしていたとする。具体的にはエディンバラ、スターリング、ロクスバラ、ベリック (Edinburgh, Stirling, Roxburghe, Berwick) がこうした有力都市に該当していた[20]。王の勅許都市代表召集の主目的は戦費調達目的であり、この点は、ヨーロッパの多くの身分制議会が多かれ少なかれ課税協賛機能を期待されていたことと異なるところはない。ただイングランドではまず課税対象として期待されていたのは州代表であったのに対し、スコットランドでは専ら勅許都市であり、同じ都市であっても勅許を得ていない都市には原則として課税が強制されることはなかった。ただし、勅許都市は租税の代価として貿易業務の独占などの商業、交易上の特権が認められており、彼らのみが聖職貴族、世俗貴族と並んで「三身分」の正統な構成要素とみなされていたのである。1367 年の段階でスコットランド議会に召集されていた勅許都市代表はアバディーン、ダンディー、モントローズ、リンリスゴー、パース、ハディントン (Aberdeen, Dundee, Montrose, Linlithgow, Perth, Haddington)、そしてエディンバラから選ばれていた。15 世紀から 17 世紀にかけて召集される勅許都市数は着実に増え、合同前最後の総選挙となった 1703 年総選挙において、勅許都市数は 66 都市に達

し，議員数は 67 名に増加した。勅許都市選挙区は原則一人区であり，エディンバラのみが二人区となっていた。近年の研究によれば上記 66 勅許都市のうち選挙権者たる都市自治体のメンバーが 20 名以下の都市が実に 47 に上り，パース市の 121 名という例外はあるものの平均値は 18 名程度であった。勅許都市での議員選挙が非常に寡頭制的な方法で実施されていたのは明らかであろう[21]。

都市選挙区のあり方について，スコットランド議会とイングランド議会では他にも重要な点で相違が見られる。イングランドでは州選挙区の格が高く容易には選出されないため，ここからの立候補を回避し自治都市選挙区から立候補する例がしばしば見られた。また自治都市選挙区の近くに居住する貴族，大地主が彼らの経済力を利用して都市の代表選出権を「侵蝕」するケースもしばしば見られ「懐中都市選挙区」(pocket borough) の温床ともなったのである。ポリットによればスコットランド議会選挙において勅許都市選挙権は原則として都市自治体 (Corporation) に附与されていた。この慣行は中世以来崩されることなく維持され，地主が勅許都市代表として選出された初例は 1700 年であるとされる[22]。勅許都市の自治権が維持された麗しい例とも考えられるが，18 世紀になってようやく近隣地主が勅許都市代表となっていったことは，それまで地主階級にとって勅許都市代表はさほど魅力ある存在ではなかったこと，他方合同が政争のテーマとして浮上するに至って，その賛否をめぐり勅許都市近くに居住する貴族などが，にわかに選挙に影響力行使を始めたことが認められる[23]。

スコットランド議会において，勅許都市代表が長きにわたって近隣有力者に大きく影響されることなく選ばれ続けたいま一つの原因としては，「勅許都市会議」(Convention of Royal Burghs) の存在がある[24]。勅許都市会議は前述の四都市が議会とは別に国王の諮問を受けたことに起源を持っている。勅許都市は議会において他の身分と国政を論じる一方で，ほとんど同じ構成員で独自の勅許都市会議を開催していたのである。ここで彼らは共同で国王，他の身分に対し勅許都市特権を維持することに努めたのであり，交通，治安，交易など都市が共有する諸問題も討議していた。1552 年から 1707 年までの

間に議会開会の回数が 80 回程度であったのに対し，勅許都市会議は 1631 年から 49 年までの史料の欠落期間があるにもかかわらず，上記の期間中 315 回の開催をみているのである[25]。

ただし名誉革命以降，権力の中心は明らかに議会に移っていった[26]。ジェイムズ 7 世の廃位，ウィリアム 2 世・メアリ 2 世の共同王位の実現，監督制教会主教のスコットランド議会からの脱落，監督制に代わる長老派教会体制の確立などの国制上の大変革は，議会の合意があって初めて可能になったのであり，これに比して勅許都市会議の従属的な性格は明らかである。18 世紀に入ると勅許都市の貿易独占権も否定され，他の都市の参入が認められたことで，勅許都市会議の地位はさらに低下したと言ってよい。ただし後述する州代表 (1587 年議会制定法でスコットランド議会に出現) に対して，勅許都市代表の勢威は合同まで上回っていたと考えられる。そして，この勅許都市の優位性は，州代表が先行して制度化され，そのプレステージが維持されたイングランド議会庶民院とは顕著な相違をなしていたのである。それだけに，合同実現により勅許都市代表議員が激減したことは大きな損失であった。エディンバラ市のみが自前の代表を 1 名送るのみでそれ以外の勅許都市は単独で代表をブリテン議会に送ることができず，都市グループを作り，総選挙ごとに輪番制でかろうじて議員を選出しているありさまであった。

数の上での勅許都市の縮減は著しい。1703 年のスコットランド議会において勅許都市選出議員数は 67 名を数えたが，1707 年以降ブリテン議会では，これがわずか 15 名となった。実に 77.6% の減少である。これに対して 1703 年の州代表議員は 87 名に達していたが合同以降も 30 名の議員を選出することができた。したがって州代表の減少率も甚だしいものの 65.5% の減少に抑えられたのである。州自治体に先んじて身分制議会の重要な構成要素を形成していた勅許都市の変貌は著しかった。合同実現による勅許都市の変質はこれまで必ずしも注目されてきたとは言えないが，合同が国制にもたらした最大の変化の一つと考えられる。

スコットランド議会で勅許都市選出議員ではなく，大土地所有者が別個選出される例はすでに 1556 年，1560 年にも散見されるが，「州代表」(shire commissioners）として勅許都市代表とは異なった身分を代表するようになったのは，1587年ジェイムズ6世期の議会制定法によってである[27]。母メアリ・ステュアート（在位1542～67年）の強制的退位の政治的混乱の中で開始したジェイムズのスコットランド統治であったが，1587年にジェイムズはイングランドに逃亡した母の処刑を黙認するとともに貴族間の闘争も終息した。またそれ以前の1585，86年にはイングランドとの条約締結で平和的関係が保障されるとともに，エリザベス1世が後嗣なく死去した際のイングランド王位継承権をジェイムズは得ていた。スコットランドの国情は明らかに安定に向かいつつあったのである。州代表制度が始まったことで，各州は少なくとも1名ないし2名の代表を選出することになる。州代表が設置された原因はいくつか考えられるが，まずスコットランドの中央集権化が進んだ結果，王権から半ば独立した大貴族によって支配される地域が減少したこと，それによって王はこれまでの勅許都市に加えて州自治体にも全国的に課税が可能になったことが考えられる。また州自治体にとっても，交通，産業，交易などの振興のためには州選出議員を代表させることが有利と見られたであろう。

　すでに17世紀スコットランドでは，多くの州で代表議員になることはその個人にとっても利益とみなされるようになっていた。州選挙区における選挙戦の初例は，1596年アバディーン州とされているが，17世紀には頻繁とは言えないとしても選挙戦は実施されている。しかし州代表選出の「熱意」は地方よって大きく異なっていた。1609年までは全部で33州ある中で代表を選出している州は20を超えていなかった。レンフルー（Renfrew）州，ダムフリース（Dumfries）州などの小州，インヴァネス（Inverness）州など北部高地地方諸州はいまだ代表を選出してはいなかったのである。議会は選挙権を拡大することで選挙への関心を喚起しようとした。これまで選挙権は年価値40スコットランド・シリング以上の価値のある土地を直接国王から受封している者に限られていたが，1661年議会制定法により，かつて教会，修道院領で宗教改革の結果王領地になり，これらの土地を受領した者も有権者に含められるようになった。選挙権者は次第に拡大し，州代表選挙への関

心も高まっていく。そこで，選挙結果に不満を持つ候補が選挙無効を訴え出ることが見られるほどになった。争訟の対象となる選挙の大半は州代表に関してであり，勅許都市にかかわるものはわずかである。州選挙区代表は徐々にではあるが争い，勝ち取る存在になっていったのである。

　1689年のスコットランドにおける名誉革命は，「権利要求」(Claim of Right) の制定，条文貴族制度の廃止など一連の改革立法を実現させたが，その一環として1690年に州選挙区の定数増が図られた。11州において定数がそれぞれ2議席，4州においてはそれぞれ1議席増が認められたのである[28]。かくして18世紀初頭，州代表議員の総議席数は87に上り，数の上では勅許都市議席総数67を上回ることになった。州代表数の改正には，代表数をある程度人口比に合わせようとの意図が見られた。その点スコットランド議会では，議員定数と人口の関係を考慮した議会改革が進められていたと言うことができ，選挙区改革が1832年に至るまで全く実現できなかったイングランド議会（と実質的にこれを継承したブリテン議会）とは好対照をなしている[29]。実際，定数是正の試みはこれ以後も続き，1704年のスコットランド議会においても11州にそれぞれ1議席を付加する法案が提出され，第一読会は通過したものの，その後合同問題の激論の中で掻き消されてしまったのであった。

　州選挙区選出議員の増員とともに，若干の一人区は存在するものの，多くの選挙区の二人区〜四人区化が実現した[30]。複数議員選出選挙区が大多数を占めたことで，州内に複数の有力者が存在したとしても，事前の話し合いによって選挙戦に至らずに代表を決定することは十分に可能であったろう。実際王政復古から名誉革命まで，政治に関心を有するスコットランド人でさえ，選挙はさほどの重みを持たなかったと考えられる。だが名誉革命を経て，1703年総選挙では合同問題の政治的解決が近い将来起こると考えられるようになるに至り，選挙は全く異なった相貌を示すことになる。もちろん複数代表を選出する区でも，一人の実力者が圧倒的な力を誇る区では「無風区」も多く存在した。だが多くの州で合同問題は州内の賛成派と反対派を明確に分裂させ選挙戦はかつてないほどの区で実施されたのであった[31]。ただし，

イングランドですでに沸騰していたホイッグ，トーリの政党対立は間接的にはスコットランドでも影響していたものの，いまだホイッグ，トーリそれぞれの党が直接支援する政治集団は存在していなかった。むしろ1703年スコットランド総選挙での州レヴェルでの抗争は，長老派支持者対監督派教会支持者の間の信仰上の対立，そして長年の部族抗争（feud）を背景にしていたのである[32]。

合同実現後に選ばれた代表議員はロンドンにおいて全く異なった政治風土に晒されることになる。合同はスコットランド国内では根強い不満はあるものの，一応解決済みの問題となった。しかしブリテン議会において代表議員は好むと好まざるにかかわらずトーリ，ホイッグに二極化した政治の渦中に投げ込まれる。しかも州選挙区ではかつての複数議員代表区は全く消滅し，一人区が27，2州を1グループとし総選挙ごとに交互に1名の代表を選ぶグループが3となった。都市選挙区の状況はさらに大きく変化し，一人区はエディンバラ市のみ，他の14議員はそれぞれ複数の都市からなるグループから総選挙ごとに輪番で議員を選出するありさまであった。一人の有力者で支配される州，都市は稀であり各選挙区では選挙戦，あるいは実際に選挙戦に持ち込まれなくとも，事前の候補者調整において激しい政争が繰り広げられたのである[33]。

また現職議員が政府－宮廷からパトロネジの恩恵に与ろうと希望する場合，次の総選挙での再選を図ろうとする場合，政争はより切実になるのである。したがって合同成立以降のスコットランドでの総選挙は個々の地方的対立，怨恨もさることながら，ホイッグ支持のグループ所属候補，トーリ支持のグループ所属候補間の「代理戦争」の側面をより強く持つのである[34]。スコットランドにおけるトーリ，ホイッグの政党間の抗争は，スコットランド・トーリの相当数がハノーヴァ朝を否定しステュアート朝の復位を望むジャコバイトであったため，現体制の存続・否定を賭けた体制選択の争いとなった。そして，1745～46年のジャコバイト反乱の失敗によってステュアート朝復位の望みが完全に絶たれるまで，スコットランドではイングランド以上の抗争が繰り広げられたのであった[35]。

第 2 節　合同条約締結以降のスコットランド議員の質的変化

　1707 年の合同条約は単にスコットランド議会のブリテン議会への「吸収合併」，スコットランド議員数の大幅な縮減だけに止まるものではない。スコットランド議会議員から代表議員への質的変化にも注目する必要があるだろう。さて合同条約締結後の代表貴族・庶民院議員の行動を一言でいうならば「アパシー」状況と言えるのではないだろうか？　もちろん彼らが常にブリテン議会を冷ややかに見ていたわけではない。1713 年のスコットランドでの麦芽税増徴政策は国民全体の強い憤激を招いた。代表議員は，党派の相違を超えてトーリ政権の増税政策を批判して一致して合同解消を迫ったのである。さらにハノーヴァ朝期においても 1719 年，ホイッグのサンダランド伯爵らは「貴族法案」(Peerage Bill) を提出した。これがもし可決成立したならば，互選によるスコットランド代表貴族制度は廃止される代わりに，政府によってあらかじめ選ばれたスコットランド世襲貴族 25 名とその子孫のみが貴族としての議席を与えられることになる。そしてこの選に洩れたスコットランド貴族は，議席を有する貴族家が断絶しない限り国政に参加するチャンスが永久になくなるのであった。政府は彼らに友好的な貴族を選出するであろうから，法案が政権による議会多数派形成の策略であることは明らかであった[36]。したがって貴族法案はスコットランドの野党勢力を中心に広汎な反対運動をもたらし，これにホイッグ反主流派が相乗りしたために貴族法案は挫折し成立は阻まれたのである。

　このようにスコットランド代表議員は，スコットランドの死活的な利益が問題になっている場合には稀に団結し，イングランド側と争うことも辞さないけれども，それ以外は自身のパトロネジの獲得に汲々として，スコットランドの国益を顧みることもない，というのが一般的な理解であったろう。18 世紀には様々な自治体，団体，企業，個人などから個別立法案 (private bills) がブリテン議会に提出された。個別立法の多くは地方の道路，運河等の整備，産業振興，救貧行政など多岐にわたっており，これらの法案の行方について地方住民は強い関心を持って見ていた。個別立法の法案を発議する

のは私人でも可能であるが、その成立には議員の協力が必須であった。1707年から1714年までのブリテン議会を通過し個別法律として可決成立した220件のうち、スコットランド議員のイニシアティヴで成立したものはわずか3件にすぎなかった。この数字は、アイルランドから提出され立法化された法案が20件に上ることを考えれば衝撃的な数字であったろう。イングランド側はスコットランドの政策提案を「乞食の持ち込む『持参金』はシラミ程度」と相手にせず、またスコットランド側も自らの国益を増進する意欲に欠けているように見えた[37]。スコットランド選出の庶民院議員で野党勢力に属し、スコットランド民事上訴裁判所（The Court of Session）判事を務めていたジェイムズ・アースキンは、スコットランド人が代表貴族からも庶民院代表からも「見放された」(deserted) 存在に成り下がったと嘆いたのもあながち理由のないことではないのである[38]。しかしスコットランド代表議員には、徐々にではあるが新しいタイプの議員が生まれつつあったのである。

　合同条約は「一つの国家、二つの（国定）教会」をモットーとし監督派イングランド国教会（Church of England）と長老派スコットランド国教会の平和的共存を定めていた。しかし、国制上スコットランドに独自性が認められたいま一つの領域が存在した。スコットランド法とそれを基礎とした司法制度である。合同条約は、スコットランド法が合同以後も「ブリテン王国の中のスコットランドと通称呼ばれる地域」に適用されることを保証した。さらに条約は最高裁としてのブリテン議会貴族院の地位を認める一方、スコットランド民事上訴裁判所としてのCourt of Session, 刑事上訴裁判所としてのCourt of Justiciaryを上級審として認め、イングランドの控訴裁判所の介入しえない不可侵の司法機関と定めていた[39]。特に民事上訴裁判所長官（Lord President）、同次長（Lord Justice Clerk）、同判事（Lords of the Court of Session）は裁判官の最高の地位にあり、社会的な威信を保っていた。

　イングランドの裁判官と異なり、上記のスコットランド民事上訴裁判長はLord President, 同裁判所次長、判事は名前でなく出身地の名を取ってLord…と呼称される特権を有していたのである[40]。こうした裁判官に加え、刑事訴追の最高責任者としてスコットランドには法務長官（Lord Advocate），

法務次官 (Solicitor General of Scotland) が置かれ，彼らはそれぞれイングランドにおける法務長官 (Attorney General)，同次官 (Solicitor General) に相当する役職とみなされた。そして合同前においてはスコットランド議会で民訴裁判所次長や法務長官は職権上 (ex officio) 議会の正規のメンバーであり，投票も認められていたのである[41]。

　加えてスコットランドでは，イングランドとは全く異なる法曹養成機関が設けられていた。イングランドでは法廷弁護士 (barrister) や裁判官養成を目的とした「法学院」(Inns of Court) があることがよく知られているが，スコットランドでこれに相当する機関が「弁護士会」(Faculty of Advocates) である。弁護士会は1532年議会制定法で弁護士 (advocate) 団体として公認されたが，それ以前から弁護士，上級裁判官の同業組合的存在であり，スコットランド司法を支配するとともに，彼ら自身国政に深く関わってきた。そして，これらスコットランドの職業的法曹人と議会政治の関係を考察するのが本節の目的である。

　イングランドの法学院は14世紀にはその存在が認められ，法曹人の宿舎から始まって徐々に同業組合的な性格を持ち，さらに弁護士養成を目的とした教育機関と成長していった。他方スコットランド弁護士会は法的には16世紀の創設である。近代における二つの組織の大きな違いはそのメンバーの数であろう。1620年から1629年までの法学院への入学者はすでに1300名を超え，1688年から1714年までの入学者は4600名に達していたと見られる。これに対して1707年から1760年までの弁護士会入会者はわずか335名であった。この数的な違いは国家の規模の相違からくるというより，二つの組織の性格の違いに求められよう。法学院が弁護士，法曹人養成の職業教育のかたわら，一般的な教育機関としても機能し，必ずしも弁護士開業，裁判官任官を目的としなかった。これに対してスコットランド弁護士会は，上級法曹養成という意識をより強く持っていたと考えられるのである。

　その一方で，王政復古 (1666年) 頃からスコットランド弁護士会は，地主エリートを中心とした貴族主義的傾向を有すると言われてきた[42]。表3-1にあるように名誉革命から1714年までにイングランド法学院に入学した者

表3-1 イングランド法学院(Innes of Court)入学者とスコットランド弁護士会(Faculty of Advocates)入会者の社会的出自

3-1-1 イングランド法学院 Innes of Court 入学者（1688～1714年）

	数	%
世俗貴族	36	0.8
ナイト爵，准男爵	295	7.0
エスクワイア身分	1726	40.7
ジェントルマン身分	1209	28.5
書記職	177	4.2
法律家	492	11.6
医師	48	1.1
都市商工業者	254	6.0
総数	4237	
分類不能，不詳	362	

出典：David Lemmings, *Gentlemen and Barristers: The Innes of Court and the English Bar 1680-1730* (Oxford, 1990), p. 14

3-1-2-1 Faculty of Advocate 入会者（1707～1760年）

	数	%
世襲貴族の子息，兄弟後継者	28	8.4
准男爵の子息，後継者	65	19.4
ナイト爵の子息	11	3.3
その他	231	68.9
総数	335	

3-1-2-2 Faculty of Advocate 入会者（1707～1733年，1734～1760年）

	数	%
【1707～1733】		
世襲貴族	19	9.4
准男爵	45	22.2
ナイト爵	9	4.4
入会者総数	203	
【1734～1760】		
世襲貴族	9	6.8
准男爵	20	15.1
ナイト爵	2	1.5
入会者総数	132	

出典：John Stuart Shaw, *The Management of Scottish Society 1707-1764* (Edinburgh, 1983), pp. 22-23

のうち，世襲貴族の縁戚者は全入学者のわずか 0.8% にすぎず，これに准男爵，ナイト爵の縁戚を加えても 7.8% である。これに対してスコットランド弁護士会に 1707 年から 1733 年に入会した者の中で世襲貴族の縁戚者は 9.4% に達し，准男爵の縁戚を加えれば 30% を超えるのである。弁護士会が貴族的性格を持つという傾向は，18 世紀においても当てはまるように見える。ではスコットランド世襲貴族，准男爵などが多く弁護士会に入会したという事実は何を意味したのであろうか？

　第一に，法曹界の中核をなす民事上訴裁判所には，正規の判事とは別に「特命」(extraordinary) 判事が置かれていた。その初例は 1532 年の任命であり，最後の特命判事が職を辞したのは 1762 年である。そして名誉革命から 1750 年までに 11 名の特命判事が任命されている。彼らは弁護士会の成員でもあるが無給であり，通常の裁判審理には加わらない。そしてすべて「古い家柄を誇る」有力世襲貴族である。特命判事の役割は個々の司法業務に関与することではなく，民事上訴裁判所，ひいては弁護士会を通じて貴族身分が司法行政に影響力を行使することであったと考えられる。だが貴族の司法への関与はこうした数代を重ねた，伝統を誇る世襲貴族に止まるものではない。

　表 3-2 では名誉革命以降，合同締結までに新たに創家された 9 名のスコットランド貴族を示した。これら 9 名の多くはいくつかの共通点を持っている。まずラグレン伯を除く 8 名はいずれも強力な合同推進派であった。またラグレンと，職業軍人であったオークニ伯を除けば 7 名は，スコットランド議会では平民として州代表あるいは勅許都市代表を務めていた。つまり彼らは合同を推進してきたウィリアム 2 世，メアリ 2 世，アン女王とその政府に合同推進のための政治力を見込まれて，累進して貴族身分を得たのであった。さらにステア子爵，ポルワース男爵，シーフィールド子爵，ビュート伯爵らは弁護士会会員で司法のプロであり，とりわけステアは民事上訴裁判長の重職に就いているのである。またボイル男爵は「公文書管理人」(Lord Clerk Register) という司法関係の顕職を保有していた[43]。彼らは世襲貴族といっても新創家貴族であり，多くは法曹人として持っている法律上の深い知識と合同実現のための政治力を買われて受爵することができたのである。

**表 3-2　名誉革命 (1689) からイングランド・スコットランド合同までに
受爵したスコットランド貴族**

爵位名,本名,生没年,最初の ( ) 内は受爵年.掲載は創家された順。

ステア子爵 Stair, viscount of, Sir James Dalrymple, [1619-95] (1690), 学歴：Glasgow Univ. 法曹歴：弁護士 (1648), 民事上訴裁判所判事 (1657, 再任 1661) 同裁判長 (1671); 枢密顧問官 (1671); 1706 年合同交渉委員；スコットランド議会議員 1672-74, 1681, 1690。
ポルワース男爵 Polwarth, Lord, Sir Patrick Hume [1641-1724] (1690), スコットランド議会議員 1669-74, 1689-90; 枢密顧問官 (1689); 法曹歴：民事上訴裁判所特任判事 (1693); 1697 年マーチモント伯 earl of Marchmont に陞爵；スコットランド教会総会議長 (1702)。
シーフィールド子爵 Seafield viscount of, James Ogilvy [1663-1730] (1698), 1701 年シーフィールド伯 earl of Seafield に陞爵。法曹歴：弁護士 (1685)；スコットランド議会議員 1689-95；スコットランド教会総会議長 (1700); 1706 年合同交渉委員；ブリテン議会代表貴族 1707-27; 1711 年父の死によって earl of Findlater を襲爵, earl of Findlater and Seafield に。
オークニ伯爵 Orkney, earl of, George Hamilton [1666-1737] (1696); 陸軍軍人：大尉 (1684), 大佐 (1690), 准将 (1695), 中将 (1704); ブリテン議会代表貴族 1707-34。4 代ハミルトン公爵の弟。
ラグレン伯爵 Ruglen, earl of, John Hamilton [1665-1744] (1697); 4 代ハミルトン公爵の弟。
ボイル男爵 Boyle, Lord, David Boyle [1666-1733] (1699), スコットランド議会議員 (1689-99); 枢密顧問官 (1697); 1703 年 earl of Glasgow に陞爵。1706 年合同交渉委員；スコットランド教会総会議長 (1706); 公文書管理人 Lord Clerk Register (1708-14)。
ローズベリ伯爵 Rosebury, earl of, Archibald Primrose, [1664-1723] (1703), スコットランド議会議員；枢密顧問官 (1703); 1706 年合同交渉委員；ブリテン議会代表貴族 1707-14。
ホープトン伯爵 Hopetoun, earl of, Charles Hope, [1681-1742] (1703), スコットランド議会議員 1703；スコットランド教会総会議長 (1723); ブリテン議会代表貴族 1722-d.
ビュート伯爵 Bute, earl of, Sir James Stewart [1670-1710] (1703), スコットランド議会議員 1685-86, 1703；法曹歴：弁護士 (1685); 枢密顧問官 (1702); 1706 年合同交渉委員。

出典：*Complete Peerage*; *Scots Peerage*; Margaret Young ed., *The Parliaments of Scotland*; *Burgh and Shire Commissioners* (2 vols., Edinburgh, 1992).

　とりわけステア子爵とその一家ダルリンプル (Dalrymple) 家にはその傾向が著しい。ダルリンプル家はスコットランド南部国境地域在住の，中世に家系の淵源をさかのぼることのできる旧家ではあったが，その家格，経済力は貴族に叙される程度のものではなかった。ダルリンプル家の興隆はまず初代ステア子爵が司法官僚としてその才能を最大に発揮して王権，宮廷の利益をスコットランド議会で擁護したことに求められよう。また彼をとりまく一家も一団となって家格の上昇に貢献している [44]。表 3-3 に挙げた 9 名全員が

表3-3 スコットランド議会, ブリテン議会議員を務めた
ダルリンプル家（Dalrymple Family）

原則, 1689年から1707年の間でスコットランド議会における州または勅許都市代表, ブリテン議会でスコットランド代表を務めた者を挙げた。＊はスコットランド弁護士会会員。下線は通常弁護会所属を要する法曹職。

＊ David（Sir）, of Hailes（1665-1721）, ナイト爵のち准男爵 議員歴：スコットランド議会 for Culross 1697-1702, 1702-7, ブリテン議会 for Scotland 1707-8, for Haddingtonburghs 1708-10, 1710-13, 1713-15；法曹歴：<u>法務長官</u> 1709-11, 1714-20；初代ステア子爵五男。
＊ George（1680-1761）, 2代ステア子爵（初代伯）の五男。スコットランド議会議員歴 for Stranraer 1703-7。
＊ Hew（Sir）, of North Berwick（1652-1737）, 法曹歴：<u>民事上訴裁判所長</u> 1698-1737；議員歴 for New Galloway, 1696-1702, for North Berwick 1702-7. 初代ステア子爵三男。
＊ Hew（Sir）, of North Berwick（1712-90）, 准男爵；議員歴：ブリテン議会 for Haddington Burghs 1741-7, for Haddingtonshire 1747-54, 1754-61, for Haddingtonburghs 1761-68。
＊ James（Sir）, of Stair（1619-95）, 法曹歴：<u>民事上訴裁判所所長</u> 1689-95；議員歴：スコットランド議会 for Wigtownshire 1672-4, 1678, for Ayrshire, from 1689-90. 同年初代ステア子爵位受爵。
＊ James（Sir）, of Hailes（1692-1751）, 准男爵；議員歴：ブリテン議会 Haddington burghs, 1722, 1722-7, 1727-34. 上記 Sir David Dalrymple of Hailes の長男。
＊ John（Sir）,（1648-1707）, 法曹歴：<u>法務長官</u> 1687-88, <u>民事上訴裁判所次長</u> 1688-90, <u>法務長官</u> 1689-92；議員歴：スコットランド議会 for Stranraer 1689；1695年2代ステア子爵, 1703年ステア伯爵に陞爵。
John,（aft. 1699-1742）職業軍人；議員歴：ブリテン議会 for Wigtown burghs, 1728-34. 下記 William Dalrymple 次男。
William of Glenmur（1678-1744）, 職業軍人, 議員歴：スコットランド議会 for Ayrshire 1702-7, ブリテン議会 for Scotland 1707-8；for Clackmannanshire 1708-10, for Wigtown burghs 1722-7, for Wigtownshire 1727-41. 夭折者を除けば2代ステア子爵（初代伯爵）の次男。

出典：*Scots Peerage*；Margaret Young ed., *The Parliaments of Scotland : Burgh and Shire Commissioners* (2 vols., Edinburgh, 1992)；Eveline Cruickshanks and David Hayton ed., *The History of Parliament, The House of Commons 1690-1715* (5 vols., Cambridge, 2002)；Romney Sedgwick ed., *The History of Parliament, The House of Commons 1715-1754* (2 vols., London, 1970)；Joseph Foster, *Members of Scotland ... 1357-1882* (London, 2nd ed., 1882).

スコットランド議会とブリテン議会の議員のいずれか, あるいはその両方を務めている。さらに9名のうち弁護士会のメンバーは7名に及び, うち4名は民事上訴裁判長, 法務長官などの司法官僚のトップとして活躍しているのである。弁護士資格, そして司法官僚への就任は近代スコットランドにおいて階級的上昇を願う野心家にとって格好の梯子となっていく[45]。

だが合同締結以降，激しい選挙をくぐり抜けてきた代表議員の出自には徐々にではあるがさらなる変化が見られる。もちろん中世以来の旧家出身で，その居住する州に確固たる地盤を持つ者で代表議員に選ばれるものは依然として多い。アバクロンビ（Abercromby）家，アンストラザ（Anstruther）家，グラント（Grant）家，ロックハルト（Lockhart）家などがそれにあたるであろう[46]。だがこれら旧家には及ばないものの新たにエリート層に参入していき，中には子孫は貴族身分に至った者もある。彼らの多くは司法職をテコに社会的上昇を続けていった。

　18世紀前半期こうした階級上昇を遂げた代表がアンドルー・フレッチャ（裁判官名Lord Milton）とロバート・ダンダス（裁判官名Lord Arniston）である。彼らの栄達のための手段は共通している。その時の代表的なスコットランド有力政治家に接近し，イングランド政治指導者とのパイプを作ることである。まずフレッチャの栄進は通常ではない方法で進められた。フレッチャは代表議員に選ばれたことはない。しかし彼は首相ロバート・ウォルポールにスコットランド政治の運営を任されたアイラ伯（1743年兄の死に伴いアーガイル公爵となる）の腹心中の腹心であった。アイラ伯は議会開会中，スコットランド代表を忠実な与党勢力にするよう腐心していたし，議会閉会時にもウォルポールと常に政治的な協議をおこなっていたため，通常スコットランドに帰国することは困難であった。その点フレッチャが非議員であってもエディンバラで裁判官職を務めているのは，アイラにとってむしろ非常に好都合だったのである。ウォルポールの首相在任中ほとんどの時期においてフレッチャはスコットランドにおけるパトロネジの分配を一任され，さらには総選挙における代表議員の選挙にも深く参画し，特に勅許都市自治体の内情に深く通じることで与党派議員の選出に尽力していた[47]。1724年フレッチャは30代半ばの異例の若さでスコットランド民事上訴裁判所判事に任命され，1735年には同裁判所次長に累進している。ただし彼のアイラの副官としての仕事は，上訴裁判所における本来の司法官の本来業務とは無関係であり，アイラとは私的なチャンネルを通してあらゆるスコットランド政治の問題に関わったのであった。

フレッチャが権力者ウォルポールとアイラの腹心という幸運な例であるならば，ロバート・ダンダスはやや不運なケースと言ってよいだろう[48]。彼は多数の法律家を輩出した家系に生まれた。そしてフレッチャがアイラ伯に接近したのに対し，ダンダスは同じくホイッグではあるがウォルポール首相在任中の多くの時期に首相に批判的な立場を取ったロクスバラ公爵の側近だったのである。それでもロクスバラがスコットランド担当国務相に留まっている間はダンダスの未来は明るいものであった。彼は1720年35歳の若さでスコットランド法務長官に栄進し，翌年弁護士会理事長に就任している。しかし1725年にロクスバラが失脚すると，ダンダスは法務長官を辞しスコットランド民事上訴裁判所の判事に左遷されることとなった。だが彼はエディンバラ市に強固な地盤を持っていたため，アイラ伯とフレッチャの妨害にもかかわらず1722年から1737年まで同市選出議員であり続けた。彼はウォルポールの在任中は中央政界でパトロネジに与ることはできなかったものの，持ち前の雄弁でブリテン議会において野党勢力の代表的な論客として名を馳せ，ダンダスの名はウェストミンスタにおいて知らぬ者はない存在となっていった。そして後年彼の子ヘンリ・ダンダスは小ピットの右腕として活躍し，メルヴィル子爵（Viscount Melville）に叙爵されたのであった。ヘンリは父同様，当初スコットランド法曹として頭角を現した後スコットランド政治を完全に管理した。彼の渾名は「スコットランドの『ヘンリ9世』」だったのである。だが彼は小ピットの支持の下，スコットランド政治だけでなくブリテン政治にも深く関与し，海軍財務官，インド監督局長官，陸相，海相などの要職を歴任したのであった。ヘンリ・ダンダスの時代にはスコットランド代表はその貧困，腐敗を嘲られる存在から次第に脱却していたのである。
　18世紀中葉から後半にかけてヘンリ・ダンダスほどの勢威はないとしても，ブリテン議会でイングランド議員と対等に活躍する議員も目立ってきた。彼らの多くもまたスコットランド法曹の出身者であったが，それだけではない特長を有していた。例えばアンドルー・ミッチェルはスコットランド弁護士会メンバーで，1747年から71年まで代表議員を務めたが，エディンバラ，オランダ・ライデンの両大学で学ぶとともに，ロンドンの法学院をも修了し

イングランド,スコットランド両方の弁護士資格を持って議会で活躍していた。さらにジェイムズ・オズワルドも1741年から68年まで代表議員であったが,ミッチェル同様スコットランド法曹でありエディンバラ大学,ライデン大学で学問し,さらにロンドンの法学院でイングランド弁護士資格も得ていた[49]。ミッチェル,オズワルドの特長はイングランド人を驚かせる教養水準の高さである。特にオズワルドは哲学者ヒュームと親交があり,スコットランド啓蒙の強い影響を受けていた。ジャコバイトの反乱が1746年に終息した後,スコットランド法曹はイングランド政治家にとっても非常に重要な存在となっていた。高地氏族の武装解除法,氏族の長による世襲的司法権(heritable jurisdictions)を廃止する法律,スコットランド産業振興の法制化などは司法に通じた者しか実現しえない職務だったのである。とりわけ1747年の世襲的司法権廃止法の成立は,大法官ハードウィク伯爵などイングランド政治家の影響を受けつつも,スコットランド法曹出身議員などが積極的に法制定に関与した好例であり,ブリテン議会におけるスコットランド代表の歴史に画期をなすものである[50]。18世紀後半,"Improvement"の時代においてスコットランド代表議員はウェストミンスタにおいて徐々に,しかし明らかにその相貌を変えていたのである。

注
1) 記念書籍としては,王立鋳貨局刊 *United into One Kingdom: 300th Anniversary of the Treaty of Union* (London, 2007) がある。本書序文において当時首相でスコットランド人でもあるゴードン・ブラウンはイングランド,スコットランドが今日「家族関係,経済統合の面で連携を深め,1707年合同実現以来現在ほど両者が価値観を共有している時代はない」と断言している。
2) レイトはグラスゴー大学スコットランド史担当教授 (1913-29),学長 (1929) を務めるとともに,スコットランド修史官 (historio-grapher royal, 1919-29) の任にあたった。主著に *The Parliaments of Scotland* (Glasgow, 1924) などがある。またダイシーとレイトは共著で *Thoughts on the Union between England & Scotland* (1920) を著している。
3) デイヴィド・ヘイトン (David Hayton) は,20世紀前半の政治家や著名な史家が合同以後のブリテンの国制とそれ以前のイングランドの国制との間に断絶を見ることに

強い違和感を持っていたことを興味深く紹介している。下院議員 J・C・ウェッジウッドらは 1930 年代初頭、議会の一大プロジェクトとして「議会史」編纂の計画を進めていた。そして後期ステュアート期の担当としてすでにジョン・プラム (John Plumb) が内定していた。スコットランド人の要求もあり、ウェッジウッドらは 1707 年の合同＝ブリテン王国の成立を国制、議会の一大転機とみなすこととし、1714 年ではなく、1707 年をこの巻の終わりとすべく計画していた。しかしプラムそして彼の保護者的存在であった G・M・トレヴェリアン (G. M. Trevelyan) は、これに強硬に反対した。ヘイトンはトレヴェリアンらの行動に強い「イングランド中心主義」(Anglocentricity) を見ている。プラムの立場も同様であったが、さらに興味深いのはすでに「議会史」編纂の全体に深く関与していたルイス・ネーミア (Lewis Namier) の言動である。時代区分の問題についてスコットランド人史家と妥協しようとするウェッジウッドに対してネーミアは一喝し、"No Berchtesgaden!" と叫んだ。ベルヒテスガーデンとはヒトラーの別荘がある地、「『宥和政策』はありえない！」、の意であろう。この点においてネーミアはトレヴェリアンらと見解を一にしていることを示した。See David Hayton, "Adjustment and Integration: The Scottish Representation in the British House of Commons, 1707-14", *Parliamentary History* 27 (2008), pp. 412-413. 本章筆者はウェッジウッドによる戦前の議会史編纂のプロジェクトについて編著者青木康氏から示唆を得た。謝意を表したい。

4) 筆者はウェイトリやバウイなどの研究動向を紹介した。『イギリス哲学研究』第 31 号、日本イギリス哲学会 (2008 年) 83～85 頁。

5) その代表とも言えるのが公法学者ジェフリ・ゴールズワーズィ (Jeffrey Goldsworthy) による *The Sovereignty of Parliament: History and Philosophy* (Oxford, 1999); ditto, *Parliamentary Sovereignty: Contemporary Debates* (Cambridge, 2010) であろう。歴史学者もこれに呼応している。リンダ・コリー (Linda Colley) は統合と分裂の二つの契機をイギリスに止まらず英米関係、大陸ヨーロッパの状況も視野に入れて分析している。See, Colley, *Acts of Union and Disunion: What has held the UK together – and what is dividing it?* (London, 2014).

6) スコットランド議会において聖職貴族は 1638 年に議席を失っている。その後王政復古で復活したが、名誉革命後の 1690 年再び廃止され合同に至った。したがって合同時のスコットランド議会は、世俗貴族、勅許都市代表、州代表の三身分で構成されていた。

7) Edward Porritt, *The Unreformed House of Commons* (Cambridge, 1903), vol., II, p. 3. ハノーヴァ朝初期のスコットランド有権者は 2600 名程度と推測されていた。in Bruce Lenman "A Client Society: Scotland between the '15 and the '45" in Jeremy Black (ed.), *Britain in the Age of Walpole* (London, 1984), p. 86. この時期のロンドン・シティ、ウェストミンスタ市、ノッティンガム市の選挙民はそれぞれおよそ 7000, 8000, 2600 であった。Romney Sedgwick (ed.) *History of Parliament: The Commons 1715-1754* (London, 1970) による。

8) しかしロナルド・サンターは、合同以降の選挙においても選挙民は必ずしも自律性

を失っておらず，激しい選挙戦を繰り広げていた事例が多く存在することを示している。See Ronald Sunter, *Patronage and Politics in Scotland 1707-1832* (Edinburgh, 1986).

9) スコットランド身分制議会時代の選挙法についての包括的な研究としてはなお，William Ferguson, *Electoral Law and Procedure in Eighteenth and Early Nineteenth Century Scotland*（University of Glasgow, unpublished PhD thesis, 1957）が挙げられるのみである。

10) 合同交渉についてのマニュスクリプトのレヴェルでの史料としてはスコットランド側交渉委員の一人であったジョン・クラークの記録が有用である。See National Archives of Scotland（以下，NAS）GD18/3132/2: John Clerk's Journal. ジャコバイトでありながらスコットランド側交渉委員となったジョージ・ロックハルトの記録も好適な史料である。Daniel Szechi (ed.), *'Scotland's Ruine': Lockhart of Carnwath's Memoirs of the Union* (Aberdeen, 1995). 代表委員としてのロックハルトの活動は See Szechi, *George Lockhart of Carnwath 1689-1727*（East Linton, 2002), pp. 60-63. 拙論 Shin Matsuzono, "'Bare Faced Invasion upon Scottish Liberty'? The Election of the Scottish Representative Peers in 1707 and 1708" *Parliamentary History*, 23 (2004), pp. 155-177.

11) Derek Patrick and Christopher Whatley, "Persistence, Principles and Patriotism in the Making of the Union of 1707: the Revolution, Scottish Parliament and the *Squadrone Volante*", *History*, 92, (2007), p. 175. によれば，スコットランド有力政治家は名誉革命時すでに長老派支配をイングランド側が認めるならば合同締結に積極的であったとする。

12) 1603年同君連合とその背景にある政治状況については，See Roger Mason (ed.), *Scots and Britons: Scottish Political Thought and the Union of 1603* (Cambridge, 1994).

13) 非常にユニークな連邦制度を構想した思想家に，最後のスコットランド議会において議員でもあったアンドルー・フレッチャが挙げられよう。村松茂美『ブリテン問題とヨーロッパ連邦——フレッチャーと初期啓蒙』（京都大学学術出版会，2013年）。

14) *The London Diaries of William Nicolson, Bishop of Carlisle*, ed. by Geoffrey Holmes and Clyve Jones (Oxford, 1985), p. 358.

15) G. M. Trevelyan, *England under Queen Anne: Ramillies and the Union with Scotland* (London, 1932), p. 267.

16) NAS, GD18/3132/2, John Clerk's Journal.

17) 中世以来のイングランド，スコットランド議会の（選挙などを含む）制度的発展を概観する最良の文献は Clyve Jones (ed.), *A Short History of Parliament* (Woodbridge, 2009) である。

18) Clyve Jones, *Short History*, p. 80.

19) *Ibid*.

20) Rait, *Parliaments of Scotland*, p. 238ff. 自治都市選挙区の最新の研究は See Keith

Brown and Alan MacDonald, *Parliament in Context, 1235-1707* (Edinburgh, 2010), Chapter 4 The Third Estate: Parliament and the Burghs.
21) Eveline Cruickshanks and David Hayton (eds.), *The History of Parliaments: The House of Commons 1690-1715* (London, 2002), vol. I, p. 162.
22) Porritt, II, pp. 53-55.
23) ショーは1703年総選挙で選ばれた勅許都市代表67名を分析し、少なくとも28名は地主階級と何らかのコネクションを有しているとみなす。See John Stuart Shaw, *The Management of Scottish Society 1707-1764* (Edinburgh, 1983), p. 3. さらにエリス・ウォスンは著作『生まれながらの支配者』の中で地主層の勅許都市への "invasion" はすでに名誉革命から始まっているとする。See Ellis Wasson, *Born to Rule: British Political Elites* (Stroud, 2000), p. 104. ウォスンはスコットランド政治における地主の意義を過大評価するきらいはあるものの、スコットランド議会議員とブリテン議会、連合王国議会におけるスコットランド代表の階級的連続性を考察した先駆的研究として評価されよう。
24) スコットランド議会における勅許都市選挙区と「勅許都市会議」についての詳細な研究は、J. D. Mackie and G. S. Pryde, *The Estate of the Burgesses in the Scots Parliament and its Relation to the Convention of Royal Burghs* (St Andrews, 1923).
25) なお合同以後も勅許都市会議は存続していたが、1975年地方組織改革に伴い、「自治体会議」として再編成された。
26) 近年の研究でも合同以前のスコットランド議会がどこまで近代議会として成熟していたかにはコンセンサスはない。Alastair Mann, "Inglorious Revolution: Administrative Muddle and Constitutional Change in the Scottish Parliaments of William and Mary", *Parliamentary History*, 22 (2003), pp. 121-122. では革命後のスコットランド議会において条文貴族の廃止などの画期的な改革が進められたとしても、同時期にイングランドで進められた①毎年議会会期の開催、②立法機能の増大とそれに沿った手続整備、③1年単位での国王収入の議会による管理などはスコットランドでは全く認められず、スコットランド議会の革命後の "New Born Constitutionalism" を否定している。他方 Julian Goodare, "The Scottish Parliaments and its Modern 'Rivals'" *Parliaments, Estates and Representation*, 24-1 (2004) pp. 141-172. では、すでにスコットランド議会が枢密院、長老派総会などの「ライバル」を凌駕し主権的な存在になっているとする。スコットランド議会における議会主権概念の成長については See also Julian Goodare, "Scotland's Parliament in British Context", in Harry Dickinson and Michael Lynch (ed.), *The Challenge of Westminster* (East Linton, 2000), p. 25.
27) 以下、州議席については特に注記のない限り Porritt, Rait, および Brown and MacDonald, *Parliament in Contexts* 参照。
28) 2議席増は、Aberdeen, Ayr（エア）, Berwick, Dumfries, Fife（ファイフ）, Forfar（フォーファ）, Haddington（ハディントン）, Lanark, Midlothian（ミッドロジアン）, Perth, Roxburghe。1議席増は、Argyll, Kirkcudbright（カーカドブリ）Renfrew, Stirlingである。なおカーカドブリは正確には州（shire）ではなく執事管轄の王領地

(Stewartry) である。See Rait, p. 236.
29) Ferguson, *Electoral Law*, p. 26. また 1681 年議会制定法は各州に対して毎年選挙資格を有する者の名簿 (roll) を作成するよう命じている。Ferguson, *op. cit.*, p. 15.
30) 1703 年における州選挙区 一人区, Clackmannanshire, Kinross-shire, Sutherland 計 3 州。二人区 Banffshire, Buteshire, Caithness-shire, Ross and Cromarty (2 州で 4 議席), Dumfriesshire, Dunbartonshire, Elginshire, Inverness-shire, Kincardineshire, Kircudbright, Linlithgowshire, Nairnshire, Orkney & Shetland, Peeblesshire, Ross-shire, Selkirkshire, Wigtownshire; 計 18 州。三人区 Argyllshire, Ayrshire, Renfrewshire, Stirlingshire; 計 4 州。四人区 Aberdeenshire, Dumfriesshire, Edinburghshire, Forfarshire, Haddingtonshire, Lanarkshire, Perthshire, Roxburghshire; 計 8 州。
31) Keith Brown and Alastair Mann (ed.), *Parliament and Politics in Scotland 1567-1707* (Edinburgh, 2005), ch. 8 "Party Politics and Parliament: Scotland's Last Election and its Aftermath".
32) スコットランドの政争が部族抗争から政党の争いに移行する過程については, See David Hayton, "Traces of Party Politics in Early Eighteenth-Century Scottish Elections", *Parliamentary History* 15 (1996), pp. 74-99.
33) See Hayton, "Traces of Party Politics".
34) 例えば *Squadrone Volante* 派, アーガイル派 (Argathelians) について, *The Oxford Dictionary of National Biography Online* は, これら二つのホイッグ支持の集団の誕生をそれぞれ 1705, 1704 年頃と見ているが, 彼らが本格的に国政レヴェルで行動を始めるのは合同以降である。両派は 18 世紀, 中葉以降まで政治集団としての求心力を保ち続けた。See Hayton, *op. cit.*; *ODNB Online, Squadrone Volante*, Argathelian の項参照。2013 年 10 月 29 日閲覧。
35) この時期のスコットランド政治を扱った論考には Bob Harris, "The Scots, the Westminster Parliament, and the British State in the Eighteenth Century", in Julian Hoppit (ed.), *Parliaments, Nations and Identities in Britain and Ireland 1660-1850* (Manchester, 2003) ; Eric Wehrli, *Scottish Politics in the Age of Walpole* (University of Chicago, unpublished PhD thesis, 1983).
36) スコットランドにおける貴族法案反対の請願運動については, British Library, Additional MSS. 70269 参照。
37) David Hayton, "Adjustment", p. 416.
38) National Library of Scotland, MS 7044, f. 45; Charles Erskine to Marquess of Tweeddale, 1733. 「わが国 [スコットランド] のジェントリの多くは宮廷での自らの立身という餌を求めるあまり国の利益を蔑ろにし, 喪失せしめている。かくして選挙は混迷の中でなんらの徳や才能への顧慮もなくおこなわれているのだ。だが議員が庶民院の議場において自分の票を売りさばいているという長年の悪習を考えるならば, 彼らが選挙民に票を売るよう教唆していることは何の驚きにも値しないであろう。」in *The Memoirs and Secret Negotiations of John Ker of Kersland* (II, London, 1726), p. 121.
39) さらにスコットランド氏族の長などには, イングランドには存在しない「世襲的

司法権」(heritable jurisdictions) を認めていたが，これについては後述する。
40) 例えば Andrew Fletcher of Milton は民事上訴裁判所次長となったので Lord Milton と敬称された。Court of Session は別名 College of Justice とも言われ，この裁判所上層部（Senators と呼称された）自体が一つの特権的組織を形成していたと見られる。See George Brunton (ed.), *An Historical Account of the Senators of the College of Justice* (Edinburgh, 1832).
41) イングランド（合同以後はブリテン）議会は，イングランド上訴裁判所所長の出席を認めていたが，彼らの登院は意見聴取が目的であり，議院の正規のメンバーではなかった。
42) John Cairns, "Scottish Law, Scottish Lawyers and the Status of the Union", in *A Union for Empire: Political Thought and the British Union of 1707* ed. by John Robertson (Cambridge, 1995), p. 254.
43) 公文書管理人は13世紀にさかのぼるスコットランド政府の要職であり，18世紀にはスコットランド行政関係の文書管理の責任者であるとともに，代表貴族選挙を主宰していた。
44) ステア－ダルリンプル家の興隆については，See *Annals and Correspondence of the Viscount and the First and Second of Stair* ed. by John Graham (2 vols., Edinburgh, 1875) がなお最良の史料集である。
45) さらに時代を下って1832年までを対象にするとダルリンプル家から出たスコットランド議会，ブリテン議会議員は計15名に達する。See Joseph Foster, *Members of Parliament, Scotland 1357-1882* (2nd ed., London, 1882).
46) 上記 Foster によれば，中世以来1880年までにスコットランド議会，ブリテン議会，連合王国議会に議員を出した数はアバクロンビ家13名，アンストラザ家12名，グラント家13名，ロックハルト家11名に上っている。
47) 本章筆者は1730年代のアイラ－フレッチャの政治的紐帯を考察している。See Shin Matsuzono, "'Attaque and Break Through a Phalanx of Corruption...the Court Party!' The Scottish Representative Peers' Election and the Opposition, 1733-5: Three New Division Lists of the House of Lords of 1735", *Parliamentary History* 31, pp. 332-353.
48) ダンダスとその一家についての研究には，See George Omond (ed.), *The Arniston Memoirs: Three Centuries of a Scottish House 1571-1838* (Edinburgh, 1887).
49) オズワルドの政治的，文化的活動については，See *Memorial of the Public Life and Character of ... James Oswald* (Edinburgh, 1825).
50) 例えば世襲的司法権廃止法案の審議ではエディンバラの法曹，司法官吏の経験のあるスコットランド代表議員が草案作成，議会の審議でも活躍している。Hopetoun MSS. (private possession of the earl of Hopetoun), bundle 221 (unfoliated) earl of Findlater and Seafield to Hopetoun, 11 Apr. 1747.

B　議員選出の実態

第4章　王政復古期における五港統治と下院議員選挙
辻本　諭

はじめに

　イギリス史における17世紀は，激動と変革の時代，同時に18世紀以降の発展の諸前提が築かれていった時代でもあった。議会史の観点から言えば，世紀半ばのピューリタン革命および1688年の名誉革命によって，国制における議会の中心的地位が確立し，議会主権が実現した。このプロセスについては，それがイギリスと他のヨーロッパ諸国のその後の道筋に大きな相違をもたらしたという意義とともに，つとに強調されてきたところである。しかし，後世から見ればごく自然に思われるこの発展図式は，果たしてそれほど自明なものであろうか。言い換えれば，ピューリタン革命と名誉革命を単線的に結び付けて——その間の歴史過程を十分に考慮せずに——議会史を論じることは妥当なのか。本章ではこの点について検討してみたい。

　実は，王政復古期後半の1680年代は，地方統治のあり方，そしてそれに伴って下院議員選挙にも大きな変化が見られた時期であった。その特徴を一言で言えば王権による統制の強化であり，議会主権に向かう流れとは逆行する動きであったと言える。この文脈において，おそらく最もよく知られているのは，ジェイムズ2世による組織的な議会操作（パッキング）の試みであろう。議会の自由を明白に侵害したこの「専制的な」取り組みについては，その動機や有効性に関する議論を含めて，すでに多くの研究が存在する[1]。ただし，本論で明らかにしていくように，ジェイムズ期の統治手法は，その目的は別にして，前王チャールズ2世が晩年に築いたやり方を継承，進化させた側面を強くも

っており，その意味ではけっして特異で一時的な逸脱とみなすべきではない。それはむしろ，排除法危機以降，着実に形成されていく有力な潮流が，カトリック君主のもとで際立った発現を示したものとして理解すべきなのである。しかし管見の限り，80年代を通じての統治における変化と，それが各地域に与えたインパクトとに関する具体的な考察は，これまで必ずしも十分にはなされてこなかった[2]。

以上の問題意識を踏まえ，本章では，五港（Cinque Ports）という特定の地域を取り上げて，同地における統治と下院議員選挙の実態を，特に1680年代の展開に重点をおきながら——ただしその際に前提となる60, 70年代の状況についても併せて——分析する。ここで五港に注目するのは，まず第一に，同地には中世以来，王権を代理執行する最高統治者として五港長官（Lord Warden）がおかれており，彼を媒介として王権の地域統治，議会選挙へのかかわりを他地域よりもはっきりとした形で見出すことができるからである。加えて，実証分析をおこなうための一次史料が十分に残存するという技術的な観点からも，五港を検討対象とすることには大きな利点があると考えられる。

第1節　五港長官と慣行としての議員推薦権

初めに，王政復古期の五港について前提的な事実を簡単に確認しておこう。五港とは，イングランド南東部ケント州およびサセックス州の有力港湾都市が，戦時における船の提供など，海事にかかわる王権への奉仕と引き換えに様々な特権を付与されることで成立した連合体であり，その基礎はノルマン征服以前にさかのぼるとされる。中心都市（Head Ports）は，「五港および古来の二市」（Five Ports and Two Ancient Towns）と通称される，サンドウィッチ，ドーヴァ，ハイズ，ニューロムニ，ライ，ウィンチェルシ，ヘイスティングズであり，さらにそれに準ずる「主要提携都市」（Limbs）とその他の町から構成されていた（図4-1）。五港が付与されていた特権については複雑多岐にわたるため，ここでは，州と対等かつ別個の行政，司法領域を形成して

図 4-1　五港の主だった構成都市

いたこと，構成都市間の代表合議機関として「五港代表者会議」(Brotherhood and Guestling) を開くことが認められていたことを指摘するにとどめたい[3]。議会との関連で言えば，前述の中心都市は中世のうちに各 2 名の下院議員を選出する都市選挙区となっており，さらに 1640 年にはシーフォードが議員選出権を（再）取得した[4]。したがって，王政復古期の五港には，8 都市に対して計 16 議席が割り当てられていたことになる。

五港における最高統治者は，同地で王権の代理執行を許された五港長官であった。彼は，五港の奉仕義務遂行および特権行使を監督する責任を負い，行政，司法，海事にまたがる広範な権限を与えられていた。また，すべての長官がドーヴァ城代（Constable）を兼任し，その権限によって，同城におかれた守備隊および五港内の全民兵の指揮が可能であった。その権力は各都市内／都市間の政治・行政問題にもおよび，ときに彼の裁量が問題の帰結に決定的な影響を与えることもあった[5]。ただし，同職には王族や有力貴族が任じられることが多く，彼らは多忙でみずから職責を果たすことが難しかったため，実際の職務は副官たるドーヴァ副城代（Lieutenant）にしばしば委ねられた。

　議会選挙に目を向けると，五港長官はここでも重要な役割を担っていた。そもそも彼は選挙管理責任者として五港における選挙業務を取りしきる立場にあったが，テューダー期以降，議会の重要性が高まったことをおそらくは背景として，各都市の議員選出に対して直接的な介入を試みるようになった。例えば，エリザベス1世治世に五港内でおこなわれた下院議員選挙は全146回であるが，そのうち32回において長官が候補者を推薦し当選させている。初期ステュアート期に入ると，五港長官の影響力はさらに強力に行使されるようになる。1614年の選挙においては，全14議席のうち長官の推薦者が10議席を占め，また24年の選挙でも8人の推薦候補が当選を果たしている[6]。もっとも，こうした選挙介入に対して，すべての都市がつねに従順な姿勢を示したわけではなかった。すでにテューダー期から長官の推薦候補を拒否する例は見られたし，五港代表者会議は，選出議員を原則として同地在住の市民に限る旨の決議を3度にわたりおこなっている[7]。長官による議員推薦は公式の権限にもとづく行為ではなく，あくまで非公式の影響力行使であったから，その成否は彼と各都市自治体の関係性に大きく左右されたのである。そのため長官には都市エリートの利害に最大限配慮し，彼らと良好な関係を保っておくことが求められた[8]。

　このように，16世紀後半以降，五港長官による議員推薦が恒常化し，選挙のたびに地元利害との交渉，対立，譲歩が繰り返されていくなかで，両者

の間に，各選挙区2議席のうち少なくとも一つを長官の推薦に委ねるという妥協的な慣行が定着していくことになった。そして17世紀後半になると，それまで長年にわたり蓄積された先例を根拠に，下院議員の推薦を長官職に付随する権利とみなす主張が現れてくることになるのである。

第2節　ドーヴァ副城代ジョン・ストロウド

　王政復古期の五港統治において中心的な役割を果たしたのは，23年という長期にわたりドーヴァ副城代を務めたジョン・ストロウド（任1663～86年）であった（図4-2）。本節では，次節以下の議論の鍵となるこの人物について検討する。初めに，彼の経歴を概観しておこう[9]。ジョン・ストロウド

図4-2　ドーヴァ副城代ジョン・ストロウド
　　　（ジョン・ヘイルズ（John Hayls）画，1679年頃．
　　　図版提供：St Edmundsbury Heritage Service.）

第4章　王政復古期における五港統治と下院議員選挙　|　89

は，裕福なロンドン商人サー・ジョージ・ストロウドの五男として 1627 年に生まれた。敬虔な国教徒であった彼の父親は，内乱が勃発するといち早く国王を支持して多額の資金提供をおこない，さらにみずから剣をとって議会軍との戦闘にも加わっている。ジョン自身もまた忠実な国王派としてチャールズ 2 世の亡命に同行し，大陸で軍人としての経験を積んだ。王政復古とともに近衛歩兵連隊の大尉としてダンケルク守備隊に勤務，1662 年末にイングランドに帰国し，翌年ドーヴァ副城代に任命されている。彼は 1686 年に亡くなるまで同職を務めると同時に，陸軍でのキャリアも進め，最終的には近衛歩兵連隊の中佐にまで昇進した。文官職としては，地方統治の要である治安判事（ケント，サセックス州），州統監代理（ケント州）のほか，五港における衡平法裁判所および海事裁判所裁判官，さらにチャールズ 2 世治世末からは五港主要都市の自治体職にも就任している10)。彼はまた，後に詳しく見るように，五港における議会選挙にもしばしば深くかかわっており，自身としても 2 度の当選経験をもっていた（1665 年の補欠選挙と 85 年の総選挙，いずれもサンドウィッチ選挙区より当選）。

　以上の経歴を踏まえた上で，五港統治におけるストロウドの重要性は以下の 3 点にまとめることができる。まず第一に，彼がドーヴァ副城代の任命を受けた点である。すでに述べたように，この職は元来は五港長官の副官という位置づけであった。しかし，当時長官であったヨーク公爵（任 1661 ～ 73 年）は国王の実弟で，また複数の高位官職を兼任する立場であったために，ストロウドがほぼ恒常的にその職務を代行することとなったのである。1673 年，審査法の成立とともに公爵は長官職を辞任するが，チャールズ 2 世は後任を任命せず，その職権をみずから保持することとした。その結果，ストロウドは変わらず五港における事実上の最高統治者であり続けたのである。

　第二に，彼がドーヴァ副城代の他にも複数の公職を兼任していた点である。これは，第一に挙げた，五港統治の責任者としての彼の立場を，具体的な実務のレベルにおいてさらに強化するものであった。例えば，州・五港・都市自治体の役職や下院議員としての活動を通じて，ストロウドは地域エリート

との間に密接なコネクションを築くことができたし，これら公職に付随する政治的影響力・パトロネジを利用することで，自身の支持基盤のさらなる拡大をはかっていくことが可能となった。

　第三に，ストロウドが自身の職務・権限に強い自負をもち，五港内の統治行政にみずから進んで関与していく人物であった点である。その個性は，すぐに地域政治の展開に決定的な影響をおよぼすこととなった。すなわち，ストロウドの権力とパトロネジのもとに多くの人々が集まる一方で，独立心の強い地域エリートたちは，彼の積極的な政治姿勢と非妥協的な職権行使に対して不満を抱き，反発を強めていったのである。こうした軋轢は，ストロウドのドーヴァ赴任直後から発生した。例えば，早くも1664年には，彼の武力を用いた密輸取り締まりや治安維持活動に対して，ニューロムニ，ドーヴァの住民から抗議の声が寄せられている[11]。その2年後には，ストロウドの違法・越権行為を30項目にわたり糾弾する文書が五港の全都市連名のもとに作成された。同種の——ただし内容はより穏健な——文書は1668年にも作られ，こちらは請願という形で正式にヨーク公爵に提出されている[12]。

　宗教面では，ストロウドは熱心な国教徒であり，プロテスタント非国教徒への厳しい取り締まりを支持する，典型的な騎士派(キャヴァリア)であった。彼は，1660年代に制定された一連の非国教徒弾圧立法，いわゆる「クラレンドン諸法」の厳格な施行を奨励し，みずから「正しき改革」と標榜する宗教統制をおこなっていくことで，五港における国教会勢力のリーダー的な存在となっていった[13]。他方で，迫害を受ける非国教徒の側からストロウドに対する批判が高まったことは言うまでもない。特にケント州はイングランドの中でも非国教徒の人口が多い地域であり[14]，1670年代に入って政府からの統制の圧力が弱まると，五港の各都市自治体の構成員に占める非国教徒の割合は目立って増加した。そして70年代後半から80年代初めにかけては，彼らが市長職など自治体の主要ポストをおさえ，市政を支配する傾向が強まっていくのである。国教会支持者たちから「反国教会の執政者たち(ファナティック・マジストレイツ)」[15]と渾名されたこうした人々とストロウドの間には，当然のように統治政策をめぐって激しい摩擦が生じることになる。次節で見るように，この両者の対立は，70年代

半ばからイングランド全土で進行した宮廷派(コート)と在野派(カントリ)の党派抗争を体現したものであったが，ストロウドはその中で五港における宮廷派のリーダーとしての立場を確立し，80年代には王権との緊密な協力関係のもと，新しい統治秩序の構築を担っていくことになるのである。

第3節　五港における下院議員選挙と地域政治（1661～1681年）

　それでは，五港における下院議員選挙について，五港長官の議員推薦および時期ごとの地域政治の展開も考慮しつつ，具体的に分析してみよう。本節では，1661年から81年までの期間を二つに分けて検討する。

（1）1661～1678年

　表4-1は，王政復古期の五港選挙区におけるすべての選挙（補欠選挙を含む）の結果をまとめたものである。1661年の総選挙とその後の補欠選挙についてこの表からまず指摘できるのは，この時期を通じて五港長官による議員推薦が広く見られたことである。1661年の総選挙では，サンドウィッチを除くすべての選挙区で一名ずつ推薦候補が立てられ，その全員が当選している。これは，五港長官の意向と地元利害を両立させるという，推薦慣行の

表4-1　王政復古期の五港における下院議員選挙*

	1661	1661～78	1679春, 79秋, 81	1685
選挙の種類	総	補欠	総	総
選挙数**	8	13	24	10
当選者延べ数	16	13	48	18
五港長官による推薦候補	7	6	0	10
推薦候補がかかわった競争選挙/競争選挙総数***	1/2	5/10	0/11	1/2
推薦候補の落選	0	2	0	0

注：*選挙後に請願などにより無効となった選挙結果は含まない。
　　**当選者が別の当選区の議席を選んだ場合の再選挙を含む。
　　***対立候補の名前が判明しているなど，競争選挙がおこなわれたという確証がある場合のみを数える。
出典：B. D. Henning (ed.), *The House of Commons, 1660-1690*, 3 vols. (London, 1983) より筆者作成。

背後にある暗黙のルールがほぼ遵守されていたことを示すものであろう。補欠選挙においても，選挙区ごとにばらつきはあるものの，全体として見ると全13回の選挙のうち6回で議員推薦がおこなわれている。

　では，五港長官の推薦には実際にどれほどの意味があったのだろうか。それは当選とおきかえられるほど圧倒的な重みをもつものであったのか，あるいはそうではなかったのか。1661年選挙に関する限り，すでに述べた当選状況から判断すれば，答えは前者に近いように思える。しかし一方で，推薦候補が立てられた七つの選挙区のうち一つで競争選挙になっていること，またシーフォード選挙区では自治体の反対によって当初予定されていた推薦候補の出馬が見送られ，別の人物に再度推薦が与えられていることには注意すべきであろう。さらにその後の補欠選挙について見てみると，推薦がおこなわれた6回の選挙のうち5回が競争選挙となり，そのうちの2回では推薦候補が敗れている。これらの結果を踏まえるなら，五港長官による推薦は，それだけで当選を決定づけるようなものでは必ずしもなかった。1661年の結果は，推薦そのものの力もさることながら，それ以上に，有権者の状況判断——復古直後の王権賛美の雰囲気の中で，有権者が推薦慣行を尊重した方がよいと判断したこと——によるものと解釈すべきであろう。

　また，議員推薦ないしそれに準ずる行為をおこなう外部者が五港長官だけではなかった点は強調しておく必要がある。五港においては海軍もまた大きな影響力を保持しており，実際にこの時期の選挙のうち少なくとも四つで海軍利害の関与が認められるのである。例えば，1661年のサンドウィッチの選挙では，五港長官ではなく海軍によって候補が立てられている[16]。もっとも，両者は基本的には協力関係にあったと考えられる。事実，1670年のドーヴァの補欠選挙では，事前の協議によって海軍の利害が優先され五港長官の推薦は控えられたし，73年の同地での補欠選挙においては，候補となった海軍士官サー・エドワード・スプラッグに対してストロウドが活発な選挙支援をおこなっている[17]。こうした連携の背景として，五港長官であったヨーク公爵が海軍卿として海軍にも大きな発言力をもち，両利害の調整が容易であった点を指摘することができる。

以上の考察から，1660，70年代を通じて五港長官の推薦は王権の選挙介入手段として確かに有力ではあったものの，絶対の権利ではなかったと言うことができよう。そもそもこの時期の王権には，議会選挙——さらにより広く地域統治全般——をみずから組織的に統制しようとする意識自体が希薄であった[18]。

　最後に，五港長官による推薦（またはそれに準ずる外部利害の支持）を受けた人々とそうでない人々にはどのような違いがあるのだろうか。この点を検討するために，王政復古期の五つの総選挙（補欠選挙は除く）の当選者を，推薦／外部利害の支持の有無により分け，その特徴をまとめたものが表4-2である。1661年の当選者について見てみると，推薦／外部利害の支持ありのグループで多数派を占めたのは，①所領，婚姻，血縁関係などでケント，サセックス州とつながりをもたず，②中央官職を保有し，③同一選挙区での当選が生涯を通じて1度だけの人々であった。一方，推薦／外部利害の支持なしのグループは，①から③のいずれにおいても逆の特徴を示しており，両グループの対照性を見てとることができる。前者（推薦／外部利害の支持あ

表4-2　五つの総選挙における，五港長官の推薦（またはそれに準ずる外部利害の支持）を受けた当選者とそうでない当選者の比較*

	1661		1679春, 79秋, 81	1685	
五港長官の推薦（またはそれに準ずる外部利害の支持）	有	無	無	有	無
当選者実数	8	8	22	12	6
ケント，サセックス州とのつながり（所領，婚姻，血縁関係など）	2	7	21	5	6
公職** ｛中央***	6	3	3	10	0
｛地方	3	5	19	7	5
同一選挙区複数回当選者数	2	7	20	4	4
党派 ｛宮廷派／トーリ	—	—	6	12	4
｛在野派／ホイッグ	—	—	11	0	0
｛判別困難／不明	—	—	5	0	2

注：*選挙後に請願などにより無効となった選挙結果は含まない。
　　**公職在任期間と議員在職期間との間に明らかな時間的隔たりがある場合は除外する。
　　***軍隊（正規陸・海軍）の士官職を含む。
出典：Henning (ed.), *op. cit.* より筆者作成。

り）がほとんどの場合，政府と強いパイプをもつ一方で選挙区とは関係の薄い余所者であったのに対して，後者（推薦／外部利害の支持なし）の多くは，選挙区と密接なつながりをもつ地元の人間であった。

(2) 1679～1681年

次に，1679年春，79年秋，81年の三つの総選挙について検討していこう。まず注目すべきは，いずれの選挙においても五港長官の推薦が見られないことである（表4-1）。この時期には，五港長官による選挙介入は，少なくとも推薦という明示的な形ではなされなかったのである。その影響は大きく，例えば，推薦候補の肩書を失ったストロウドは，この間に立候補した選挙のすべてで落選を余儀なくされている[19]。

この時期に推薦がおこなわれなかった理由を特定することは難しいが，一つには，1673年から五港長官職が空席であった点を指摘することができる。ただし，その権限が国王に留保されていたことを考えれば，チャールズ2世自身の政治的判断の結果とみなすのがより妥当であるように思われる。周知のように，1679年から81年にかけては，カトリック陰謀事件（1678年）を契機にヨーク公爵の王位継承排除問題が生じ，その是非をめぐって国論を二分する大論争が展開された時期であった。すでに70年代半ばから，王権の擁護と国教会体制の強化をはかる宮廷派と，同派の専制的──すなわち議会の自由なき──統治を批判し，プロテスタント非国教徒への寛容を求める在野派とが激しい抗争を繰り広げていたが，排除問題をめぐる論争は，基本的にはこの対立構図に沿う形で，同時にそれを強化しながら展開したのであった。そして両派ともに，この争いの中で，より洗練された政治的・宗教的理念と集団としてのまとまりを獲得し，80年代初頭までに，トーリとホイッグという近代的政党の原型──ただしこの時点ではなお党派という表現が適合的である──が誕生するのである[20]。

この流れにおいて注意すべきことは，チャールズ2世が，排除危機のある段階まで，宮廷派（後にトーリ）と在野派（後にホイッグ）のどちらかに一方的に肩入れすることを避けていた点である。彼は心情的には明らかに前者を

支持していたものの——そして排除法に対しては断固拒否の姿勢を貫いたが——それを明確にすることで後者との関係が決裂することを恐れていた。それは最悪の場合，国を二分する戦乱を引き起こし，自身を巻き込むことにもつながりかねなかったからである。当時のチャールズ2世の心を支配していたのは，まだ生々しい内乱の記憶であった[21]。次節で論じるように，彼が最終的に明確なトーリ支持に踏み切るのは，ホイッグに対する説得・交渉が行き詰まり，さらに彼らの行動が急進性を増していく1681年以降のことであった。このような事情を踏まえるなら，チャールズが在野派の反発をいたずらに高めかねない議員推薦を控えたことは，むしろ自然な判断とみなすことができるのである。

こうして王権が不介入を貫いた結果，状況は，すでに多くの都市自治体で優位を築いていた在野派（ホイッグ）にとって有利であった。表4-1の競争選挙の割合（全24の選挙のうち11）が示すように，両陣営が激しい選挙戦を展開したことは確かであるが，その結果はかなり一方的なものであった。すなわち，当選者22人のうち，宮廷派（トーリ）の6人に対して在野派（ホイッグ）は11人が選出されている。獲得議席数（総数48）で比較するとその差はさらに明らかで，宮廷派（トーリ）の11に対し在野派（ホイッグ）は26もの議席を獲得しているのである。当選者の内訳では，①ケント，サセックス州とつながりが深く，②中央官職をもたず，③同一選挙区での生涯当選回数が2回以上の人々が大多数を占めている。外部からの影響を受けない，地元利害に密着した地域エリートに支持が集まっていたことがわかる（表4-2）。

ここで地域政治について見てみると，議会選挙以上に熾烈な党派抗争が繰り広げられていた。例えば，市長選挙は多くの都市で毎年のように紛糾し，市政が長期間にわたり混乱する事態が生じた。五港都市における対立はほとんどの場合，「反国教会の執政者たち」の自治体支配に対して在野の宮廷派（トーリ）が反対するという形をとったが，すでに述べたように，この動きの中で後者の陣頭に立ち指導力を発揮したのがストロウドであった。この時期を通じて，彼は自分と利害を同じくする各都市の有力市民，国教会関係者

と頻繁に連絡をとり，彼らと連携しながら統治の奪取をめざしていた。同時に政府に対しても，自身とその同盟者に対する支援を繰り返し要請している[22]。しかし，ストロウドにとっては実に歯がゆいことに政府から積極的な支持が与えられることはなく，その結果彼の努力は挫折せざるをえなかった。この点を如実に物語るのが，1680年にストロウドが熱心に取り組み，しかし結局失敗に終わったドーヴァ都市自治体改編の試みである。以下ではその経緯に少し目を向けてみよう。

1680年4月半ば，チャールズ2世は枢密院を通じて全国の都市自治体に対し，自治体法（Corporation Act, 1661）——非国教徒の公職就任を禁じた——が遵守されているかを調査するよう命令を下した[23]。これは，前述のように，近年の非国教徒の台頭によって都市の統治秩序が損なわれている状況を受けての——またおそらくは国教会勢力からの強い要望に後押しされての——措置であった。調査にあたっては，不正を防ぐために都市外部の人間に監督業務が委ねられたが，五港においては，五港長官の代理たるストロウドにその権限が与えられた。これは，ストロウドにとっては「反国教会の執政者たち」を追い落とすまたとない好機であって，彼は以後半年にわたって現自治体の違法性を追及していくことになる。特に自身が強い権力基盤をもつドーヴァにおいて，彼は，市の報告書に対する異議申し立て，政府への陳情，自治体内の多数派工作など，きわめて精力的な反執行部キャンペーンを展開した[24]。市は，報告書の中で現職の参事会員（jurat）2名（総数12）と評議員（common councilman）26名（総数36）について，自治体法の規定を満たしていなかったことを認めたが，ストロウドは，市長ニコラス・カレン，前市長ウィリアム・ストウクスら自治体中枢メンバーに対して十分な調査がおこなわれていないことを理由にこの報告の承認を拒否した。彼の異議申し立てに対して，市はさらなる弁明書を提出したが，両者の主張はその後も平行線のまま折り合うことはなかったのである。

この点に関しては，そもそもストロウドの真の目的が，単なる現職執政者の更迭にとどまるものではなかったことに注意する必要がある。彼の考えによれば，26人もの市評議員が役人としての資格を失った以上，市の合議・

意志決定システムは機能しえず，正規の都市自治体を維持することはもはや不可能である。したがって，いったん現在の自治体を解体して——すなわちその権原たる特権付与状（charter）を国王に返還して——新たな法人を作り直さねばならないのである。こう主張するストロウドの狙いが，自治体改編に際しての人事支配にあったことは明らかであろう。もちろん市の側からは，評議員の欠員補充は，それがどれほど大量であろうと，現在の市長および参事会員の手によって合法的におこないうるとの反論がなされ，両陣営はともに，政府に自説の正当性を訴えた。

　ストロウドにとって誤算だったのは，自治体改編のメリットを十分に理解しているはずの政府が，彼の主張に積極的な支持を示さなかったことである。ストロウドのたびたびの陳情にもかかわらず，政府はこの問題に対してあくまで中立的な立場を保ち，静観の姿勢を崩さなかった。こうして，論争の決着自体は不明確なまま，政府の黙認のもと自治体執行部は次々と欠員者の補充に踏み切り，支持基盤の再構築を果たしていったのである。結局，「反国教会の執政者たち」の優位が揺らぐことはなかった。

　この事例が示すように，宮廷派（トーリ）としてのストロウドの活動は，政府の支持を伴わない状況下では現状を打破する力をもちえなかった。彼の主張の中に，後述する「特権付与状再交付政策」を予見させる要素が含まれていたことは注目に値するが，この時点での政府は，そうした思い切った政策をとる意志をいまだもちあわせていなかったのである。ストロウドの訴えかけに政府が応じるようになるには，それを促す政治情勢の変化が必要であった。

第 4 節　王権による統制強化と議員推薦権公式化の試み　　　　　（1682 ～ 1688 年）

(1) 五港における「トーリ反動」

　地方統治に対する政府の消極的な姿勢は，およそ 1682 年を境に積極的な介入策へと変わっていくことになる。この背景には，まず第一に，チャール

ズ2世のホイッグに対するまなざしの変化があった。すなわち，彼らは王権にとって完全なる敵対者として認識されるようになったのである。チャールズは，オクスフォード議会閉会直後に発した「宣言」においてすでに，君主制そのものを揺るがしかねないその熱狂的行動(ファナティシズム)に失望と非難を表明していたが[25]，彼らに対する不信は，その後引き起こされた二つの事件——チェシャ州におけるモンマス公爵とその支持者の示威活動（1682年）と，ライハウス陰謀事件（83年）——によって確固たるものとなった。王権はトーリに全面的な支援を与え，あらゆる権力からホイッグの排除をはかっていくことになる。

政府の方針転換のもう一つの契機となったのは，1681年末よりロンドン市との間で争われた，特権付与状の回収——すなわち既存の都市自治体の解体——をめぐる訴訟と，そこでの勝利である。ロンドンは，1670年代半ばから在野派が勢力を拡大し，特に79年以降，反カトリック・反専制統治の大義を掲げて王権への対抗姿勢を明確にしていった。その影響力は，彼らが組織した大規模な請願運動やデモンストレーションにはっきりと表れており，政府にとって看過できないものがあった。さらに，これを取り締まろうにも，その手段となるべきミドルセックス州の大陪審（grand jury）——その人事権はロンドン市のシェリフが握っていた——は，活動的ホイッグの指導者たる初代シャフツベリ伯爵ら，王権によって提訴された人々に対してことごとく不起訴処分を下していったのである[26]。ホイッグとの対決を決意したチャールズ2世にとって，その牙城たるロンドンを屈服させることは最優先の課題であった。

1681年12月，チャールズはロンドン市に対して権限開示令状（quo warranto）を下し，執政者たちの違法性を法廷で争う決断に踏み切った[27]。1年半にわたり闘われたこの訴訟の詳しい争点や経過については他の研究に譲るとして[28]，結末だけを述べれば，王座裁判所は国王の主張を支持し，ロンドン市は特権付与状を剥奪されることとなった。その結果，現職の自治体執政者たちはすべてその地位を失い，彼らに代わって，国王の信任を受けたトーリによる新体制が発足する。このロンドンの敗北は，地方統治に革命的

な変化をもたらすものであった。本件の勝利に自信を深めた王権は，これ以後，同じ手法——権限開示令状による特権付与状の回収と，それを通じての法人組織の改編——を全国の都市自治体に対して適用していく。そして大半の自治体が，積極的な抵抗を諦め，訴訟にいたる前にみずから特権付与状を返還することを選んだのである29)。こうして，王権と結託したトーリによる地方支配が急速に広がっていった。

　一般に「トーリ反動（リアクション）」とよばれるこの動きは，五港においても進んでいく。1682年12月，チャールズ2世は枢密院を通じ，五港における慢性的な統治秩序の混乱をいかに収拾すべきかについて，ストロウドを含めた有識者による審議を命じた30)。おそらくはこれを契機として，「五港長官としての国王陛下」の権威・権限を最大限に利用する形で，五港を統制するための戦略が組み上げられ，実行に移されていった。その戦略の開始点と考えられるのが，1683年10月にストロウドによって五港のすべての議員選出都市に伝えられた国王からの言伝である。その核心部分を以下に引用してみよう。

　　陛下は，あなた方の正当な権利と特権が継続され，あなた方によって享受されることを望んでおられます。［しかしまた一方で］五港長官の権利と特権は，あなた方，あるいはその他の何人によっても侵害されてはならないとお考えです……陛下は，その特権の一つ，かつて歴代の長官が享受し，そして近年まで五港のいかなる住民も侵害しようとは考えなかった権利のことを，ここで今一度あなた方に思い出させるよう私にお命じになりました。それは，五港の各都市において，選挙ごとに選ばれる代表のうちひとりを推薦する権限，または卓越した地位のことであり，特に完全な形で守られねばならない特権です。私はそれゆえ，同じく陛下のご命令に従って，次の問いに対する貴市の，市民の総意にもとづく回答を早急にいただきたい。すなわち，あなた方は自身が属する都市において，この特権が五港長官の疑いようのない権利であることを認め，受け入れるのでしょうか。それとも今後それに異論を唱え，反対するのでしょうか。どうか，後で取り下げることはないと決意の上で回答なさいますよう。といいますのも，陛

下は，あなた方が「重大な事柄」においてどれほど公正で忠実たりえるかを，この件におけるあなた方の態度から，おそらくお測りになるでありましょうから[31]。

このメッセージの趣旨は明快である。これまで慣習的に認められてきたにすぎない，五港長官による議員推薦「慣行」を正式に「権利」として認めるよう各都市に迫ったのである。重要なことは，ここに，五港の地域利害にとって無視しえない強力な圧力が潜んでいた点である。引用文中の「重大な事柄」とは，都市自治体に対する改編も含めた今後の処遇のことであり，返答如何によって権限開示令状が下されうることが暗に示されているのである。

もっとも，チャールズ２世が五港長官の議員推薦権そのものにどれほどこだわりをもっていたかは必ずしも明らかではない。というのも，彼はさしあたって議会を開く必要性も，またおそらくその意志ももちあわせていなかったからである[32]。もちろん，この権利の将来的な有用性は考慮していたであろうが，この時点ではそれ以上に，長官の特権的立場を明確にし，五港に対する統制をおこないやすくすることに主たる関心があったように思われる。穿った見方をするなら，このような高圧的な要求を提示することによって各都市の反発をあえて引き出し，自治体改編の口実を作り出すことをも狙っていたのかもしれない。

一方，この言伝を受け取った五港の側の反応は様々であった。回答内容が知られている六つの都市のうち，ドーヴァとヘイスティングズは無条件でこれを認めたが，サンドウィッチの回答は，「五港長官には［議員を］推薦する慣例があり，そしてそれは実質上権利に等しい」という，いささか曖昧なものであった。残りの３都市ははっきりと拒否を表明した[33]。ライの執政者たちは，ストロウドに宛てた手紙の中で，「古来の記録を入念に調査した結果」として以下の結論を伝えている。

　　［この町において］五港長官が，市長，市参事会員および市民による自由な選挙を不可能にしてしまうような推薦権，すなわち自身が指名した人間

を意のままに当選させる権利を有するなどとは，[過去の記録からは]全く見出されないことであります……この町の慣習と市制，また王国の基本法にもとづく限り，何人も私たちの自由な選挙に異議を唱えることはできません。ましてや，それを（合法的に）否定することなどできようはずがないのです 34)。

こうした抵抗や逃げ口上に対して，政府は一貫して厳しい姿勢をとり続けた 35)。そして以下で見るように，1685 年までに大半の都市がその圧力に屈していくことになるのである。

他方で，この動きと並行して進められたのが，五港の各都市自治体の改編である（表 4-3）。まず，1683 年の末にサンドウィッチに，84 年春にドーヴァに権限開示令状が出され，ともに数カ月のうちに特権付与状の返還，現自治体の解体が進められた。この二つの都市が他に先駆けて改編された理由は，おそらく両市が王権にとってストロウドを通じて統制がしやすかったためであろう 36)。事実，現職執政者たちの反対を抑えて特権付与状の返還を進めたのはストロウドおよび彼の支持者たちであり 37)，改編後の自治体の役職の大半は彼らトーリによって占められた。ストロウドは市法律顧問（recorder）に就任し，以後，市の統治を直接的に監督することが可能となった。また，新たな特権付与状には自治体役職者に対する国王の任免権が明記され，

表 4-3 五港都市に対する「特権付与状再交付政策」実施状況

議員選出都市	サンドウィッチ	自治体改編（1684）	選挙権規定変更
	ドーヴァ	自治体改編（1684）	
	ハイズ	特権付与状返還（1686，再交付されず）	
	ニューロムニ	自治体改編（1686）	
	ライ	自治体改編（1686）	選挙権規定変更
	ウィンチェルシ	特権付与状返還を自治体側が承認（1684，実施されず）	
	ヘイスティングズ	自治体改編（1686）	選挙権規定変更
	シーフォード	―	
その他の都市	ファヴァシャム	自治体改編（1685）	

出典：Henning (ed.), *op. cit.* より筆者作成。

さらにサンドウィッチについては、選挙権を市長、市参事会員および自由土地保有者（freeholder）に限定する変更が加えられた[38]。こうしてチャールズ2世治世末までに、五港の自律性は、いまだ全面的とは言えないまでも着実に弱められていったのである。

（2）ジェイムズ2世期——1685年選挙と特権付与状再交付政策の継続

こうした一連の統制強化策の成果は、早くも1685年の総選挙において明らかとなる。すなわち、選挙に先立って政府より示された推薦候補が、すべての都市で——前述のチャールズ2世の言伝に拒否を示した都市においてさえ——選出されたのである。その態度の変化がいかに劇的であったかは、例えば、ライ市長マイルズ・エドガが選挙直前にストロウドに書き送った、以下の手紙の一節からはっきりと読みとることができる。

　　あなたからの手紙は、以前、同じような［五港長官の議員推薦権に関するご質問をいただいた］折に、私たちが［それを拒否する］回答をあなたにお送りしたことを思い起こさせるものでありました。今となりましては、どうかかの回答をすべて破棄し、お忘れいただきますよう、ただ謹んでお願い申し上げるばかりです……今回の手紙に対しお返事をさせていただくなら、いま私たちは全面的に、また心から国王陛下のお望みに従う所存でございます[39]。

同時に、ストロウドの主導のもと臨時の五港代表者会議が召集され、全都市連名で新国王への上奏文（アドレス）が作成された[40]。その内容は次の2点においてきわめて重大なものであった。一つは、それが五港長官の議員推薦権を「快く認める」と明言した点、もう一つは五港全体の特権付与状（General Charter）の自主的な返還を申し出た点である。前者は、当時の上奏文がもつ公的な性格とその公開性を考えれば、推薦権公式化への決定的な一歩とみなすことができよう。後者の全体特権付与状については、宣言通りストロウドを通じて迅速な返還がなされている。このことの意味については、少し後にふ

れよう。

 以上の動向を踏まえるならば，1685年の選挙において，五港長官の推薦（またはそれに準ずる外部利害の支持）を受けた候補が順当に選出されたことは驚くにあたらない。表4-2に示されているように，その数は12人にものぼっている。彼らの中には競争選挙に巻き込まれる者もいたが，それが当選の障害となることはなかった（表4-1）。この結果は，1679年から81年までとはきわめて対照的に，五港長官の影響力が強力かつ効果的に行使されたことを物語っていると言えるだろう。

 では次に，当選者の特徴を，五港長官の推薦（またはそれに準ずる外部利害の支持）を受けた人々とそうでない人々とに分けて見てみよう。両者の間には，ケント，サセックス州とのつながり，中央官職の保有，同一選挙区からの複数回当選といった点において，1661年総選挙の結果と同様の相違が見られる。その一方で，地方の公職については，推薦／外部利害の支持の有無にかかわらず保有者が多数派を占めている。また，党派に注目すると，1679年から81年までの当選者とは対照的に，圧倒的多数はトーリであり，ホイッグは推薦／外部利害の支持なしのグループにおいてさえ見られないことがわかる。以上の結果は，王権の支持を得たトーリが地方の公職を独占し，議会選挙においても彼らが圧倒的な勝利を収めたことを示している[41]。

 1685年の総選挙における成功を受けて，ジェイムズ2世は，チャールズ2世によって着手された特権付与状再交付政策をさらに進展させていく。すなわち，サンドウィッチとドーヴァの例にならい，残りの五港都市に対しても，特権付与状の回収と自治体の改編を進めていくのである（表4-3）。ジェイムズは――この時点においてはまだ――トーリの強力な支援を期待することができたし，また，すでに五港全体の特権付与状を回収していたことが国王の立場をさらに有利なものにしていた。というのも，彼は各都市自治体に対して，すべての自治体改編が終わるまで新たな全体特権付与状を与えないと伝えることで圧力をかけることができたからである[42]。こうして，1685年末から86年初めにかけて，ファヴァシャム，ヘイスティングズ，ニューロムニ，ライの4市の自治体が改編された。いずれの都市においてもストロ

ウドが法律顧問に任じられ、新しい特権付与状には、自治体役職者に対する国王の任免権、および「五港長官の諸権利」に関する条項が追加された。ヘイスティングズとライについては、選挙権の規定も変更されている[43]。

　こうした一連の取り組みの頂点が、1688年9月におこなわれた、新しい全体特権付与状の交付であった[44]。前年の8月から、新たなドーヴァ副城代サー・エドワード・ヘイルズを仲介人として[45]、王権と五港の間で内容の調整が進められたが、そこでのイニシアティヴはあくまで王権側にあった。それは合意された新特権付与状の条項からも明らかで、例えば、五港長官は下院議員選挙において各都市にひとりずつ候補を推薦する「権利」をもつ、長官はすべての都市の法律顧問および特別顧問（high steward）に就任する、長官は五港にかかわるすべての役人の任免権をもつ、などが規定されている。さらに、ジェイムズ2世にとって最も重要な――そしてチャールズ2世とはこの点において決定的な一線を画す――カトリック教徒に対する「おきまりの」審査法適用免除条項が含まれていたことも指摘しておこう[46]。ともあれ、これにより王権は五港に対して完全とも言えるほどの支配権を手に入れたのである。

　もっとも、その後の展開について付言しておくならば、この支配権が実際に行使されることはなかった。なぜなら、ほぼ時を同じくしてオランダ軍のイングランド侵攻計画が明らかとなり、ジェイムズ2世は国内の支持を固める必要から、1679年以降になされた都市自治体に対するすべての改編を破棄せざるをえなかったからである[47]。さらに、そのわずか2カ月後にはジェイムズの治世そのものが終焉を迎え、結局、その統治路線が復活することはなかったのである。しかし、もし私たちがそうした後の事実から、これまで論じてきた1680年代の諸事件の意味を過小評価するとすれば、それは大きな誤りである。チャールズ2世、ジェイムズ2世による一連の改革は、それがどれほど強引に見えようとも、然るべき手続きを通じて進められた――すなわち十分な正当性と効力を有する――取り組みであり、同時代の人々も――それに反対する人々さえ――そのように認識していた。事実、名誉革命後にイングランド議会は「五港における議会選挙の権利と自由を宣言する法

律」をわざわざ制定し，五港長官の議員推薦権が無効であることを公式に宣言しなければならなかったのである[48]。

おわりに

本章は，王政復古期五港の下院議員選挙について，同地における統治のあり方と関連づけながら分析を試みた。そこから浮かび上がってきたのは，1680年代における劇的な変化である。1682年以降，王権の明確な意志のもと進められた特権付与状再交付政策によって，都市自治体に対する統制は格段に強化され，それとともに王権は選挙を安定的にコントロールすることが可能となった。国王は，地方統治においては各都市の役職者の任免権を握り，議会選挙においては各選挙区ひとりずつ，合計で8人の当選者を決定する「権利」を手に入れたのである。それがいかに強力なものであったかは，1688年の全体特権付与状交付へといたる一連の過程と，1685年の総選挙の結果から明らかであろう。

最後に，この80年代における王権の伸張（ないし非制限化）という問題について，二つの点を指摘しておきたい。一点目は，王権の地方に対する統制の強化は，けっしてそれが独力で達成したものではないということである。五港におけるストロウドの例が示すように，すでに1670年代から各地域には，後に王権と協力関係を結ぶことになる勢力が存在していた。そして彼らは，対抗する勢力を抑え，地域政治において主導権を握ろうと，早くから政府の支持を求めていたのである。こうした地域におけるイニシアティヴがあったからこそ，1680年代に入って王権は効果的な地方統制を進めていくことができた。国王の一方的な支配に見えてしまいがちなこの時期の地方統治は，実は少なくとも地域の一定部分（トーリ）の利害を反映し，またその支持の上に成り立つものであったのである[49]。このことは，ジェイムズ2世の統治が，チャールズ2世の政策を手法の上で引き継いだにもかかわらず，なぜ最終的にうまくいかなくなったのか，その理由を説明するものでもある。

しかるに二点目として，以上の留保をつけた上でなお，1680年代に，地

方統治と議会選挙がともに王権の強力な統制のもとにおかれたという事実は十分に強調する必要がある。それは，本章で詳しく検討した五港だけでなく，全イングランド的に見られた，いわば時代の趨勢であった[50]。都市自治体について見てみると，1682年以後のチャールズ2世治世において60，1688年9月までのジェイムズ2世期に110，合わせて170の自治体が改編され，王権に従順な存在へと変えられた。下院議員選挙とのかかわりで注目すべきは1688年の改編であり，国王の議会操作の意志を反映して，少なくとも16の新特権付与状に選挙権を限定する規定が盛り込まれた[51]。もっとも，王権の選挙に対する関心はこの時に突然生じたわけではない。特権付与状における選挙権規定の変更は——たとえそれが第一の目的ではなかったにせよ——すでにそれ以前から試みられていたし[52]，またそもそも直接的な変更を加えなくとも，都市自治体型の選挙区であれば[53]，その役職者の任免権を手に入れるだけで容易に選挙をコントロールすることができたのである。さらに，市長をはじめとする自治体執政者が選挙において行使しえた非公式の影響力をも考慮するなら，より広い選挙権規定をもつ選挙区においてさえ，王権が間接的に選挙に干渉することはけっして難しくなかったであろう。一方，五港の場合には，五港長官による推薦慣行がもともと存在したがゆえに，それを公式化することで議員の直接指名が可能となった。確かに，この点において五港は例外的なケースと言えるであろう。しかし，それは全国的な動向に反するという意味ではなく，むしろ逆にその動向が最も明確な形で表れている事例とみなすべきなのである。

　王権主導の安定的な体制を作り出すかに見えた1680年代の趨勢は[54]，しかしその後の歴史の主流をなすことはなかった。そこから後知恵によらず私たちが読みとるべきは，この転換をもたらした名誉革命の画期性であり，同時に議会主権への道が当時においていかに確実性に乏しいものであったかという点である。近年の名誉革命研究は，それがどれほど不安定な外的要因に依存するものであったかを明らかにしているが[55]，そのことを考えればなおさら，「予期せざる」革命の成功の上に成り立つその後の議会史は，歴史的必然どころか，いくつもありえた道筋の一本にすぎなかったということに

なろう。理想化されがちなイギリスにおける議会「発展」の歩みは、実際には、時代ごとにつねに複数存在するベクトルの中を絶えず揺れ動きながら、きわめて不確かに辿られたものであったのである。

注

1) 例えば、G. F. Duckett, *Penal laws and Test Act: questions touching their repeal propounded in 1687-8 by James II...*, 2 vols. (London, 1882-1883) ; J. R. Jones, *The revolution of 1688 in England* (London, 1972), ch. 6; John Miller, *James II* (New Haven, 2000), ch. 12; Peter Walker, *James II and the three questions: religious toleration and the landed classes, 1687-1688* (Oxford, 2010).

2) 1680年代を一つのまとまりととらえ、そこでの諸変化とその意味について考察した主な先行研究としては、J. R. Western, *Monarchy and revolution: the English state in the 1680s* (London, 1972) ; Geoffrey Holmes, *The making of a great power: late Stuart and early Georgian Britain 1660-1722* (Harlow, 1993), ch. 11 がある。さらに、Ronald Hutton, *Debates in Stuart history* (Basingstoke, 2004), ch. 6, esp. pp. 175-177, 180-181 も参照。ただし、いずれも地域レベルでの具体的な検討は乏しい。この時期の地域統治に関する包括的な研究としては、P. D. Halliday, *Dismembering the body politic: partisan politics in England's towns 1650-1730* (Cambridge, 1998); John Miller, *Cities divided: politics and religion in English provincial towns, 1660-1722* (Oxford, 2007) があるが、五港についての踏み込んだ分析は含まれていない。

3) 五港の特権および統治機構について詳しくは、K. M. E. Murray, *The constitutional history of the Cinque Ports* (Manchester, 1935); Felix Hull (ed.), *A calendar of the White and Black Books of the Cinque Ports, 1432-1955* (London, 1966).

4) B. D. Henning (ed.), *The House of Commons 1660-1690*, 3 vols. (London, 1983), I, p. 491.

5) Murray, *op. cit.*, pp. 91-95.

6) P. W. Hasler (ed.), *The House of Commons 1558-1603*, 3 vols. (London, 1981), I, p. 300; J. K. Gruenfelder, "The Lord Wardens and elections, 1604-1628", *Journal of British Studies*, 16 (1976), p. 6.

7) *Ibid., passim*; Hull (ed.), *op. cit.*, pp. 291, 375, 409.

8) Murray, *op. cit.*, ch. 6.

9) ストラウドの経歴については、Henning (ed.), *op. cit.*, III, pp. 510-511; Charles Dalton (ed.), *English army lists and commission registers, 1661-1714*, 6 vols. (London, 1892-1904), I, pp. 6, 243, 292, 315, 323; II, pp. 19, 27, 66, 71.

10) ストラウドはこれらの職務を忠実に果たすことを通じて、国王の個人的な信頼を勝ち得ていった。例えば、1681年秋にストラウドが重病に陥った際、チャールズ2

世は夫人に対し，ストロウドの長年の功労を称え，彼の早期回復を願う気持ちを伝えている。またその翌年には，ストロウドに対し，プリヴィ・チェインバーの近侍 (Gentleman of the Privy Chamber) 職が与えられている (*C*[*alendar of*] *S*[*tate*] *P*[*apers*] *D*[*omestic*] *1680-81*, p. 551; Henning (ed.), *op. cit.*, Ⅲ, p. 510.)。

11) E[ast] K[ent] A[rchive] C[entre], NR/JBf/24/23, 24, 26, 27, 28; Do/AAm2, ff. 220r-220v.

12) Canterbury Cathedral Archives, U85/38/4/1; EKAC, Do/AAm1, ff. 274v-275v; Hull (ed.), *op. cit.*, pp. 522-523.

13) *CSPD 1670*, p. 287; B[ritish] L[ibrary], Eg. 2113, ff. 212v, 217v-218r; T[he] N[ational] A[rchives], PC2/62, ff. 344, 357-358; TNA, SP29/416/126, 173, 173I.

14) Nigel Yates, "Papists and Puritans 1640-1714", in Yates, Robert Hume and Paul Hastings (eds.), *Religion and society in Kent, 1640-1914* (Woodbridge, 1994), pp. 14-17.

15) この呼称とその実像については，Colin Lee, "'Fanatic magistrates': religious and political conflict in three Kent boroughs, 1680-1684", *Historical Journal*, 35 (1992), pp. 43-61.

16) 他に，1670, 73年のドーヴァ，78年のウィンチェルシ。

17) Mark Kishlansky, *Parliamentary selection: social and political choice in early modern England* (Cambridge, 1986), pp. 163-171.

18) Robert Pickavance, "The English boroughs and the king's government: a study of the Tory reaction, 1681-85" (unpublished D. Phil. thesis, University of Oxford, 1976), ch. 4; Halliday, *op. cit.*, chs. 3-5; Miller, *Cities divided*, chs. 7, 8.

19) EKAC, NR/JBf/32/18; Henning (ed.), *op. cit.*, I, pp. 494-495, 498, 501.

20) Mark Knights, *Politics and opinion in crisis, 1678-81* (Cambridge, 1994); Andrew Swatland, *The House of Lords in the reign of Charles II* (Cambridge, 1996), chs. 11, 12; John Miller, *After the Civil Wars: English politics and government in the reign of Charles II* (Harlow, 2000), chs. 11, 12; G. S. De Krey, *London and the Restoration, 1659-1683* (Cambridge, 2005), chs. 3-6; Tim Harris, *Restoration: Charles II and his kingdoms, 1660-1685* (London, 2005), chs. 3, 4.

21) John Miller, *Charles II* (London, 1991), chs. 11, 12, esp. pp. 315, 320-324, 336; Tim Harris, *Revolution: the great crisis of the British monarchy, 1685-1720* (London, 2006), p. 27.

22) 例えば，サンドウィッチの「反国教会の執政者」バーソロミュ・クームズの弾劾にあたり，ストロウドはカンタベリ大主教ウィリアム・サンクロフトと連携をはかっている (Bodleian Library, Tanner MS 126, ff. 116-118; EKAC, Sa/ZB/3/38; TNA, PC2/69, ff. 417, 423, 623.)。また，この時期の国務文書には，ストロウドと，各五港都市の有力市民および国務大臣サー・レオライン・ジェンキンズとのやりとりを伝える書簡が多数含まれている。

23) TNA, PC2/68, ff. 439-440; C[entre for] K[entish] S[tudies], U1015/O25/1.

24) この係争の経緯については，ニコラス・カレン，ウィリアム・ストウクスら反ストロウド派と密接な関係にあったロンドン商人トマス・パピヨン――ドーヴァ選出の下院議員でもあった――の書簡から知ることができる (CKS, U1015/O25/1-56)。以下の記述はこの史料の検討にもとづく。この事件についてのより詳しい分析は，Satoshi Tsujimoto, "Restoration garrisons, 1660-1688: the English army in national and local context" (unpublished Ph. D. thesis, University of Cambridge, 2010), pp. 179-187 を参照。

25) Andrew Browning (ed.), *English historical documents, 1660-1714* (London, 1953), pp. 185-188; Knights, *op. cit.*, ch. 10, esp. pp. 316-325.

26) Tim Harris, *London crowds in the reign of Charles II: propaganda and politics from the Restoration until the Exclusion Crisis* (Cambridge, 1987), chs. 5-7; Knights, *op. cit.*, chs. 6-10; Pickavance, *op. cit.*, pp. 107-109; De Krey, *op. cit.*, chs. 3-5.

27) 法人化された都市自治体は，その権限の根拠を王権より与えられた特権付与状に依拠していた。そのため国王は，自治体に違法・越権行為が認められる場合には，権限開示令状を通じてその責任を問うことができ，さらにそれが立証されれば，既存の特権付与状を剥奪することが可能であった。

28) Jennifer Levin, *The charter controversy in the City of London, 1660-1688, and its consequences* (London, 1969) ; De Krey, *op. cit.*, ch. 7.

29) Pickavance, *op. cit.*, ch. 4; R. J. Sinner, "Charles II and local government: the quo warranto proceedings, 1681-1685" (unpublished Ph.D. thesis, Rutgers University, 1976), ch. 3; Halliday, *op. cit.*, ch. 6.

30) TNA, PC2/69, ff. 585, 588. この前月に政府のもとには，ドーヴァ市のトーリたちから，同市自治体に対し権限開示令状を下すよう求める訴えが，一方で市長からはそれに反対する請願が，相次いで寄せられている (TNA, PC2/69, ff. 551, 559; *CSPD 1682*, p. 543.)。

31) EKAC, NR/JBf/37/25; E[ast] S[ussex] R[ecord] O[ffice], RYE/1/17, ff. 94-95; George Wilks, *The barons of the Cinque Ports and the parliamentary representation of Hythe* (Folkestone, 1892), pp. 87-88.

32) Miller, *Charles II*, pp. 373-374.

33) *CSPD 1683-84*, p. 42; A. F. W. Papillon, *Memoirs of Thomas Papillon, of London, merchant (1623-1702)* (Reading, 1887), pp. 126-128, 192-193; EKAC, Sa/C/4/31; NR/AEp/46-48; NR/AC/2, ff. 618-621; ESRO, SEA/7, f. 39.

34) ESRO, RYE/1/17, ff. 95-96.

35) サンドウィッチ市に明確な回答の提出が再度求められたほか，ニューロムニ市に対しては，五港の常任法律顧問であったポール・バレットを通じて交渉が試みられている (EKAC, Sa/C/4/31; NR/AEp/47; *CSPD 1683-84*, p. 117.)。

36) R・J・シナによれば，チャールズ2世治世末の都市自治体改編は，王権にとって手のつけやすいところから優先的におこなわれた (Sinner, *op. cit.*, ch. 4.)。

37) Pickavance, *op. cit.*, pp. 389-391; Lee, *op. cit.*, pp. 48-49, 57.

38) TNA, SP29/436/PT2, ff. 65-66; SP44/335, ff. 135-138.
39) ESRO, RYE/1/17, ff. 105-106. 推薦候補は，国務大臣第2代サンダーランド伯爵からストロウドを通じて各都市に伝えられていた（EKAC, NR/AEp/50.）。
40) EKAC, NR/CPw/144; NR/CPc/215; CP/Bp/293, 294; Hull (ed.), *op. cit.*, pp. 540-541; CKS, U1015/O27/2; L[ondon] G[azette], no. 2025.
41) 事実，1685年議会に選出された下院議員の9割がトーリであった（Henning (ed.), *op. cit.*, I, p. 66.）。
42) H[istorical] M[anuscripts] C[ommission], *13th Report, Appendix IV* (London, 1892), p. 362; Edward Jacob, *The history of the town and port of Faversham, in the county of Kent* (London, 1774), p. 20.
43) CKS, Fa/AC/4, f. 209r; EKAC, NR/AC/2, ff. 637-640; ESRO, RYE/1/17, ff. 116-118, 121; *CSPD 1685*, nos. 1392, 1728, 1892; *1686-87*, no. 230; Henning (ed.), *op. cit.*, I, pp. 496, 500.
44) *CSPD 1687-89*, no. 1482; HMC, *12th Report, Appendix II* (London, 1889), p. 300; Sinner, *op. cit.*, p. 322.
45) ストロウドは1686年3月に死去。ヘイルズについては，Paul Hopkins, "Sir Edward Hales, third baronet", *Oxford Dictionary of National Biography*.
46) EKAC, NR/CPc/225; Sa/ZB/3/39; CP/Bp/298; CP/Z/15.
47) *LG*, no. 2391; Halliday, *op. cit.*, pp. 257-258.
48) 2 William and Mary, Session I, c. 7; Hull (ed.), *op. cit.*, pp. 546-547.
49) チャールズ2世治世末期の地方統治再編における「地域のイニシアティヴ」については，Pickavance, *op. cit.*, pp. 216-228; Miller, "The crown and the borough charters in the reign of Charles II", E[nglish] H[istorical] R[eview], 100 (1985), pp. 70-84; Lee, *op. cit.*, pp. 43-61; Halliday, *op. cit.*, pp. 212-236. 同様のことは，王権とトーリの同盟関係が維持されていた，ジェイムズ2世治世前半においても指摘することができる。
50) この点について，Holmes, *op. cit.*, ch. 11 は示唆に富む。
51) Halliday, *op. cit.*, pp. 252, 350-352; R. H. George, "The charters granted to English parliamentary corporations in 1688", *EHR*, 55 (1940), pp. 47-56.
52) チャールズ2世期の特権付与状再交付政策と選挙権規定のかかわりについては，Pickavance, *op. cit.*, ch. 2, esp. pp. 65-71; Sinner, *op. cit.*, pp. 22-40, 71, 98-99, 180-181; Miller, "The crown and the borough charters", pp. 77-84.
53) 都市自治体型選挙区については，青木康『議員が選挙区を撰ぶ——18世紀イギリスの議会政治』（山川出版社，1997年），187頁。
54) この点については歴史家により解釈が分かれる。Hutton, *op. cit.*, pp. 175-177 を参照。
55) 名誉革命の外的要因の重要性については，Holmes, *op. cit.*, ch. 12, およびそこで言及されている諸文献を参照。

第5章 ブリジウォータの都市自治体と1780年総選挙

青木　康

はじめに

　中世から近世のイギリス議会について，下院議員は地域共同体の代表であるとの見方が強調されてきた。それは，民主政治の発達した近現代の下院議員が有権者個々の代表とされるのとは対照的である。議会が国家統合の進展に資するという場合，近世までは，議会は州や都市のような地域共同体を介して人々を国家に結び付けるものとされていたのである。しかし，近世が進んでいくにつれて，だんだんとこの見方にほころびが生じるようになり，各地の選挙区で競争選挙（contest）によって議員を決めるということもおこなわれるようになってきた[1]。こうなると，議会は選挙を通じて人々の間にある対立関係をむしろ顕在化させる側面をもつことにもなり，そのような議会をただちに国家統合に資するものと評価することは短絡的にすぎるであろう。本章では，こうした議会と国家統合の関係の問題を正面から論じることはできないが，その議論を批判的に進める前提となる基礎作業の一つとして，近世イギリスの一地方都市での下院議員選挙の激しい選挙戦と，その都市自治体（corporation）内部の対立とが重なりあって，選挙後には都市自治体がほとんど分裂状態に陥ってしまったという事例をやや詳しく紹介する。取り上げられるのは，近世も末期にあたる1780年総選挙時のイングランド西部，サマセット州の有力都市ブリジウォータの事例である。

第1節　ブリジウォータの下院議員選挙

　ブリジウォータはロンドンの西方約 200 キロメートル，サマセット州を流れる主要河川であるパレット川の河口から十数キロメートル遡った場所に位置している。この地域は，中世から近世初期にかけて毛織物工業にかかわる取引きがさかんであったところで，ブリジウォータの町は，ブリストルとエクセタとを結ぶ街道の要衝として古くから水運で栄え，18 世紀末に 3000 人以上の人口を擁していた [2]。

　ブリジウォータは歴史のある「バラ」（特権都市）で，特に中世から近世前半には広くその名を知られた重要都市であった [3]。同市は 13 世紀の末に都市選挙区となり，その地位を 1860 年代末に失うまで，2 名の議員を選出していた。ブリジウォータが都市選挙区でなくなったのは，選挙法改正による議席の再配分の結果ではなく，選挙の際の腐敗が著しいとの理由で都市選挙区としての地位を剥奪されるという特異な経緯によっている。実際，同市における下院議員選挙については，18 世紀のうちからその腐敗ぶりが指摘されていた [4]。

　1832 年の第 1 次選挙法改正以前のイギリスでは，都市選挙区における有権者資格は選挙区によって大きく異なっており，有権者の数が 1 桁，あるいは 2 桁という小規模な選挙区も少なくなかった。ブリジウォータにおいては，有権者の資格自体は比較的広く規定されていて，地方税（scots and lots）を払う居住者であれば，下院議員選挙に参加することができた。その数は，19 世紀初頭では約 400 とされている。1760 年代には，有権者をより狭く，都市自治体の正式のメンバー，ブリジウォータの場合は 24 名のキャピタル・バージェス（capital burgess）に限定しようとする動きも見られたが，地方税を払う居住者に選挙権があることが議会で最終的に確認されている [5]。

　ところで，イギリスでは，18 世紀から 19 世紀初頭においても，下院議員選挙の際，議員定数を上回る数の候補者が立って有権者の支持を競いあい，実際に投票で当選者を決定する競争選挙はむしろ珍しいことであったが，ブリジウォータに関しては，ジョージ 3 世治世の 60 年間に実施された 12 回の

総選挙のうち，少なくとも 6 回の総選挙（1780, 1790, 1802, 1806, 1807, 1818 年の総選挙）が本格的な競争選挙として戦われている[6]。これらの総選挙では，18 世紀中は 250 人前後，19 世紀に入ると 300 人以上の人々が実際に投票している。これら 6 回の総選挙については，個々の有権者がどの候補者に票を投じたかを記した投票記録（pollbook）が出版されて残っており，本章でも，1780 年のものを主要な史料の一つとして利用することにする。

ブリジウォータにおける 1780 年の総選挙を具体的に検討する前提として，最後に確認しておかなければならないのは，サマセット州南部，ヒントン・セント・ジョージ（Hinton St. George）に本拠を有するプーレット伯爵（Earl Poulett）家が，この時期を通じて同市のパトロンであったという事実である。第 3 代伯爵ヴィア・プーレット（襲爵は 1764 年）と第 4 代伯爵ジョン・プーレット（襲爵は 1788 年）の父子は，ともにブリジウォータ市のレコーダ（Recorder）職を握って[7]，同市での下院議員選挙にも強い影響力を行使していた。

18 世紀から 1832 年の改革にいたる時期の議会史の研究では，選挙区をいくつかの型に分類して考察を進めることが多いが，オゴアマンによる代表的な研究書では，ブリジウォータはパトロン影響力（patronage）型の都市選挙区に分類されている。この型の選挙区においては，パトロンの意向が有権者に尊重されるのは当然のこととされていたが，それでも，パトロンがみずからの意向にそった選挙結果を安定的に得るには，都市自治体や有権者に対するきめ細かな配慮をおこなうことが必要であり，競争選挙の発生も珍しいことではなかったとされている[8]。事実，本章が扱う時期のブリジウォータでは，先にも述べたように，競争選挙がしばしば起こり，僅差での決着となることも珍しくはなかった。したがって，ブリジウォータはプーレット伯爵家に完全に支配されていたといった表現は適切ではないであろうが，それでも，同市における下院議員選挙は確実に伯爵家の意向を軸に，場合によってはそれに対する抵抗の動きを伴って，進行したのである。

第 2 節　1780 年の総選挙

　1780 年 9 月，議会が解散された。アメリカ独立戦争の戦況が思わしくないなか，同年の前半には議会の内外で政治改革を求めるヨークシャー運動が活発化したが[9]，ノース政権はそれをひとまずは抑え込むことに成功し，最長で 7 年間の任期を 1 年余り残していた議会の解散に踏み切った。

　1780 年の総選挙は，ブリジウォータでは，上でも述べたように，本格的な競争選挙となった[10]。それは，1760 年代末から同区選出の議員をともに務めてきたアン・プーレットとベンジャミン・アレンとが，それぞれ別の候補者をパートナーとして再選をめざすことになったからである。アン・プーレットは，ブリジウォータのパトロンである第 3 代プーレット伯爵ヴィア・プーレットの弟，他方，アレンは地元の医師の子で，1765 年からは同市のキャピタル・バージェスとなって，都市自治体を基盤にプーレット伯爵の勢力に対抗しようとしていたので，このふたりは，1774 年には無競争でそろって再選されていたとはいえ，本来対立する陣営に属していたわけである。また，国政上の立場という点でも，プーレットは，兄の伯爵の路線に従って与党系，アレンは野党系というように，立場を異にしていた。プーレット伯爵は，この総選挙においては，ブリジウォータ市で与党寄りの候補者を見つけるよう政府から求められてもいた[11]。

　弟のアン・プーレットと組む候補者としてプーレット伯爵が選んだのは，ジョン・アクランドというブリジウォータ近郊の地主であった。アクランドは，対立候補のアレンのようにブリジウォータ市の住民というわけではなかったが，かつて同市のレコーダと同市選出下院議員とを兼ねたトマス・パーマーが有していたフェアフィールド（Fairfield）の所領を継承した人物であり，ブリジウォータにとってけっして余所者ではなかったと言えよう。一般にパトロンは候補者を推薦するのにあたって，余所者を嫌う傾向のある有権者の意向にも配慮する必要があったとされているが[12]，この時プーレット伯爵がアクランドをブリジウォータでの下院議員選挙の候補者に選んだ背後にも，そうした配慮があったものと思われる。

他方,アレンのパートナーとなったのは,ブリジウォータにとっては全く の余所者ではあったが,この頃中央政界で急速に頭角を現しつつあった野党 ホイッグ党のチャールズ・ジェイムズ・フォックスであった。フォックスは 1770年代前半にはノース政権で官職に就いていたが,その後,野党に転じ, 特に1780年前半にヨークシャー運動に積極的にかかわることで,改革派の 若手政治家として全国的に知られる存在になっていた。この時点で,フォッ クスの選挙区はマームズベリ(Malmesbury)であったが,この選挙区は有権 者わずか13人の,金銭で議席が売買される小さな都市選挙区であった。し たがって,今や指導的な改革派政治家となったフォックスにとって,ふさわ しいものではなかったと言えよう。1780年秋の総選挙では,彼は,議会の 所在地であり,有権者数でも全国一を誇る首都圏の都市選挙区ウェストミン スタで立候補し,与党側の候補者との激戦を制してその議席の獲得に成功す ることになるのであるが,同時に彼はブリジウォータでもアレンと組んで候 補者となった。18世紀のイギリスの総選挙においては,このようにひとり の政治家が複数選挙区で候補者となる事例は,それほど珍しいことではなか った[13]。フォックスがブリジウォータで候補者となるきっかけは,反プー レット伯爵の立場をとる同市の市民たちからの出馬要請であった。フォック スはすでに1780年の初めから,ブリジウォータの商人で,数年後には市長 も務めたジョン・チャブと交流があり,同年2月22日と4月8日には,議 会における改革派の動きと,それに対するブリジウォータ市選出議員アン・ プーレットとベンジャミン・アレンの政治的行動を報告する書簡をチャブに 書き送っていた[14]。そうしたつながりから,ブリジウォータの一部の市民 が,来るべき選挙時にはブリジウォータから出馬するようフォックスに要請 したのである。要請文自体は現在見ることはできないものの,この要請に感 謝し,それを受諾する旨のフォックスからの書簡が,1780年4月30日付で 残っている[15]。

　フォックスからチャブに送られた書簡の日付の前後関係から考えると,彼 を招いたブリジウォータの市民は,議員のプーレットが,改革支持のアレン とは対照的に,反改革の政府の側にほぼ一貫して立っていると報じた4月8

日付のフォックスの書簡を読んで，次期の総選挙では，プーレットにかわる改革派の候補者をアレンのパートナーとして立てる，そして，中央政界の改革派の政治家としてつながりのあったフォックスに出馬を要請するという結論にいたったものと思われる。ここには，都市のパトロンであるプーレット伯爵の影響力に抵抗しようとするブリジウォータ市民の動きと，中央政界の野党活動ならびに全国的な政治改革運動の潮流とのはっきりとした結び付きを見ることができる。では，このブリジウォータ市の改革派の人々の動きは，実際の選挙ではどのような結果を生んだのであろうか。

　フォックスへの出馬要請があったと思われる 1780 年 4 月時点では，次の総選挙は最も遅い場合で 1 年半後の 1781 年秋となる可能性があったが，実際には半年を経ずして 80 年 9 月には総選挙がおこなわれることになった。その結果，ブリジウォータにとっては全くの余所者候補であったフォックスは，同市の市民に直接に支持を訴えるような機会をもつことなく，投票の日を迎えてしまうこととなった。彼は，4 月末の出馬要請を受諾する書簡のなかで，自分を推してくれた人々に直接会いたいが，議会を離れられないと述べ，また，解散が間近かもしれないという情報をチャブに伝えた 7 月 29 日の書簡でも，解散となれば，自分はまずウェストミンスタに行かなければならないと断っていた[16]。ブリジウォータ市民からの要請はもちろん名誉なことで歓迎すべき事柄ではあったのであるが，有力な全国政治家に成長しつつあったフォックスにとって，中央政界での活動を一地方都市における選挙戦よりも優先するのは当然のことであった[17]。

　1780 年 9 月 11 日に実施されたブリジウォータ市の下院議員選挙の結果は，プーレット 157 票，アレン 133 票，アクランド 127 票，フォックス 82 票で，再選をめざしたふたりの当選となった[18]。なお，印刷された投票記録[19]の合計欄では，プーレットは 158 票となっている。また，その合計欄の下に記載された個々の有権者の票を改めて集計してみると，今度は，プーレット以外の 3 人の獲得票数が中央への報告とは異なり，アレン 132，アクランド 126，フォックス 83 となる。この 1780 年の投票記録は，プーレットに反対した有権者のうちでも特に目立った者にマークを付けるなど，ブリジウォー

タでその後に出された印刷投票記録には見られないような特異な性格を示していて、そこに付けられた説明文の内容[20]などからも、プーレット伯爵側を支持する立場から刊行されたものであることは明らかである。この記録はそうした党派的性格を免れないものなのであるが、上記の各候補者の得票数のずれについては、誤差もごく小さく、いずれも誤植のような単純ミスによるものであると判断される[21]。そこで、以下では、この印刷記録に記載された個々の有権者の投票行動に注目して、1780年の選挙戦を少し詳しく検討してみることにする。

まず、基礎的な投票データを確認しておこう。1780年の総選挙に投票したブリジウォータの有権者は、全部で254人であった。各有権者は2人の候補者を支持することができたが、単一の候補者のみを支持すること（plump 以下、単票と訳す）も可能であった。投票記録によると、この時には10人が単票を投じており、ここでの検討の対象となる票の合計は498票（内訳は、プーレット157、アレン132、アクランド126、フォックス83）となる。得票率は、トップ当選のプーレットが32％、続くアレンが27％、僅差の3位のアクランドが25％、最下位のフォックスが17％であった。また、有権者の投票パターンから見ると、投票した全部で254人のうち、117人（46％）がプーレット・アクランドという組み合わせで、続いて80人（32％）がアレン・フォックスの組み合わせで投票していた。これらに次いで多いのが39人（15％）のプーレット・アレンという組み合わせで、以上三つ以外のパターンで投票したのは18人（7％）にすぎなかった。プーレットとフォックスという組み合わせで投票した有権者は皆無であった。

先に述べたように、この選挙戦は、地域のパトロンであるプーレット伯爵と、伯爵の影響力を嫌う一部市民との間の対抗関係を主軸に、前者が与党、後者が野党と結び付いて中央政界の与野党対決とも重なる形で進行したと考えられるが、それは投票データからも確認できる。投票した全254人のうち197人（78％）が、プーレット・アクランド、あるいはアレン・フォックスという、いずれかの陣営が推すふたりの候補者にセットで票を入れているのである。さらに付言すれば、印刷された投票記録が、候補者4人の名前を横

並びではなく，プーレット・アクランドとフォックス・アレンという二つの組が対峙する形で大書していることは，この選挙戦がそれぞれふたりの候補者を擁した二大勢力の正面衝突であったことを視覚的にも表現していた。

投票の結果をより細かく検討すると，アクランドやフォックスのような，この選挙のために新たに擁立された候補者については，自己の獲得票中でパートナーとのセット票が占める割合がきわめて高くなっており，この選挙の二大勢力対決型の性格が示されていると考えられる。その割合はアクランドで93％に及び，フォックスにいたっては，獲得した83票のうち80票（96％）までがパートナーのアレンとのセット票であった。この点，再選をねらったプーレット，アレンのふたりの場合は，状況が異なっている。プーレットとアレンにはすでに10年以上のブリジウォータ市選出の議員としての実績があり，非党派的な，個人的な支持票も期待することができたからである。そのため，自陣営のパートナーとのセット票が占める割合はそれほど高くなっておらず，プーレットで75％，アレンでは61％にすぎない。また，二大勢力対決型の選挙戦で，有権者が自分のもつ2票を異なる側の候補者に1票ずつ分けて投じることをスプリット（split）と呼んでいるが，新人候補であるアクランドとフォックス[22]は，相手陣営の候補者と同じ有権者の票を分け合うということがほとんどできていない。獲得した票に占めるスプリット票の割合は，アクランドで6％，フォックスでは1％しかないのである。これは，彼らが新人で，特にフォックスの場合は全くの余所者であるという不利もあって，個人的な集票能力が劣っていたということでもあるが，同時にこの選挙での両陣営の対立が厳しいものであったことをも示している。

まとめると，この選挙では，与党系のプーレット伯爵側と野党系の反プーレット伯爵側が厳しく対立し，陣営間の壁を越えて票を得ることは困難であった。それでも，プーレットやアレンのようなブリジウォータに個人的な支持基盤をもつ候補者は，自陣営のパートナーとのセット票に加えて，スプリット票をある程度の割合で獲得することができていた。そして，そのようなスプリット票があったことで[23]，陣営としての獲得票数ではプーレット伯爵側の4分の3程度にとどまった反プーレット伯爵側のアレンも，アクラン

ドをわずかにかわして当選することができたのである。

第3節　その後の動き

　1780年10月31日，総選挙で当選した議員を集めて，新しい議会が開かれた。しかし，ブリジウォタ市をはじめとして，いくつかの選挙区では，実は総選挙は終わっていなかった。

　18世紀のイギリスでは，選挙後に，落選した候補者の側から当該選挙区の選挙の無効を訴える多くの請願が下院に提出された。結果に対して異議が提起されたこのような選挙は，"controverted election" と呼ばれるが，その処理はしばしば長引き[24]，また，政治的な思惑から公正な審査がおこなわれないこともしばしばあった。こうした悪弊は，党派性を排して抽選で選ばれた下院の特別委員会（Select Committee）に選挙請願の審査と決定を委ねるよう定めた1770年のグレンヴィル選挙法の制定[25] によってかなり改められたものの，それ以降も，総選挙後の新議会には選挙結果をめぐる請願が提出され続けた。ブリジウォタの1780年総選挙も，厳しい対立を伴うものであっただけに，9月の投票だけでは話が終わらず，最終的な決着が新議会に持ち込まれることになったのである。

　まず，『下院日誌』（*The Journals of the House of Commons*）の1780年11月7日の項には，僅差の3位で落選となったアクランドから請願が提出されたことが記録されている[26]。請願の趣旨は，選挙管理責任者（returning officer）である市長（mayor）のトマス・フェルプスの行動が公平でなく，投票資格のない者にアレンへの投票を認めた一方，正当な有権者がアクランドに投票することを拒否した[27]，また，アレン側が買収などの不正な手段を用いて当選したので，救済してほしいというものであった。この請願については，年明けの1781年2月9日に処理がおこなわれることになり，議長が必要な証人や証拠資料を請求する令状を発することが決められた。

　11月20日，ブリジウォタの選挙民から別の請願が提出された。2番目の請願は，アン・プーレットの側が買収などの不正な手段で当選したので救

済してほしいと訴えており，選挙戦は舞台をウェストミンスタの下院に移して，両陣営が互いに相手陣営の腐敗を非難する告発合戦となった。下院では，この第二の請願についても，先のアクランドの請願とともに，2月9日に処理されることが決められた。さらに，翌11月21日の『下院日誌』は，ブリジウォータ住民からのもう一つの請願の存在にも触れた上で，改めて2月20日が，ブリジウォータでの選挙の不当をそれぞれに訴える3請願についての処理日として指定されたことを記している[28]。

　1781年2月20日，前年11月21日に決められた日程に従い，ブリジウォータの選挙請願について最終的に判断する特別委員会の任命がおこなわれた。本節の冒頭でも述べたように，選挙請願の処理は18世紀の下院にとって大きな問題で，この特別委員会の任命は慎重な手続きで進められた。まず，議員呼集がなされて，119人の議員の出席が確認された。ついで，アレンの当選無効を訴える（2件の）請願の提出者，逆に，プーレットの当選無効を訴える請願の提出者，審査対象になっている2人の議員プーレットならびにアレン，以上4者それぞれの代理人も議場に招じ入れられて，抽選がおこなわれた。いったん選ばれても，60歳以上の議員や，自らが別の選挙請願で審査対象となっている議員，同会期中の他の特別委員会に入ったことがある，あるいは現に入っている議員などは除外されて，49人の議員が残され，そこからさらに絞込みがおこなわれた。こうして慎重に，最終的には15人の特別委員会を構成する議員が決定された。

　10日後の3月2日，特別委員会の決定が，委員のひとりであるチャールズ・ロビンソンから下院の本会議に伝えられた。委員会はプーレットの当選を認める一方，アレンについては当選を取り消し，かわってアクランドを当選とした。これは最終決定であり，3月5日，当選記録の訂正が正式におこなわれて，この件は法的には完全に決着した。

　現時点では，上述の手順で選ばれた下院議員から構成される特別委員会がどのような背景と経緯をもってこの決定にいたったのかを知ることはできていない。ただ，このアレン・アクランド逆転の決定によってブリジウォータ市選出の議員は結果的に2名ともプーレット伯爵側，すなわち与党系の議員

となったのであるが，同委員会の結論を3月2日の本会議に伝えたチャールズ・ロビンソンは野党系の議員であったことなどから，この裁定を，グレンヴィル選挙法制定以前に往々見られたような，与党による選挙請願手続きを利用しての野党議員排除といった党派的動きとして理解することはできないように思われる。この後，議席の確定したアン・プーレットは政権末期のノース首相を最後まで支持していくことになるが，新たに議員となったアクランドについては，ノース政権期の表決記録ではその名前を確認することができない。

また，この決定にいたるまでの関係者の議会外での動きについても，判明していることはほとんどない。ただ，フォックスとつながりのあったブリジウォータの市民ジョン・チャブのもとに興味深い1通の文書が残されている[29]。この文書は反プーレット伯爵側の市民の1781年初頭の動きの一端を示すもので，以下，この文書によって，1780年総選挙とその後の請願合戦とに関する理解をより深めたい。

「ブリジウォータ 1781年1月24日」で始まるこの文書は，自分たちの提出した請願に関する任務のためにジョン・チャブをロンドンに急遽派遣することを決定した反プーレット伯爵側の市民たちが作成したものである。チャブには，至急ロンドンに行って，アレンとフォックスに面会した上，事を進めることが求められていた。この文書のチャブに対する指示は，請願の説明のために必要な資料はアレキサンダ氏[30]から入手することとか，父親[31]またはトマス・フェルプス[32]を通じて市民たちと頻繁に連絡をとることといったように，細かい点に及んでいる。文書はかなり急いで作成したものと思われ，書き直して読みにくくなった箇所や，おそらくは，「ロンドン到着から〇日以内に」と指示するつもりで起草され，具体的な数字の部分が空白のままに残されている箇所なども見られる。

チャブへの指示内容を検討して注目される点としては，まず，成功の見込みがないと判断される場合には請願を撤回するという選択肢についても，文書が明言していることが挙げられる。請願を撤回することになった場合の手順などに関する説明も，相当に具体的に書かれていて，下院による請願処理

（特別委員会の任命）の日（2月20日）まで1カ月弱のこの文書の作成時点において，反プーレット伯爵側の市民たちは自分たちの側の請願の展望が必ずしも明るくないと感じていたように思われる。また，チャブに指示を与えた市民たちが，自分たちが支持した[33]候補者であるアレンから，この請願の件で協力が得られないという場合をも想定していることも目をひく。ここは推測になるが，アレンはすでに見たように獲得票の30％をプーレットとの組み合わせのスプリット票で得ていたので，市民たちは，アレンの立場としては請願者のようには総選挙でのプーレットの腐敗を攻撃することは難しい可能性があると考えたのかもしれない。

　チャブへの指示が終わった後には，44人の署名が書かれており，次に，この署名者を検討することにする。この文書の内容から，ここに署名した人物はブリジウォータの1780年総選挙に投票していると考えられるので，印刷された投票記録にこの文書の署名者と同名の人物が出てきた場合，それは署名者であると判断してよいと思われる。まず，44人のうち，2人については名前が判読できなかった。また，名前の判読できた42人のうち，5人については，投票記録に同姓同名の人物がひとりずつ存在した。常識的には，例えばそのふたりの一方がプーレットとアクランド，もう一方がアレンとフォックスという組み合わせで投票していれば，後者の方がこの文書に署名している人物であると考えて間違いないとは思われるが，ここではより慎重に，この5人も除いて，残る37人について検討することにする。

　37人の投票行動を調べた結果は予想される通りで，反プーレット伯爵の立場の票がほとんどすべてを占めている。35人はアレン・フォックスのセット票で，残りの2人の一方はフォックスの単票，もう一方はプーレット・アレンのスプリット票であった。すなわち，明らかな反プーレット伯爵陣営の人間ではないというのは，この最後の1人だけということになる。また，上でも述べたように，印刷された1780年総選挙の投票記録はプーレット支持という党派的立場を露わにして，彼に反対した有権者の何人かには特にマークを付けることで非難の対象としていたのであるが，当然のことながら，この37人の署名者にはマークを付けられた者が多数含まれている。マーク

は3種類あり，すでに若干言及したが，簡単にまとめれば，①アン・プーレット候補に反対する動きの主要人物（全部で31人），②プーレット本人やその支援者（friends）に非礼なふるまいのあった人物（全部で16人），③プーレット側への支持を約束していながら寝返った人物（全部で14人）ということになる。それらのうちでこの文書への署名者は，①14人，②6人，③8人を占めており，全体として37人の署名者中，23人にマークが付いている。さらに，そのうち4人には複数のマークが（1人については3種類とも）付けられており，この文書の署名者が，ブリジウォータの1780年総選挙において反プーレット伯爵の立場で活発に動いた中心的な人々であったことは間違いないであろう。

　印刷された投票記録には，多くの有権者について，氏名の横に職業がそえられている。それを利用して，37人の署名者を調べてみると，その職業は多岐にわたっており，印象論の域を出ないが，署名者の職業構成は，ブリジウォータの有権者の全体と較べて特段の違いは感じられない。ただ，署名者の中には，ブリジウォータの都市自治体のキャピタル・バージェスも2人見ることができる。この2人には，反プーレット伯爵陣営として目立っていることを示す上述のマークも付けられている。割合だけの議論をすれば，1780年9月の投票記録の職業欄でそのことが明示されていてキャピタル・バージェスであることが明確にわかる有権者は18人であったから[34]，37人の署名者＝有権者中にキャピタル・バージェスが2人含まれていたことは何ら不思議ではない。ただ，第1節の末尾で述べたように，ブリジウォータのような「パトロン影響力」型の都市選挙区では，パトロンが下院議員選挙で自らの望む結果を安定的に得るには，都市自治体の支持が重要で，これに対するきめ細かな配慮が求められた。この1780年の総選挙においても，都市自治体のキャピタル・バージェスの互選で決められる市長が選挙管理責任者を務め，アクランドの申立てによれば，まさにその市長の判断で多くの正規の票が拒否された結果，プーレット伯爵側と対立するアレンがいったんは当選とされたのであった。したがって，都市自治体内の正規のメンバーのなかに，伯爵に対抗する勢力の中心的な人物が少なくとも2人含まれていたこ

と，さらに付け加えれば，そもそも反プーレット伯爵側の候補者のうちのひとりがキャピタル・バージェスのベンジャミン・アレンであったということは，やはり軽視しえない事実であるように思われる。次の第4節においては，1780年総選挙との関連で，この時期のブリジウォータの都市自治体を観察することにする。

第4節　1780年総選挙と都市自治体

　ブリジウォータにおける1780年総選挙は，党派心むき出しの投票記録が出版され，事後には請願合戦がおこなわれるなど，二つの陣営間の厳しい対立を伴った選挙であった。そこでは，市のパトロンとしてのプーレット伯爵の勢力と，それに対抗しようする勢力とが，真っ向からぶつかりあっていたと言うことができるように思われる。そして，その対立は，ブリジウォータの都市自治体の内部にも明らかにおよんでいた。

　下院議員選挙は，基本的にブリジウォータの都市自治体の会議が関与する問題ではなかったが，1780年の総選挙における両陣営間の緊張関係は，都市自治体の会議[35]の『議事録』にもその跡を残している。投票の2日前にあたる9月9日の会議では，総選挙で新たにプーレット伯爵側の候補者として擁立されたジョン・アクランドをブリジウォータ市の正式市民（free burgess）とすることが承認されたが，同日の出席者の記録をめぐって，不可思議な動きがあったことを，数年後に『議事録』に書き加えられたメモ[36]が伝えている。総選挙でアクランドの対立候補であったベンジャミン・アレンと，2日後にアレンとフォックスに投票したもうひとりのキャピタル・バージェスの2人は，9月9日の会議の場にいたにもかかわらず，『議事録』の出席者欄には名前を記載されないことになったというのである。この動きを理解することは難しいのであるが，反プーレット伯爵の陣営が，アクランドにとって有利なこの日の決定[37]が正当性を欠いていたと主張するために，その場に出席していたキャピタル・バージェスの人数を少なく見せようとしたと解釈することもできるように思われる[38]。総選挙での対立は，このよ

うに奇妙な形でも都市自治体にその影を落としていたのである。

　アクランドがブリジウォータの正式市民と認められた2日後の9月11日におこなわれた下院議員選挙において、キャピタル・バージェスたちはどのような投票行動をとったのであろうか。その時点のキャピタル・バージェス23人中、3人については、事情は不明であるが、印刷された投票記録に、その名前を見つけることができない。残る20人のうち、2人については、キャピタル・バージェスと同姓同名の有権者が記載されているものの、キャピタル・バージェス、あるいは、キャピタル・バージェスの互選で決められる市長、オルダマン（alderman）などの職に就いていることが注記されていないので、その2人もここでは基本的に除いて考えることにする。こうして残った18人の、印刷された投票記録に記された投票パターンは、プーレット・アクランドのセット票が8[39]、アレン・フォックスのセット票が9、プーレット・アレンのスプリット票が1であった。プーレット伯爵側が票数ではほぼ4対3でリードしていた有権者全体についてとは異なり、都市自治体のキャピタル・バージェスの間では、伯爵に反対する側がわずかな差ではあるが多数を占めていたのである[40]。

　両陣営の力が激しくぶつかりあった総選挙において、都市自治体の枢要なメンバーであるキャピタル・バージェスの票のなかで反プーレットの票が多数を占めたということは、都市自治体がそのパトロンの影響力に抗する姿勢へと傾いたというように解釈できるであろう。これは、パトロンたるプーレット伯爵にとってゆゆしき事態であった。しかも、この事態をキャピタル・バージェスの世代という観点から見ると、伯爵側にとって問題はさらに重大であった。1780年の下院議員選挙において誰を支持していたのかが判明しているキャピタル・バージェス18人のなかで、プーレット伯爵への支持は、年齢的に上の世代に属すると考えられるキャピタル・バージェスの間において相対的に強かったからである。史料上の制約から、ここでは代替的に、キャピタル・バージェスの職を離れた[41]ことが都市自治体の会議で確認された日付順に18人を並べ替え[42]、前半9人を上の世代、後半9人を下の世代と考えると、上の世代と見られる前半の9人では、プーレット・アクランド

をセットで支持するキャピタル・バージェスの方が多く5人を占めていたのに対して，後半の9人ではプーレット・アクランド票は3人にすぎず，逆にアレン・フォックス票の方が多数の5人（残る1人はスプリット票）であったのである。この事実は，このまま事態を放置すれば，時間の経過とともに，伯爵側が都市自治体内の勢力バランスの上でさらに不利な状況に追い込まれていく可能性が大きいことを意味している。それゆえ，プーレット伯爵を支持する陣営では，1780年6月2日の会議以来欠員となっていた1名のキャピタル・バージェスを補充する機会には，ぜひとも伯爵を支持する人間を選出する必要があったのである。

　投票の2週間後の1780年9月25日，慣例通り，次年度（1781年度）のブリジウォータの都市自治体の執行部を構成する市長，2名のベイリフ（bailiff），収入役（receiver）を選任する会議が開かれた[43]。この会議で，1781年度の市長にはジョン・フェルプス，ベイリフにはエドワード・シーリとジェイムズ・ミルズ，収入役には前市長のトマス・フェルプスが選ばれた。新市長以外の3人は，下院議員選挙ではすべてアレンとフォックスを支持していた[44]。1780年度の市長は，すでに述べた通り，総選挙でアレンに強く肩入れしたと非難された人物であり，ミルズは印刷された投票記録では主要な反プーレット派としてマークされ，第3節の後半部で検討した文書にも署名していた。都市自治体の役職者の選任にあたって，政治的な党派関係がどれだけ重視されたかについては今後さらに検討が必要であるが，少なくとも1781年度の執行部の顔ぶれは，総選挙で見られた都市自治体内部での反伯爵側勢力の優位が，総選挙後にも続いていたことを示唆していると思われる。

　この9月25日の都市自治体の会議には21人が出席しており，欠員補充のためのキャピタル・バージェス選出も可能であったが，その案件は処理されないまま会議は終了した。翌週，10月2日の新年度第1回の会議では，就任宣誓をすませた新市長が下級役職者を指名するなどのルーティンの案件があったが，この日の会議の出席者は9人にとどまり，13名の出席が必要とされたキャピタル・バージェス選出のような議案の処理は不可能であった[45]。これ以後会議は1781年度中には開催されず，ほぼ1年後の1781年

9月24日に，次年度（すなわち1782年度）の執行部を選任する会議が開かれた[46]。

　1781年9月24日の会議には，20人が出席していた。したがって，すでに1年以上欠員となっているキャピタル・バージェスを補充する人事案件を取り上げることは，全く適法であった。しかし，この件の処理にあたって，大きなトラブルが発生した。『議事録』に後日書き加えられたメモによっても，その時の状況は必ずしも明らかではないのであるが，ほぼ確実と思われることは，市長ジョン・フェルプスの反対と制止があったにもかかわらず，キャピタル・バージェスのひとりロバート・ブライアント[47]が強引にジョン・ダニングという人物を新たにキャピタル・バージェスに選出することを提案し，それが決定されたということである。ダニングは1780年の総選挙でプーレットとアクランドに投票している人物であり[48]，プーレット伯爵側は，いささか乱暴な手段によってではあったが，待望の自派のキャピタル・バージェス補充に成功したと言うことができよう。

　この日の会議においては，翌1782年度の都市自治体の執行部も決められた。選ばれた執行部の役職者の顔ぶれは，1781年度とは異なって，プーレット伯爵支持派が多数を占めていた。4人の役職者のうち3人は総選挙でプーレットとアクランドを支持した人物，残る1人がプーレット・アレンというスプリット票を投じた人物で，伯爵に反対した陣営からは誰も選ばれなかった。1781年9月24日の会議は，表面的には，市長に代表される都市自治体の政治的立場を親伯爵へと一変させたと言ってよいであろう[49]。しかし，キャピタル・バージェスはほぼ同数の伯爵支持派と伯爵反対派とに二分されており，この9月24日の会議のような荒療治は，以下に見るように，パトロンとしてのプーレット伯爵の立場を安定させるものとはならなかった。

　1781年9月以降，1年前の総選挙でアレンとフォックスに投票した反伯爵派グループのキャピタル・バージェスは，ダニングのキャピタル・バージェス選出の正当性を認めず，しばしば都市自治体の会議を欠席した。その間，伯爵支持派の側は，キャピタル・バージェスの欠員が生じるたびに自派の人間を補充していき，事実上，ブリジウォタの都市自治体は二つに分裂する

混乱状態に陥ったのである。この異常な状態は，ダニングのキャピタル・バージェス選出そのものを無効とした司法判断が確定した後[50]，1784年2月19日の会議で反伯爵派が優位を回復して新執行部を組織し，さらに，3月16日にジョン・チャブを含む4人を新たにキャピタル・バージェスに加えて，ようやく解消されることとなった。しかし，その正常化の過程で，今度は，残った伯爵支持派のキャピタル・バージェスが会議への出席を拒んだり，また同年5月から6月にかけて，市のレコーダ職をプーレット伯爵からフォックスに交代させる試みがなされて，司法判断によりそれが否認されたりするなど，混乱の余波はさらにしばらく続くことになった。1780年代の後半に入り，80年代前半に伯爵支持派あるいは反伯爵派として激しく対立していたキャピタル・バージェスが，ともに執行部を構成するようになり，1780年総選挙の長い後遺症とも言うべきブリジウォータの都市自治体内の対立は，ようやく幕をおろしたのである[51]。

おわりに

　以上，本章においては，ブリジウォータにおける1780年総選挙とそれに続く選挙請願合戦，さらにそれらと密接に関連して起こったと考えられる1780年代前半の同市の都市自治体内部の分裂抗争を観察してきた[52]。それにより，都市のパトロンを支持する勢力と，それに反対する勢力とが，中央政界における与野党間の政治的対立と重なりあう形で，都市自治体内でも厳しく対立する近世末の一地方都市の様子をある程度まで具体的に示すことができたものと思われる。最後に，本章冒頭に触れた議会と国家統合という問題との関連では，18世紀末のこの時期においては，もはや議席が地域社会に配分されているか否かといった制度論ではなく，議会内で成長しつつあった政党政治[53]が地方都市にまでそのすそ野を広げつつあったという実態論こそが，より重視されるべきことを指摘して結びとしたい。

注

1) 青木康『議員が選挙区を選ぶ——18世紀イギリスの議会政治』(山川出版社, 1997年) 第5章。また, これに関連して, 仲丸英起『名誉としての議席——近世イングランドの議会と統治構造』(慶應義塾大学出版会, 2011年) が, イギリス革命以前の下院議員選挙の理解をめぐるハーストとキシュランスキの論争を紹介しているので, ぜひ参照されたい。
2) 近世・近代ブリジウォータの歴史に関する著作としては, 1世紀以上前に著された地方史の2著, S. G. Jarman, *A History of Bridgwater* (1889) と, A. H. Powell, *Bridgwater in the Later Days* (1908) が著名である。最近刊行されたものとしては, J. F. Lawrence, *A History of Bridgwater* (Chichester, 2005) があるが, 18世紀以降は簡略に書かれている。
3) ブリジウォータ市がイギリス史上に登場する最も有名な場面の一つは, 1685年のモンマス公爵の反乱であった。叔父のジェイムズ2世に背いたモンマス公爵はこの町で国王として宣言された後, 捕らわれて処刑されたのであった。
4) 特に, 1754年総選挙の例が有名である。また, 後に述べるように, 1780年の総選挙でも, 選挙を戦った両陣営が, 互いに相手側の腐敗行為を非難しあった。
5) T. H. B. Oldfield, *The Representative History of Great Britain and Ireland: Being a History of the House of Commons, and of the Counties, Cities, and Boroughs, of the United Kingdom, from the Earliest Period*, Vol. 4 (1816), p. 445. なお, どの範囲に居住する人間を有権者とするかについて,「バラ」として古くから認められた地域の居住者に限るという限定的な解釈が長らくとられてきたが, 1832年の改革の際に選挙区の区域は拡張された。Jarman, *op. cit.*, p. 152.
6) この他, 1761年, 1768年の総選挙でも3人以上の候補者が出たが, 票数は残されていない。また, 1784年の総選挙では3人の候補者の獲得した票数も判明しているが, 当選した2人の獲得票数が152であるのに対して, 落選した3人目の候補者の獲得票は5票のみで, 競争選挙の体をなしていない。これら3回の総選挙も議会史財団の下院研究では競争選挙とされているが, 上記の6回とは区別して考えてよいであろう。L. Namier and J. Brooke, *The House of Commons 1754-1790*, Vol. 1 (London, 1964), Appendix 1 を参照。
7) プーレット伯爵家によるレコーダ職保持は, 1745年に第2代伯爵がレコーダ職に就いて以来, 1819年に第4代伯爵が没するまで, 70年以上にわたって続いた。
8) F. O'Gorman, *Voters, Patrons, and Parties: The Unreformed Electoral System of Hanoverian England 1734-1832* (London, 1989).
9) 青木康「ホイッグ党とヨークシャー運動」『史学雑誌』(第87巻2号, 1978年)。
10) 以下, ブリジウォータにおける下院議員選挙の経過・結果, 候補者など関係者の伝記的事項については, 議会史財団による *The House of Commons* のシリーズ, *Oxford Dictionary of National Biography*, *The Complete Peerage* などを参照しているが, 特に必要と思われる場合以外, 個々に典拠を表示することは省略する。
11) ノース政権のブリジウォータへの関心については, I. R. Christie, *The End of*

North's Ministry 1780-1782 (London, 1958), p.85.
12) O'Gorman, *op. cit.*, p.45.
13) 青木，前掲書，第1章を参照。
14) T. B. Dilks, *Charles James Fox and the Borough of Bridgwater* (1937), pp. 10-14. 以下，チャブについては，同書，彼の子孫のひとりによる Mary Chubb, "A Forbear and His Hobby", *The Countryman*, (LXI-LXII, 1963-64)，ブリジウォータの当時の風景とその住民のスケッチを多数描いたチャブの画家としての側面に重点をおいた Mark Girouard, *Town and Country* (London, 1992) の I-3 "Country-Town Portfolio: An Artist in Bridgwater" を主に参照している。
15) Dilks, *op. cit.*, pp. 14-15. マニュスクリプトは，Somerset Record Office, A\CSC/2/2 に収められている。ここには，上記の出馬受諾の書簡など，フォックスからチャブに送られた書簡21通 (1780-1805) が含まれており，その21通はすべて Dilks, *op. cit.* に活字化されている。ただし，Dilks, *op. cit.* における一部書簡の年代推定は，変更の余地があると思われる。
16) Dilks, *op. cit.*, pp. 14-15.
17) ウェストミンスタ選挙区の動向が国政上重要な意味をもったことについては，1784年の総選挙を中心にしているが，青木，前掲書，第1章でも述べられている。
18) *House of Commons 1754-1790*, Vol. 1, p. 367.
19) *A List of the Electors, Who Polled at Bridgwater, September the 11th.* 1780.
20) 例えば，「†マークが付けられた者は，プーレット氏，またはアクランド氏に対して，ふたりへの投票を約束しておきながら，選挙の当日には，その反対者の側のリストに載っている有権者である。その理由は彼らが一番よく知っている」といった，反プーレット伯爵陣営による買収行為があったとにおわせる文章が見られる。なお，このような党派的敵愾心を感じさせる注記は，1754年総選挙の投票記録にも見られた。
21) 投票記録の上部に長々と述べられている，有権者の選挙時の行動を明らかにして，自陣営の有権者の正しさと相手陣営の不正を明らかにするというその目的からして，多くの人間が互いに知っている各人の投票行動の記録自体は，意図的に改ざんされているとは考えにくい。
22) フォックスは下院議員としてはすでに10年以上の経験があり，けっして新人ではないが，ブリジウォータ選挙区においては新顔の候補者である。
23) 単票の場合を含めて，プーレット・アクランド側にのみ投票した有権者119人（47％），アレン・フォックス側にのみ投票の有権者88人（35％）に対して，スプリット票を投じた有権者は47人（19％）であった。
24) 1741年総選挙に関する請願の処理は，次の総選挙の前年である1746年までかかった。P. D. G. Thomas, *The House of Commons in the Eighteenth Century* (Oxford, 1971), p. 13.
25) 元首相のジョージ・グレンヴィルが提案した。
26) 以下，下院内の動きについては，『下院日誌』による。日付から容易に検索が可能であるので，個別に典拠表示はおこなわない。

27) 印刷された投票記録は，このアクランドの主張に沿う形で，投票した有権者のリストが終わった後に，「市長により拒否された票」（Votes Rejected by the Mayor）という欄を設け，投票が認められなかった21人の氏名と，その支持する候補者名を記載している。そのうち16人の票はプーレット・アクランドを支持するプーレット伯爵側のセット票で，もし，この拒否された21人の投票がすべて認められていれば，アレンとアクランドの順位は逆転し，選挙結果はプーレットとアクランドの当選となっていた。なお，市長のフェルプスは，自身の投票ではフォックスとアレンに票を入れている。
28) 第3の請願の提出者は，"Robert Parsons, Thomas Lockyer, Charles Chinn, and others, Inhabitants of ...Bridgwater" と書かれている。厳密な同定はできていないが，印刷された投票記録では，名前の挙がった上記3人と思しき有権者がプーレット・アクランドのセット票を投じている。この事実は，1781年2月20日の『下院日誌』が，第3の請願はアレンの当選を非難していて，代理人もアクランドの請願と共通であるとしていることとも整合的である。
29) Somerset Record Office, A\CSC/2/3.
30) アレキサンダ氏とは，ブリジウォータ市の書記（Town Clerk）で，1780年総選挙ではアレンとフォックスに投票したウィリアム・アレキサンダと思われる。彼は，印刷された投票記録では，「アン・プーレット候補に反対する動きの主要人物」のひとりで，また，「プーレット本人やその支援者に非礼なふるまいのあった人物」として二重にマークされている。ただ，1783年4月22日付のフォックスからチャブへの手紙には，アレキサンダについて，「ブリジウォータ選挙の聴聞会における彼のあいまいな（equivocal）態度」という表現が見られ，反プーレット伯爵の側に立っていたはずのアレキサンダが，下院の聴聞会では必ずしも同陣営に有利な証言をしなかったことがうかがわれる。市の書記という彼の立場を考えると，そのことが，特別委員会によるアレンからアクランドへの逆転当選決定（反プーレット伯爵側の敗北）の一因になったとも考えられる。
31) ジョンの父親ジョナサン・チャブもブリジウォータの商人（merchant）で，選挙ではアレンとフォックスのセットで投票している。彼も印刷された投票記録では，「アン・プーレット候補に反対する動きの主要人物」としてマークされている。
32) この人物は，アクランドの請願のなかで不公平な選挙管理を非難されていた総選挙時の市長のトマス・フェルプスと思われる。
33) この文書の署名者の投票行動については，すぐ後に述べる。
34) キャピタル・バージェスは，定員24名で，投票日の時点では欠員1があり，実際には23人いた。残る5人については次の第4節を参照。
35) 以下，ブリジウォータの都市自治体の会議については，『議事録』（Somerset Record Office, D\B\bw/2/1/2 "Borough Council Minutes"（1731-1784）と，それに続く時期の D\B\bw/2/1/3 "Borough Council Minutes"（1785-1837））による。日付から容易に検索が可能であるので，特に必要な場合以外，個別の典拠表示はおこなわない。
36) 以下に述べるように，1781年9月以降，ブリジウォータでは，都市自治体が事実

上二つに分裂するような混乱状態が生じた。1784年に事態が収拾された後，状況説明のメモが『議事録』の必要箇所に遡って書き加えられた。"Borough Council Minutes" (1731-1784), p. 536.
37) 9月9日の会議で決められたのは，アクランドの件の1件だけであった。ちなみに，フォックスを正式市民にする件は，すでに1780年6月2日に処理済みであった。
38) この種の議事には市長を含む13人のキャピタル・バージェスの出席が必要とされていた。この日の出席者は14人であったので，2人が出席していないことにすれば，定足数に達せず，アクランドを正式市民と認めた決定の法的な根拠が失われることになる。
39) ただし，この8人のうちの1人は「市長により拒否され」て，実際に投票することはできなかった。
40) さらに，キャピタル・バージェスであることが確認できなかった2人の同姓同名の有権者の投票が，注記の書き落としで，キャピタル・バージェスのものであったとすれば，それらはいずれもアレン・フォックスのセット票であったから，反プーレット伯爵側の伯爵支持側に対する優位はさらに拡大する。以下の注44, 47も参照。
41) キャピタル・バージェスは終身で，職を離れる理由のほとんどは死亡であり，辞任の事例は例外的にとどまる。
42) 1780年総選挙時の市長であったトマス・フェルプスについては，議事録の記載に不備があって不明であるが，周辺の状況から1790年3月17日と推定される。
43) ブリジウォータには，特別の敬意をもって遇され，『議事録』の出席者欄でも多くの場合，当該年度市長，前年度市長に次ぐ上席に記載される重職としてオルダマン職があったが，同職は終身であって，任期1年で毎年選任される市長，ベイリフ，収入役とは性格を異にする。
44) 総選挙の投票記録には，新市長と同姓同名のジョン・フェルプスという有権者が見られ，アレンとフォックスに票を入れているが，キャピタル・バージェスである旨の注記はない。
45) 年度によって異なるが，新年度第1回の会議は，出席者が少なく，形式的な案件の処理だけに終わることが多かった。
46) このように実質的な会議を途中1度も開かず年度末の会議を迎えたケースは，1780年から1810年までの30年間で5回（1781年度，1791年度，1792年度，1797年度，1806年度）あったので，そのこと自体は特に異常な事態とは言えないように思われる。
47) 印刷された投票記録では，ロバート・ブライアントという名の有権者がアレンとフォックスに票を入れており，この人物には主要な反プーレット派のマークが付けられているが，キャピタル・バージェスとの注記はなかった。本文の記述から明らかなように，キャピタル・バージェスのロバート・ブライアントの1781年9月24日の行動はプーレット伯爵支持派にふさわしい行動であり，1781年11月17日以降の『議事録』の出席者欄では，ブライアントは，副レコーダ（deputy recorder）の肩書で市長に次ぐ上席を与えられるようになった。彼を，印刷された投票記録に出てくる反

プーレット伯爵側の同姓同名の人物と同一視することには不安が大きい。
48) 投票記録ではジョン・ダニングという有権者は "Physician" と注記されている。キャピタル・バージェスに選出されたダニングは，『議事録』では "Doctor of Physic" と書かれており，同一人物と判断される。
49) 9月24日の会議では，3人のキャピタル・バージェスが欠席していたが，それらが反伯爵派に集中していたために，前年にはわずかに反伯爵派優位に傾いていた勢力バランスが変化したとも考えられる。
50) 連鎖的に，ダニングの選出後，彼が参加した会議でおこなわれた伯爵支持派のキャピタル・バージェスの新規選出も無効となった。なお，この裁判に関する反プーレット伯爵側の史料が，Somerset Record Office, DD\X\ME/6 に残されている。
51) 1788年10月7日の都市自治体の会議で，同年4月に没した第3代伯爵ヴィア・プーレットのレコーダ職を第4代伯爵ジョン・プーレットが継承することが認められたが，その時の市長は，1780年総選挙の投票記録では主要な反プーレット伯爵派としてマークされ，チャブをロンドンに派遣する文書にも署名していたジェイムズ・ミルズであった。
52) 後者の2年間以上におよんだ都市自治体内部の分裂抗争については，別途詳細な検討が必要であり，本章では，その始まりの局面をやや細かく観察した上で，その後の展開を概観するにとどめざるをえなかった。
53) 1780年代イギリスの政党政治の成長については，さしあたり，青木康「1780年代政治史研究の一動向——政党政治史の側面から」『イギリス史研究』（第22号，1975年）を参照。

第Ⅱ部

海洋帝国の議会

第6章 私掠と密輸
九年戦争期のイングランドにおける捕獲物関連制度の改革と議会,王権

薩摩　真介

はじめに

　名誉革命にはじまるイギリスの「長い18世紀」はまた,「第二次英仏百年戦争」とも呼ばれるフランスとの長い抗争の時代でもあった。1689年から97年にかけての九年戦争を皮切りに,1815年に終結するナポレオン戦争にいたるまで,財政軍事国家イギリスは,一時期を除きフランスとの抗争をグローバルな規模で展開した。その抗争においては,海上も重要な舞台であった。通商国家でもあるイギリスにとっては,自国の防衛とともに,海上貿易のためのシーレーンの安全確保は死活問題と考えられていたのである。

　この海を舞台とする抗争は艦隊戦に限られていたわけではない。通商破壊戦もその重要な一局面であった。この通商破壊戦とは,敵国の海上貿易を妨害すべく敵国の船や,時には敵国と貿易する中立国船舶の一部をも標的として攻撃や拿捕をおこなうものである。これには海軍とともに,戦時に政府から拿捕認可状を得て敵船を拿捕する民間の「私掠者」(privateer) も従事した[1]。

　この通商破壊戦の目的は,それを利用する政府にとっては,敵国の経済を弱体化させ,ひいてはその戦争遂行能力を奪うというものであった。一方,海軍士官や海軍の水夫,私掠船員といった直接の参加者にとっては,その主な目的は「捕獲物」(prize) の拿捕であった。捕獲物とは敵から奪った積み荷,あるいは船舶それ自体を指す語で,拿捕者はこの捕獲物を売却することで利益を得たのである。

この捕獲物の拿捕に見られるように，近世のイギリスでは，海洋での戦闘は単なる軍事衝突の場としてだけでなく，掠奪により利益が得られる場ともみなされていた。このような捕獲物の拿捕による利益獲得は，当時は一定の規則にのっとっておこなわれる限りは完全に合法的な行為とされていた。そして，そのような利益の追求は，ときに批判もあったものの，私掠者のみならず海軍士官にとっても当然の権利とすら考えられていたのである[2]。しかし，こういった掠奪行為には，法的に認可された範囲を超えておこなわれる危険がつねに存在したため，その奨励と同時に，「高等海事裁判所」(High Court of Admiralty) による捕獲物の審査など，拿捕者による違法行為を防ぐための様々な制度も整備されていったのだった。

　この通商破壊戦，およびそれに伴う捕獲物の拿捕は，イギリスを含めた近世ヨーロッパの海上での戦争や戦時における貿易のあり方を理解する上で重要な一側面であり，英米圏の拿捕行為に関してもこれまで様々な観点から研究がなされてきた。そのうち，「長い18世紀」の時期の捕獲物拿捕に関して比較的研究が進んでいるのは，海軍とともに通商破壊戦の一翼を担っていた私掠者についての研究である。「長い18世紀」におけるイギリス本国やアメリカ植民地での私掠行為や捕獲物の問題を扱ったものとしては，すでに戦前から，18世紀中葉のアメリカ海域における戦争とその植民地や海上貿易への影響を分析したリチャード・ペアズの緻密かつ徹底的な研究が見られた。また，その後の代表的な研究としては，主として九年戦争およびスペイン継承戦争期の英仏双方の私掠活動を対象としたジョン・S・ブロムリーの一連の論考が挙げられる[3]。さらに1990年代初頭からは，高等海事裁判所の史料をもとに18世紀のイギリス本国の私掠活動を分析したデイヴィド・J・スターキーの研究や，主に新聞史料に依拠しながら1739年から48年にかけてのアメリカ植民地の私掠活動を分析したカール・E・スワンソンの研究など，私掠者の活動を計量的に把握しようとする試みが登場した[4]。
　一方，私掠者を対象としたものに比べると，「長い18世紀」の時期の海軍の捕獲物拿捕を扱った研究は相対的に遅れており，P・K・ケンプの簡潔な

概説を除くと研究は乏しかった。しかし，近年，フランス革命戦争期およびナポレオン戦争期の海軍による拿捕を検討したリチャード・ヒルの詳細な研究が現れた[5]。また，海軍も対象に含む近年の他の研究としては，18世紀末から19世紀半ばまでの米英の海軍および私掠者による捕獲物拿捕を豊富な事例研究にもとづき描いたドナルド・A・ペトリーの著作も挙げられる[6]。これに加え，より最近では，捕獲物金の獲得などの経済的インセンティヴが18世紀のイギリス海軍の成功にどのように貢献したかを分析する，ダグラス・W・アランらの経済学の観点からの研究も登場している[7]。

このように拿捕の実態解明を目指した研究がある一方で，拿捕に関する法や機関，制度に焦点を当てた研究もはやくから存在した。そのような研究の初期のものとしてはレジナルド・G・マースデンやエドワード・ロスコウの論考が挙げられる[8]。また近年では，18世紀末から19世紀初頭に捕獲物拿捕に関して多くの判例を残したことで知られる高等海事裁判所判事のサー・ウィリアム・スコット（のちのストウェル卿）に注目したヘンリ・J・ブルギニョンの著作も登場している[9]。さらに上述のペアズやヒル，ペトリーの研究でも，捕獲物拿捕に関する制度や法は詳細に扱われている。

これらの研究により，捕獲物拿捕に関する制度の骨組みやその変遷は大筋では明らかとなっている。しかし，これらの制度が構築され変化していった理由やその過程を，同時代の政治的経済的背景まで含めて動態的かつ詳細に分析した研究はいまだほとんどないといっても過言ではない[10]。そこで本稿ではその分析の第一歩として，捕獲物拿捕に関する制度的変遷の背後にいかなる問題や議論があったのかということの解明を試みる。

私掠者や海軍による通商破壊戦の奨励や統制のための制度の整備が本格化したのは，「第二次英仏百年戦争」の最初の戦争である九年戦争の時期，そしてそれに続くスペイン継承戦争期（1702〜13年）である。この時期の重要な変化としては，次の3点が挙げられる。1点目は捕獲物のうちの拿捕者の取り分の増加である。1708年の「巡航艦艇・護送船団法」および「アメリカ法」によって捕獲物のうちの王権の取り分が放棄されたことで，拿捕者

は関税さえ支払えば捕獲物に対する単独の所有権を得ることとなった。2点目は、捕獲物の審査制度の明確化および統一化である。1708年の二法によって、高等海事裁判所での捕獲物審査の手続きが明文化され、またアメリカ植民地ではそれ以前は植民地ごとに異なっていた審査制度が統一された。3点目は、審査後の捕獲物の管理、売却に関する制度の変革である。特に大きな変化としては、本稿で焦点を当てる「捕獲物局」(Prize Office) の廃止があげられる。

このような変化、なかんずく1708年の二つの法律の意義は、従来、次のような文脈で理解されてきた。一つ目は、これを議会による通商破壊戦の奨励および統制の一環とみなすものである。スターキーは、フランスの通商破壊戦 (guerre de course) の活発化に伴い商人たちが貿易の保護を強く求めるようになると、議会はこれに応えて法律の制定によって海上貿易の防衛とイギリス側の通商破壊戦の奨励を図ったが、捕獲物関連制度の整備もその一つであったとする[11]。また、スワンソンの場合、私掠利害の政治的影響力の増大により力点を置いているという違いはあるものの、1708年の二法を議会による通商破壊戦の奨励や統制の過程における画期とみなしている点では、スターキーと共通している[12]。

二つ目は、より政治史的あるいは国制史的な観点から、捕獲物局の廃止を含む一連の変化を、議会の力の伸長、およびそれに伴う国王や政府の権力の抑制というホイッグ史観的な文脈のなかでとらえるものである。ペアズは、議会が1708年の二法によって捕獲物への完全な権利を拿捕者に与えたことで、私有財産の一種でもある捕獲物の問題に国王や政府が介入する権限を奪った点を強調する[13]。また、捕獲物局の廃止に焦点を当てているわけではないものの、政治史家のジェフリ・ホームズは、捕獲物委員の役職が王権の官職叙任権の対象であり、下院からの官職保有者の除外をめざす法案の標的となっていたことから、この捕獲物委員への攻撃を、18世紀初頭にも見られた「地方派(在野派)」による宮廷の下院への影響力を削ぐ試みの一環として言及している[14]。

このうちの一つ目の解釈に関しては、一連の制度的改革が、その実際の効

果はともかく、フランス側の通商破壊戦に対抗するための捕獲物拿捕の奨励という目的でなされたことには、筆者も異論はない。しかしこの改革を、議会主導による捕獲物拿捕の統制の強化としてのみとらえ、王権による捕獲物の取り分の放棄が、しばしばそう説明されるように、王権や政府による拿捕者への譲歩にすぎなかったとみなすことには慎重になるべきであろう。また、2点目の、議会による国王や政府の権力の制限という文脈の中にこの変化を位置づけることに関しても、さらなる検証が必要である。一連の変化にそのような側面があったことは否めないが、この変化を国王や政府に対する議会権力の伸長という図式にはめ込んでしまうと、その他の政治的経済的背景が捨象されてしまう危険性がある。

上述の二つの解釈をとる研究者たちの関心は、いずれも制度的変化にあったわけではなく、そのため捕獲物関連制度の変化の過程や背景については、十分な分析がなされているわけではない。それゆえ、この変化の過程や背景を、議会と王権が果たした役割も視野に入れつつ、史料にもとづきより詳細に検討することが必要とされている。

このような側面を本稿で分析するにあたって、特に注目する時期は九年戦争期である。これまでの研究では、この時期の捕獲物に関する制度改革の帰着点ともいうべきスペイン継承戦争中の上述の1708年の二法についてはしばしば言及されてきたが、それ以前の九年戦争中の私掠奨励法案についての分析はきわめて乏しかった。しかし、捕獲物関連制度の改革は九年戦争期から始まっており、その変化の過程を理解するにはこの時期も含めて検討する必要がある。

また、捕獲物関連制度の変革のうち、本稿では特に、捕獲物の管理、査定、売却、利益の分配をめぐる問題に焦点を当てる。捕獲物拿捕の奨励に関しては、これまでの研究では主に捕獲物のうちの拿捕者の取り分の増加や、海事裁判所における捕獲物の審査制度の整備といった面が注目されてきた。しかし、捕獲物拿捕の奨励には、拿捕後に捕獲物を売却して利益を分配するまでの過程を円滑にかつ不正なく進めることも重要であった。なぜならこのような手続きを経て初めて、拿捕の成果が捕獲物金という形で拿捕者の手に渡っ

たからである。

　九年戦争が始まった時点において，この捕獲物の管理，査定，売却，利益の分配を担当していたのは，捕獲物局であった。しかし，この捕獲物局は1708年の「アメリカ法」および枢密院令によって廃止され，1708年の二法により捕獲物の管理は関税委員と，拿捕者の任命する「捕獲物代理人」(prize agent) が担当し，査定や売却，利益の分配はこの代理人に一任されることとなった。このような捕獲物の管理，査定，売却の制度的変化に焦点を当てた研究はほとんど見あたらない。唯一の例外は，捕獲物局および捕獲物代理人の業務の詳細を明らかにしたブロムリーの論考であるが，ブロムリーもこの変化がどのような議論を踏まえて起こったものなのかについては詳しくは分析していない[15]。そこで本稿では，九年戦争期に，議会の内外で捕獲物拿捕に関してどのような議論が見られたのか，そしてそれが捕獲物局の廃止とどのようにかかわっていたのかを特に検討したい（なお，捕獲物拿捕はアメリカ植民地などでもおこなわれていたが，本稿では主にイギリス本国近海の拿捕に関する議論に焦点を当てる）。

　分析の際に用いた使用史料としては以下のものが挙げられる。まず，貴族院日誌，下院日誌や議会文書館所蔵の「主要文書」などの議会関連文書，イギリス図書館所蔵の高等海事裁判所判事サー・チャールズ・ヘッジズの文書，イギリス国立海事博物館ケアド図書館所蔵の捕獲物関連史料，イギリス国立文書館所蔵の海軍省文書（ADM），国務省文書（SP），大蔵省文書（T）などの行政文書，そして，当時刊行されていたパンフレット類などである。

第1節　九年戦争前半

(1) 対仏戦の開始とイングランドの海上貿易

　まず初めに，1689年から93年までの九年戦争前半にみられた捕獲物に関する問題と，それについて議会の内外でなされた議論についてみてみよう。この時期には議会では私掠奨励に関して次のような動きがみられた。まず，1691年12月には下院に「対仏私掠奨励・貿易保護法案」（以下，「1691年の

私掠奨励法案」）が提出された[16]。この法案は成立しなかったが，翌年の1692年12月には再び下院に私掠奨励法案が提出された。その後，貴族院での審議を経て，この法案は1693年3月に「対仏貿易禁止継続・私掠奨励法」として可決された[17]。

　では，この議会での一連の動きの背景はどのようなものであったのだろうか。この時期，とりわけ重要な問題であったのが，対仏戦の開始に伴うフランス側のイングランドの海上貿易への攻撃である。戦争初期の1690年6月のビーチー・ヘッドの戦いにおける英蘭連合艦隊の敗北により，イングランドは一時的にイギリス海峡の制海権を失う。しかしフランス側はその後，積極的な作戦行動を起こさず，この好機を逸してしまった。その後，イングランド侵攻を支援する予定であったトゥルヴィル指揮下の仏艦隊に対して英蘭連合艦隊が大打撃を与えた1692年5月のバルフルールの戦いおよびラ・オーグ（ラ・ウーグ）の戦いにより，制海権は再びイングランド側の手に戻った[18]。しかしその後もイングランドの海上貿易はフランスの私掠者からの脅威に晒され続けたのであった。

　このフランスの私掠者の攻撃に対して，防衛手段を講じる必要性は戦争当初から議会の内外で論じられていた。1689年11月の下院の大委員会（Grand Committee）では，仏私掠者による拿捕の被害が報告され，さらに商船団の護衛に際して海軍の艦長が商人たちから金銭を受け取っていた事実が発覚したこともあり，海軍による海上貿易の防衛が適切であったか否かをめぐって激しい議論が巻き起こった[19]。

　このように対仏戦の開始に伴い，イングランドはフランスの攻撃から海上貿易を守る必要に迫られることとなった。しかし対仏戦は，このような対立の局面とは一見矛盾する問題ももたらした。それはフランスとの密貿易である。1689年には「対仏貿易禁止法」が制定され，ワインや酢，ブランデー，亜麻織物，絹織物などの敵国フランスの産品や製品，あるいはフランス産の材料を含む製品の輸入が3年間禁止され，押収された物品は廃棄されることが定められた[20]。しかし，これらフランスの産品や製品への需要は依然として存在し，戦時中もイングランドとフランスとの間には密貿易がおこなわ

れ続けたのであった[21]。

　さらにこの密貿易には，敵対関係にあるはずの英仏双方の私掠者が関与することもあった。関税委員は1689年6月の大蔵卿への報告書のなかで，ドーヴァの関税徴収官からの報告として，多数のフランスの私掠者が関税を払っていない商品（uncustomed goods）を持ち込み，代わりにケントやサセックス沿岸から羊毛を持ち帰っていることに言及している[22]。一方，イングランド側の私掠者の一部も，「共謀による拿捕」を通じて密輸に関与していた。この「共謀による拿捕」とは，イングランド側の私掠船の船長や商人とフランス側の商人が事前に共謀して，仏商船が拿捕されたように見せかけ，輸入が禁じられている商品をイングランド国内に運び込むという密貿易の一形態である[23]。このように両国は戦争状態にありながらも，その商人や私掠者の一部は，時に私掠船を通じて密輸をおこなうなどして，貿易路の非公式な形での存続を図っていたのである。

　しかし，このような形での敵国との貿易の継続は，戦争の効果的な遂行という観点からはけっして望ましいものではなかった。そのため，1690年には「対仏貿易禁止法」のより効果的な運用をめざす法律が制定された。この法の第1項では，輸入が禁止されている仏製品がしばしば捕獲物として，あるいは捕獲物を装って持ち込まれていることが述べられ，関税委員や捕獲物委員が本来「対仏貿易禁止法」にしたがって廃棄されるべきそれらの製品の持ち込みを故意に認めた場合，あるいはその横領を見過ごした場合には，罰金などの処罰が課されることが定められた[24]。こうして対仏戦の開始とともに，イングランド政府は海上においては，フランスの攻撃からの海上貿易の防衛と，私掠者も一部関与しておこなわれていたフランスとの密貿易の取り締まりという，一見相反するが相互に関連する二つの課題に直面したのである。

(2) 私掠の奨励とそれに伴う諸問題の発生

　このうちの前者の問題，すなわち，海上貿易防衛の手段の一つとして戦争中盤から唱えられたのが，敵船の拿捕の奨励，特に私掠者による拿捕の奨励

であった。海上貿易防衛の中心的手段は海軍による商船団の護衛やパトロールであり，後に見るように九年戦争期からは議会制定法によるその本格的な制度化が試みられた。しかし，海軍だけでなく私掠者もまた，敵私掠船の拿捕を通じて自国の貿易防衛に貢献しうると主張されていた。例えば，海軍のより効率的な人員確保の手段について述べた1693年のパンフレット『甦るイングランドの栄光』のなかで，著者のロバート・クロスフィールドは，適切な奨励により私掠者の数が増えればそれは国のためになると述べ，その理由として私掠者は敵の妨害だけでなく商人や沿岸貿易の防衛に貢献するであろうことを挙げている[25]。

このように，私掠者による拿捕は海上貿易の防衛にも貢献しうると主張されていたが，その拿捕奨励のための手段としてしばしば提唱されたのが，王権が捕獲物の取り分を放棄することで，拿捕者の取り分を増やすというものであった。例えば，1693年，海軍士官であるジョージ・セント・ローは，海軍の人員確保の手段の改善策を述べたパンフレット『イングランドの安寧』において，敵私掠船の拿捕や敵の港湾内での拿捕など，危険の割に見返りの少ない拿捕を奨励するため，国王が王権の取り分である「10分の1」を私掠者に与えるべきであると提案した。続いてセント・ローは，フランスが王権の取り分の放棄によって私掠奨励に成功を収めていることに言及し，王権の取り分の放棄は，私掠者がよりすぐれた船舶や人員を確保することを可能にするとして，他の場合の拿捕についても同様の奨励の必要性を訴えたのであった[26]。また，九年戦争前半に作成されたとおぼしき海上貿易防衛のための巡航艦艇の配備に関する提言書においても，敵船の拿捕を奨励するために，関税分を引いたのちの捕獲物のすべてをそれらの艦艇の指揮官や水夫に与えることが提案されている[27]。

注目すべき点は，このような王権の取り分の放棄と，それに伴う拿捕者の取り分の増加は，政府にとって必ずしも収入の低下にはつながらず，むしろ税収面で利点があると主張されたことである。セント・ローは先ほどの『イングランドの安寧』のなかで，王権の取り分の放棄による私掠奨励は，拿捕された船から生じる関税の増加をもたらし，それは王権が「10分の1」の

取り分によって元来受け取るはずであった額の 20 倍にもおよぶであろうと主張する。そして，私掠の奨励は，国王と臣民双方にとって利益になると訴えたのであった[28]。また，上述の巡航艦艇に関する提言書でも，このような奨励がもたらす貿易の安全確保や敵船の拿捕は，年 15 万ポンドの関税額の増加につながるであろうと主張されている[29]。

　このように私掠者や海軍による捕獲物の拿捕奨励が訴えられる一方で，私掠奨励に伴って生じるいくつかの問題も懸念されていた。すなわち，すでに述べた共謀による拿捕や，拿捕した積み荷の一部を拿捕者が捕獲等確認判決を受ける前に申告せずに自分のものとしてしまう「横領」（embezzlement）などの問題である。そのため九年戦争の初期には，私掠などの捕獲物拿捕を奨励しつつも，それに伴って起こるこれらの弊害をいかにして防ぐかということが論じられたのであった。
　この問題は，議会における 1691 年の私掠奨励法案の審議の際にも議論となった。この法案の文面は現存していないが，議論の内容から察するに，1690 年の法律によって禁止されていた拿捕された仏製品のイングランド国内への持ち込みを，一部解禁する内容を含んでいたようである。12 月の下院での審議では，この拿捕された仏製品の扱いが争点の一つとなった。そこでの議論において，ロンドンに基盤を置く地方派トーリの大物サー・トマス・クラージズは法案に賛意を示す一方で，共謀による拿捕を防ぐための手段として仏製品に高額の関税をかける必要性を説いた。そして私掠者が拿捕した物品についてはそれを競売で売却し，国王がその利益のうちの 3 分の 1 をとるべきであると訴えたのである。さらに，クラージズは仏製品に対する関税を増額することは，国王のために 10 万ポンドの収入を生み出し，フランスとの貿易も阻止するであろうと主張した[30]。しかし他方では，サー・ジョン・ファグやサー・ジョン・ダレルのように，フランスとの貿易の継続を許してしまうとして法案自体に反対する議員もいた[31]。
　結局，1691 年の私掠奨励法案は成立しなかったが，1693 年の「対仏貿易禁止継続・私掠奨励法」の審議過程においても，この私掠奨励と密輸防止を

いかにして両立させるかという問題は再び議会の内外で論じられた。この時にも，拿捕された仏製品の扱いが議論の焦点の一つとなり，私掠奨励のため，捕獲物としてそれを国内に持ち込めるようにすべきとの意見が見られた。おそらくは高等海事裁判所判事のサー・チャールズ・ヘッジズの手による，1693年の「対仏貿易禁止継続・私掠奨励法」の試案とおぼしき文書では，まず冒頭で，1689年，1690年の法律のフランスの捕獲物の持ち込みを禁止する規定が海軍の指揮官や水夫の意欲を削いでいるのみならず，私掠事業に乗り出そうする者が少ないことの原因にもなっていると述べられ，その解決策として以下のような案が提示された。すなわち，軍艦や私掠者によって拿捕されたすべての捕獲物は，捕獲等確認判決が下るまでは捕獲物委員，あるいはその代理人で，士官や水夫などが捕獲物の管理を委ねる人物が管理すること，そして判決が下ったのちは，廃棄されることなくあたかも対仏貿易禁止法が制定されなかったかの如くに国内に持ちこまれ，その後，検査を経て荷揚げされ，審査の後，売却や処分，利益の分配がおこなわれるべきであるというのである[32]。同様に，「対仏貿易禁止継続・私掠奨励法」の通過を支持するために書かれたと思われるパンフレットの著者も，「対仏貿易禁止法」によって定められた拿捕されたフランス商品の廃棄や，その持ち込みや売却への罰則といった規定は私掠者を委縮させてしまうと訴えた。そして，フランスの捕獲物の拿捕奨励を目的とする現在審議中の法案が通過しても，法案には密輸を阻止するための十分な措置が盛り込まれているので，そのような違法行為はけっして起こりえないと主張するのであった[33]。

このように仏製品の輸入解禁による拿捕の奨励が図られる一方で，それに伴う共謀による拿捕などの問題を防ぐ手段も講じられた。上述のヘッジズの試案においても，共謀による拿捕に対する罰則として，それが発覚した場合，捕獲物の半分は王権に，残りの半分は共謀を通報，あるいは発見した者に与えられるとされていた[34]。また関税委員会も，1692年12月の大蔵委員会の求めに応じて提出した報告書のなかで，捕獲物の拿捕を奨励しつつも共謀による拿捕などの違法行為を防ぐ手段として，すべての捕獲物について拿捕者の取り分は積み荷売却後の利益のうちの3分の1，国王は諸費用を支払っ

たのちの3分の2とし，捕獲物は公開の競売によって売却するという案を提示した。拿捕者の取り分が3分の1しかなく，また商人も拿捕者も売却に関与することができなければ，儲けがリスクに見合わなくなるため商人たちは共謀による拿捕をおこなわないであろうし，費用を免除して3分の1の取り分を与えることは軍艦だけでなく私掠者にとっても十分な奨励になりうる，というのである。さらに，捕獲物に関してもう一つの大きな問題であった拿捕者による捕獲物の横領についても，その防止のため，私掠者，海軍の艦長を問わず，横領をした場合，あるいはそれを黙認した場合には取り分をすべて失うという但し書きを付け加えることも必要であると提案したのだった[35]。

1691年の私掠奨励法案の審議において私掠奨励に賛同したクラージズも，翌年12月に下院で関税に関する議論がなされた際，私掠奨励の必要性を訴えるとともに，共謀による拿捕の防止のために以下のような措置が必要であると説いた。すなわち，捕獲物の3分の1は国王が取るべきこと，拿捕されたものは税関での競売により売却すること，そして，以前より少なくとも20％増しの関税を仏製品にかけ，余剰分は私掠船の所有者（出資者）の間で分割すべきことなどである。またクラージズは，私掠奨励が関税収入の増加をもたらすことを強調し，これまで廃棄の対象であった拿捕されたフランスのブランデーの持ち込みが認められることで，収入の大幅な増額が見込めると主張したのだった[36]。

こうして，九年戦争が進むにつれ，私掠や捕獲物に関する議論の焦点は，拿捕された仏製品の輸入を解禁することで私掠奨励と関税収入の増加を目指しつつも，それに伴い起こりうる共謀による拿捕や捕獲物の横領といった問題をいかにして防ぐかという点に移っていったのである。

（3）捕獲物委員への批判

この私掠奨励と密輸防止の両立という課題に加えて，九年戦争中盤からはもう一つ新たな論点が浮上する。それは，捕獲物の管理，売却，そして利益の分配についての問題である。従来これらの業務を担当していたのは捕獲物

局であったが、この捕獲物局の委員や、外港で勤務する副委員に対しては、様々な批判が寄せられていた[37]。1693年2月の下院の全院委員会での討論で、西部地域の地方派トーリの有力者であるサー・エドワード・シーモアは、1692年12月の関税に関する議論でのクラージズの主張に対する反論のなかで、「捕獲物局は王権のために役立っているというにはほど遠い状態なので、費用に見合う利益を上げていない」として捕獲物局に厳しい批判を浴びせている[38]。

捕獲物委員に関してはまた、その費用に加え、捕獲物の横領や捕獲物売却における価格操作などの不正行為も指摘されていた[39]。セント・ローは前述のパンフレット『イングランドの安寧』のなかで、海軍の艦長と捕獲物委員の間でのトラブルの原因として、捕獲物委員による捕獲物の不適切な査定や横領を挙げる。そして、それらの不正を防ぐため、捕獲物の査定には艦長あるいはその代理人、および関税委員も同席すべきこと、捕獲物は公示の後、小分けにして競売を通じて売却することなどを提案したのだった[40]。

また、1693年の私掠奨励法案の審議の際に出版されたと思われるパンフレットの著者も、フランスからの捕獲物の売却や処分が同法案では捕獲物委員の担当とされていることに触れ、拿捕した物の処分が他人の手に委ねられてしまうならば、危険を冒し費用をかけてまで私掠をおこないたいと思う者はほとんどいないであろうから、私掠にかかわっている人々みずからが、自身の財産である捕獲物の運営や処分をおこなうべきであると提案した[41]。このように戦争中盤からは、捕獲物の管理、売却、そして利益分配の問題も取り上げられ、批判の多い捕獲物委員のみに業務を任せず、関税委員や拿捕者なども捕獲物の査定や売却に関与すべきであるという意見が現れ始めたのであった。

(4)「対仏貿易禁止継続・私掠奨励法」の制定

九年戦争半ばの1693年3月には、同戦争中の捕獲物に関する重要な法律である「対仏貿易禁止継続・私掠奨励法」が制定される。この法律の主要な目的の一つは、それまで議論されていた私掠者などによる拿捕の奨励と、共

謀による拿捕の防止の両立であった。そのことは同法の第2項の冒頭の条文からもうかがえる。そこでは敵国の妨害，そして自国の貿易や商業の防衛に貢献しうるとして私掠奨励の必要性が訴えられたのち，以下のように述べられる。「……しかしながら，邪な心の者どもが，前述の法律の真の意図に反して，捕獲物を装い共謀してフランスとの貿易を続けることがけっしてないようにするための効果的な条項もまた設けられるべきである」42)。

　すでに見たように，拿捕されたフランスの商品の持ち込みと処分の禁止はフランス船の拿捕奨励の妨げになるとして議論の争点の一つになっていたが，この法律の第3項において，1689年，1690年の法律で国内への持ち込みが禁止された商品であっても合法的な捕獲物と認定されれば持ち込みが可能とされ，売却が可能になった。このようにフランス船の拿捕を奨励する措置が取られる反面，共謀による拿捕を防ぐための罰則規定も盛り込まれた。第9項では，仏船の共謀による拿捕が私掠者によっておこなわれた場合，拿捕された船舶とその積み荷，および私掠者の側の船舶や索具などは王権の捕獲物となり，王権と違法行為の発見者の間で折半され，私掠船の船長が供出していた保証金も没収されることが定められた。共謀による拿捕が軍艦によっておこなわれた場合は，その指揮官や艦長には罰金が課せられ，さらに艦長は任務を解かれ，以後7年間はいかなる役職にもつけないとされた。

　一方，捕獲物の管理や査定に関しては，第2項において，拿捕された積み荷は港に運び込まれたのち，開封されることなくただちに捕獲物委員や捕獲物局の役人，あるいはその代理人に引き渡され，合法的な捕獲物と認定されるまで彼らが拿捕者や関税委員が任命した人物数名と協力してその管理をおこなうこととされた。さらに第4項においては，捕獲物の売却は，公示後，捕獲物委員が関税委員および拿捕した側の船の所有者，士官，水夫らから委任された人物の同席のもと，公開の競売によって売却されることが定められた。こうして捕獲物の管理や売却には捕獲物委員だけではなく，関税委員や拿捕者が委任した者も立ち会うことが認められたのである。

　このように，1693年の「対仏貿易禁止継続・私掠奨励法」では，それまでの議論を踏まえて，私掠者などによる敵船の拿捕を奨励しつつも，それが

もたらす共謀による拿捕などの弊害を防ぐことや，捕獲物の管理や査定，売却に関する違法行為の防止が目指された。しかし，この法律の制定にもかかわらず問題は解決せず，捕獲物に関する議論は九年戦争後半にまで続いていくこととなる。

第2節　九年戦争後半

(1) 私掠奨励と密輸の防止

　本節では，九年戦争終盤の1694年から97年の時期の捕獲物に関する議論について検討する。この時期の議会では，1694年，1695年，1696年の三度にわたり私掠奨励法案が議会で審議されたが，そのいずれも可決には至らなかった[43]。では，この戦争終盤の時期には捕獲物に関してどのような議論が見られたのであろうか。

　フランスの攻撃からの海上貿易の防衛は，戦争初期から引き続いてこの時期にも重要な課題であった。1693年6月には，地中海に向け航行していた英蘭の商船団がポルトガルの南西沖でフランス艦隊に襲撃され92隻が沈没あるいは拿捕されるという，「スミルナ商船団事件」が発生し，この事件に関して海軍の責任が問われた。また，フランスも財政上の理由から，1694年ごろを境に海上での作戦行動の主眼を艦隊戦から海軍と私掠者の密接な協力による通商破壊戦へと移していき，その結果，英蘭の商船隊がしばしばダンケルクやサンマロなどの私掠者の餌食となった。

　このようなフランスの通商破壊戦の脅威の高まりを背景に，海上貿易の防衛は喫緊の課題として議会の内外で激しく論じられていた。1694年には，スミルナ商船団事件により不満を高めていた商人たちの利害と政権批判を強める地方派の利害が一致し，クラージズの発案により土地税法案の中に商船隊の護衛用とパトロール用の艦艇を配備することを定める条項が付加(タック)された。この法律にもとづく護送船団制度は九年戦争中には必ずしも十分な成功は収めなかったものの，議会が主導しての海軍による海上貿易防衛制度の整備の端緒となった[44]。

第6章　私掠と密輸　153

一方，海上貿易防衛の手段の一つとみなされていた私掠の奨励については，それに伴う密貿易の横行，特に共謀による拿捕の問題が，仏製品の捕獲物としての持ち込みが解禁されたこともあって，この時期にも依然として懸念されていた[45]。1694年，1695年，1696年の各年には議会で私掠奨励法案が審議されるが，その際にもこの私掠奨励と密輸取り締まりの問題は議会の内外で討議された。

　1695年の私掠奨励法案の審議の際に作成されたと思われる『私掠奨励法と題された法案への反対意見』において，ヘッジズとおぼしきその著者は，この法案では，私掠者がフランスの私掠船を拿捕した場合，関税さえ払えば捕獲物はすべて私掠者のものになるとされていることに触れ，これがフランスとの貿易への道を開いてしまうのみならず，私掠者にそれらの仏製品を独占させ，言い値で売る機会を与えてしまうと主張した。著者は続けて，イングランド商人がフランス側と事前に示し合わせ，わずかの乗組員と仏製品を積んだ船舶を私掠者に故意に拿捕させる手口について説明し，私掠者や拿捕された船舶はイングランド人や同盟国のオランダ人に邪魔されることもなく，さらにフランス王もこういった貿易を奨励するであろうから，このような共謀による拿捕はいかなる危険も冒さず容易におこなえてしまうと指摘するのだった[46]。

　このような私掠奨励に伴う密貿易の弊害を懸念する見方がある一方で，私掠のもたらす利点を強調し，私掠奨励を擁護する意見もまた見られた。1695年あるいは1696年の私掠奨励法案の通過を支持するために出されたと思われるパンフレットの著者は，私掠者はフランスから多数の捕獲物を拿捕することでイングランドを富ませると同時に，敵船の破壊により敵を弱体化させその貿易を妨害し，それによってイングランドに「二重の利益」をもたらしていると主張する。また，私掠には，フランスの沿岸貿易を妨害することで敵陸軍が必要とする食糧や物資の価格を高騰させる，水夫の養成に貢献する，関税収入を増加させるといった，他の利点も多くあることを強調した。一方，共謀による拿捕への懸念に対しては，ワインを積載した船の拿捕を例にとって，船舶の所有者が失う金額と積み荷の売却価格を比較して共謀によ

る拿捕が割に合わないことを示し，またその他にも様々なリスクがあることに触れ，私掠奨励が共謀による拿捕を助長する可能性を否定したのだった[47]。

同様の主張は，1695年に出されたと思われるパンフレット『拿捕認可状を与えるべき理由』においても見られた。その著者は，私掠の一形態で敵船の拿捕と貿易にも従事する「拿捕認可状船」(letters of marquee ships) の有用性を強調し，フランスはじめ他国の商船には戦争中に敵船の拿捕を許可する拿捕認可状が与えられているのに対し，イングランドの場合はその付与がこれまで限定的であったことを嘆く。さらに著者は，水夫の養成や捕獲物の関税収入など拿捕認可状船がもたらしうる利点を列挙する一方で，不正行為をおこなう者はたとえいたとしてもごく一部にすぎないとして，拿捕認可状のさらなる付与を求めた[48]。こうして，私掠奨励の弊害を指摘する意見に対して，奨励を求める人々は私掠者が有する軍事的経済的利点を強調するとともに，共謀による拿捕などの不正行為の可能性は低いと主張して反論したのであった。

（2） 捕獲物委員か関税委員か

一方，戦争中盤から論じられていた捕獲物委員の問題は，戦争終盤においても中心的な争点の一つであった。捕獲物委員に対してはこの時期にも様々な苦情が寄せられていた。例えば，1693年12月には，コーンウォルのマウンツ・ベイの商人たちから，敵から奪い返された船に関して請願が出された。商人たちは，1693年の「対仏貿易禁止継続・私掠奨励法」にしたがい船を取り戻した拿捕者への「救助金」の支払いを済ませたにもかかわらず，捕獲物委員の代理人が船を元の所有者に引き渡そうとせず海事法廷で許可を得ることを強いていると述べ，そのため諸費用や時間の損失を考えれば，積み荷が格別に高価な物でない限り船は買い戻すには値しなくなってしまうと訴えた。同様の請願は，同じ日にエクセタの商人からも出されている[49]。

また，1696年3月には，「ベティ・フリゲイト」号の所有者であるブリストルの商人数人から，同船が拿捕した船についての請願が寄せられた。この請願によれば，同船はニューファンドランド沖で魚を積んだフランス船を拿

捕し，ブリストルに送り返そうとしたが，嵐に遭いアイルランドのコークに避難した。しかし，コークでは捕獲物委員の代理人が国王の取り分の支払いを要求し，拿捕されたフランス船を港に引き留めたため，商人らは担保の提供と引き換えに船の出港を認めてもらい護送船団とともにイングランドに送り返そうとした。ところが，代理人は担保を受け取る権限は自分にはないとしてこれを拒否，代わりに多額の心付けを要求したのであった。結局，拿捕された船は護送船団とともに出発する時機を逸し，イングランドに向け単独で航海しているさなか，再びフランス人に拿捕されてしまった[50]。この事件もまた捕獲物委員と拿捕者の間の対立の一例であると言えよう。

　捕獲物委員への批判はパンフレットにおいても見られた。サー・フランシス・ブルースターは，1695年の『貿易と航海に関する小論五編』のなかで，水夫の育成にも役立つ私掠者がフランスに比してイングランドでは少なく，そしてその数少ない私掠者でさえ，多くの問題に直面していると嘆く。ブルースターはそのような問題の一つとして捕獲物委員への批判に触れ，私掠の関係者や海事問題に通暁しているその他の者の言を信ずるならば，と前置きした上で，彼らは貿易や航海に精通している人々ではけっしてないと述べるのであった[51]。

　このように捕獲物委員に対しては様々な批判が寄せられていたが，戦争後期においてもこの捕獲物委員に代えて，他の機関に捕獲物の管理・売却業務を委ねることが検討された。その有力な候補であったのが関税委員である。関税委員はすでに1693年の「対仏貿易禁止継続・私掠奨励法」によって捕獲物の管理と売却に一部関与することが定められていたが，九年戦争後半には，この捕獲物関連業務の捕獲物委員から関税委員への移管をさらに推し進めようとする動きが見られた。1693年12月に下院に提出された「1694年の私掠奨励法案」では，海軍の軍艦がフランスから拿捕した捕獲物の管理は，高等海事裁判所の判決が下るまで，捕獲物委員および拿捕した船の指揮官が任命した人物がおこなうことになっていた。また，捕獲物の査定は，海事裁判所が任命する者数名，および拿捕した船の士官や水夫のうち2名，あるいは彼らが任命した人物数名によってなされ，その後，その売却は捕獲物委員

やその代理人，そして拿捕した船の艦長や主だった士官が委任する人物によっておこなわれるという案が提示されており，捕獲物委員は依然として捕獲物の管理や売却に関与することになっていた[52]。

　この法案は成立にはいたらなかったものの，その後，1694年12月には，新たな私掠奨励法案が下院に提出される。この「1695年の私掠奨励法案」では，軍艦や私掠船が拿捕した捕獲物は，横領防止のため判決が下るまで関税委員や関税役人，あるいはその代理人，および拿捕した側の士官や水夫が委任する人物が管理することとされた。また，その売却は高等海事裁判所が発行した委任状にもとづき，関税委員，および拿捕した船の指揮官あるいは彼が任命した人物が，公示の後，競売によっておこなうこととされた[53]。このように1695年の法案では，捕獲物委員に代わって関税委員の役割がより重視された内容に変わっていたのである。

　しかし他方では，捕獲物の管理を関税委員に任せることへの反対意見も見られた。そしてその反論はしばしばフランスとの密貿易や横領の問題とも深く結びついていたのであった。このような両者のつながりは1695年の私掠奨励法案の審議の際に，ヘッジズによって作成されたと思われる『私掠奨励法と題された法案への反対意見』という文書のなかでも表明されている。そこでは，捕獲物が通常持ち込まれる外港ではしばしば関税委員自身が私掠船のオーナーでもあり，拿捕された船から横領された仏製品の密輸入を黙認してきたことが指摘される。そして，捕獲物委員が関税委員に対する監視役となっていた時ですらそうであったと推測されるのに，捕獲物に関する業務がすべて関税委員に任された場合はどうなるのか，との懸念が表明されている[54]。

　また，国務大臣シュルーズベリ公爵の秘書で，自身ものちに国務大臣となるジェイムズ・ヴァーノンは，1695年3月15日付の外交官ジョージ・ステップニへの書簡のなかで，当時審議中であった1695年の私掠奨励法案に触れ，それを推進しているのは私掠の装いのもとでより自由にフランスと貿易をおこなうことを望んでいる者たちであり，それゆえ，それらの人々は「旧来の検査官」，すなわち捕獲物委員を好まず，すべての捕獲物を，彼らが御

し方をよりよく心得ている関税委員の管轄下に置くように説き伏せたのだ，と主張している[55]。もっとも，ヴァーノン自身も捕獲物委員のひとりであったことを鑑みると，彼のこの発言には少なからず自己弁護の要素もあり，その批判の内容は多少割り引いて考える必要があろう。

さらに，捕獲物委員自体を擁護する意見も見られた。1695年の私掠奨励法案に関してその問題点を指摘した『私掠奨励法案についての意見』の著者は，1693年の「対仏貿易禁止継続・私掠奨励法」では拿捕者による横領防止のため，捕獲物の管理において，捕獲物委員，関税委員，そして拿捕者が任命する者という，それぞれ独立した3者による相互のチェック体制や厳しい罰則があったのに対し，現在の法案では横領防止のための効果的な手段が講じられていないことを指摘する。さらに，捕獲物の価格が44ポンドとすると，関税や拿捕者の取り分などを引いたのち捕獲物委員の手に渡る分は7ポンドにも満たずごくわずかであること，また海軍軍艦による拿捕の際の越権行為を取り締まらないと違法な拿捕による被害を受けた中立国への補償のために国王が損害を受けることなどを述べ，捕獲物委員は多岐にわたる業務をこなしており，「怠惰で役立たず」というのは誤解であると訴えて，捕獲物委員の必要性を強調したのであった[56]。

このように戦争後期には，関税委員への捕獲物関連業務の移管が提案される一方で，密輸入や横領を防止する上でより効果的であるとして捕獲物委員を擁護する主張も現れた。結局，1695年の私掠奨励法案は貴族院で審議が止まり成立しなかったものの，捕獲物の管理・売却を誰の手に委ねるのかという問題は，次に見る1696年の私掠奨励法案においても再度議論の焦点の一つになったのであった。

(3) 1696年の私掠奨励法案をめぐる対立

1695年12月には，下院に私掠奨励法案が再び提出される。この1696年の私掠奨励法案の下院で清書された段階のものでは，捕獲物の管理は関税委員あるいはその代理人，および拿捕した側の船の士官や水夫が委任する者が担当するとされ，売却は関税委員，および拿捕した側の船の指揮官，あるい

は彼によって任命された人物によって，公示の後，競売によっておこなわれるとされていた。また以前の私掠奨励法案同様，私掠者や海軍による横領や共謀による拿捕が発覚した場合の罰則も盛り込まれていた[57]。

このように，下院の案では捕獲物委員に代えて関税委員が捕獲物の管理や売却に関与するとされていたが，この案に対しては法案提出の直後から慎重な意見も見られた。ヘッジズは，1696年の私掠奨励法案提出の直後に，当時，第一海軍委員で艦隊総司令官でもあったエドワード・ラッセル（のちのオーフォード伯爵）に宛てて送った同法案についての意見書のなかで以下のように述べる。すなわち，この法案では関税委員および海軍局委員が捕獲物の責任者として言及されているが，いずれの側もその職務には乗り気ではないと聞いており，もし彼らやその他の者が反対するのであれば（関税委員や海軍局委員に任せるという現行案にこだわって）法案のよき意図を危険にさらすよりも，むしろ国王が任命する委員に任せた方がよいのではないか，というのである[58]。

捕獲物業務の担当をめぐるこのような意見の対立は，貴族院での審議において顕在化する。下院から送られてきた法案を検討していたロチェスタ伯爵を委員長とする貴族院の委員会は，1696年2月22日，法案中の「関税委員」の語をすべて削除して代わりに「捕獲物委員」の語を挿入し，また捕獲物委員は海軍省の指令に服すべきとの修正を法案に施すことを決め，ヘッジズにその旨の条項を準備するよう命じた。これを受け，同月25日，ヘッジズは指示にしたがい修正案を提出した[59]。こうして貴族院は，捕獲物関連業務に関税委員を関与させるという下院の案を，事実上拒否したのである。

この貴族院の修正案に対して下院は以下のように反論した。すなわち，この法案の計画では，私掠者が拿捕した商船から王権が得る利益は拿捕した積み荷に課される関税だけであり，また同法案では軍艦が拿捕した捕獲物に関しても国王やそのほか利害関係者の取り分は関税委員が扱うべきとされているので，他の役人に費用をかけるよりも，関税委員に捕獲物の管理や利益の分配を担当させるほうが適切である，というのである[60]。だが下院の反論にもかかわらず，貴族院は修正案に固執し，4月23日，その理由を記すた

めの委員会を開いた。

　ヘッジズとともに委員会に出席した関税委員は，彼らはすでに関税業務で手一杯であり，もし捕獲物に関する業務が彼らに託されたならば，関税関連の業務が影響を受けるだろうと述べ，捕獲物関連業務を引き受けることには難色を示した。さらに，捕獲物を扱うために現在雇われている外港の役人は捕獲物委員から給与の支払いを受けていることに触れ，また関税委員は新たな法律により倍増した任務に時間をとられており捕獲物業務を担当する余裕はないと訴えた。そして，もし新たな役職が関税局に加えられたとしても，彼らはやがて分離して，一種の捕獲物委員が別の名前で生まれることになるだけであろうと主張したのだった。このような証言を受け，貴族院は修正案を引き続き支持することを決定した[61]。結局，貴族院と下院が合意にいたる前に議会は停会となり，法案は成立しなかった。こうして上下両院の対立が原因となって，九年戦争中の捕獲物の管理，売却業務の関税委員への移行の試みは失敗に終わったのであった。

　本稿では紙幅の都合で扱うことはできないが，最後にこの問題がスペイン継承戦争期にどのような形で決着を見たのかについて触れたい。スペイン継承戦争が開始すると，捕獲物の問題が再び論じられるようになる。1702年2月には私掠奨励法案が提出されるが，この法案の審議過程においても，下院では捕獲物委員が担当していた捕獲物関連業務を関税委員に任せようとする動きが見られた。しかし，関税局は今回も業務の多忙を理由に消極的であった[62]。結局，この法案は財政関連法案への権限をめぐる上下両院の対立から成立しなかった[63]。

　1702年の法案が失敗に終わったのち，同年5月には上下両院から，貿易防衛のための私掠奨励や私人による敵植民地への遠征の奨励を求める奉答文が女王に出される[64]。これに対する政府側の応答として出された1702年6月1日の拿捕認可状を有する商人らへの指示書では，捕獲等確認判決が出た後に拿捕者が，一部の商品を除いて自ら捕獲物を売却することが許可された[65]。これにより少なくとも私掠者の捕獲物の売却に関しては，捕獲物委

160　第Ⅱ部　海洋帝国の議会

員の関与がなくなったのであった。その後，1708 年の「アメリカ法」，および同年の枢密院令によって，捕獲物局自体が本国および植民地において廃止される。そして，本国近海で拿捕された捕獲物に関しては，その管理は拿捕者の任命する代理人と関税局の役人が共同でおこない，売却，利益の分配は捕獲物代理人に任せるという方式が採用されることになった。こうして，九年戦争期に始まる捕獲物の管理・売却制度の改革は，スペイン継承戦争期において，当初下院が企図していた関税委員への移管という案とは異なる形で決着を見たのであった。

おわりに

本稿で見てきたように，九年戦争期における私掠や捕獲物拿捕に関する議論を精査してみると，捕獲物関連制度の改革は，必ずしも当初から明確な方針にもとづいておこなわれた議会主導の改革というような性格のものではなかったことがわかる。それは，対仏戦の開始により生じた海上貿易防衛の必要性と，そのための手段の一つとしてもおこなわれた捕獲物の拿捕奨励に伴い噴出した「共謀による拿捕」などの諸問題に議会および王権や政府が対処していく中で，結果的に実現していったという側面も強かったのである。これは本稿で焦点を当てた捕獲物局の廃止に関しても同様である。九年戦争期には，批判の多い捕獲物委員に代えて関税委員に捕獲物関連業務を任せるという案が下院で提唱されたが，この案は共謀による拿捕という形での密輸を促進する懸念や，貴族院と下院との間の意見の対立，関税委員自体の躊躇などによって実現しなかった。結局，捕獲物委員の問題は，当初下院が提出した案とは異なり，関税委員は捕獲物の管理には関与するが捕獲物の売却や利益の分配は捕獲物代理人に一任する，という形でスペイン継承戦争中に落着したのであった。

確かに，九年戦争期からスペイン継承戦争期にかけての捕獲物関連制度の改革に，議会制定法が重要な役割を果たしたことは事実である。またペアズらが指摘するように，議会が王権や政府から捕獲物に関する権限を奪ってい

く過程の一環という面もあったことは否めない。しかし，捕獲物局の廃止を含む捕獲物関連制度の変化をもたらした政治的過程を，そのようなホイッグ史観的な図式でとらえることは，誤りではないにしても一面的な見方といえる。王権・政府の権限を抑制するという「地方派」的動機は確かに捕獲物に関する制度改革を進めた要因の一つであったが，それはあくまで一要因にすぎず，私掠者による密輸の防止等のより実際的な問題も同様に重要な要因だったのである。

また，この時期の捕獲物関連制度の改革のうち，王権による取り分の放棄などの変革を，拿捕奨励のために王権や政府がおこなった拿捕者への単なる譲歩とみなすことにも慎重であるべきであろう。1708年に捕獲物の取り分を放棄し，捕獲物の売却や利益の分配を拿捕者の代理人に一任したのちも，王権・政府は捕獲物からの収入を完全に失ったわけではなかった。すでに見たように拿捕奨励を訴えるパンフレットや提言書では，奨励のもたらしうる利点の一つとして，関税収入の増加がときに強調されていたが，1708年の改革後も，この捕獲物に課される関税の徴収という形で，王権・政府は捕獲物から収入を得つづけたのである[66]。捕獲物局の廃止を含む1708年の改革は，それがどの程度意図してのことであったのかは現時点では明らかではないが，王権・政府にとっては，捕獲物からの利益確保の経路の関税局への一本化につながったと言える。

このように，捕獲物局の廃止を含む捕獲物制度の変革は，九年戦争の開始により生じた拿捕奨励の必要と，それに伴って起こる共謀による拿捕という形での密輸などの問題の解決という相対立する要請を両立させるべく，議会と王権・政府が試行錯誤する中から，当初意図されたのとは異なる形で結果的に生まれてきたものであった。しかし，そのようにして妥協的に生まれた新たな制度は，その後，部分的な修正はされつつも大筋では変わることなく，財政軍事国家イギリスが通商破壊戦を活用し統制する枠組みとして，「長い18世紀」を通して存続していったのである。

注

1) 「私掠」(privateering) とは，拿捕認可状により公的権力の認可を受けた民間人による合法的な掠奪行為であり，これをおこなう者が私掠者である（なお，privateer という語は，私掠をおこなう船舶を指すこともある）。公的権力の認可を受けているという点で，私掠は，認可なしで，あるいは認可の範囲を超えておこなわれる非合法な掠奪である「海賊行為」(piracy) とは，少なくとも法的には峻別されていた。また，海賊行為が平時にもおこなわれ，あらゆる国の船がその掠奪の対象になりえたのに対し，私掠は原則として戦時にのみ許された行為であり，その対象は敵国や一部の中立国船舶に限定されていたという点にも違いがあった。私掠についての詳細は，薩摩真介「私掠――合法的掠奪ビジネス」金澤周作編『海のイギリス史――闘争と共生の世界史』（昭和堂，2013年）所収，第2部第4章，201～221頁を参照のこと。

2) このような海戦と利益の結び付きは，近世イギリスにおいてみられた海での戦いにこそイギリスにふさわしいものであるとする「海戦支持の言説」においても顕著であった。この言説については，薩摩真介「儲かる戦争――ブリテンにおける海戦支持の言説と党派抗争 1701-1713」『歴史学研究』（第903号，2013年）29～47, 50頁，および，Shinsuke Satsuma, *Britain and Colonial Maritime War in the Early Eighteenth Century: Silver, Seapower and the Atlantic* (Woodbridge, 2013) を参照のこと。

3) Richard Pares, *War and Trade in the West Indies, 1739-1763* (Oxford, 1936, repr. London, 1963); Richard Pares, *Colonial Blockade and Neutral Rights, 1739-1763* (Oxford, 1938). 私掠に関するブロムリーの諸論考は，彼の死後出版された，John S. Bromley, *Corsaires and Navies, 1660-1760* (London and Ronceverte, 1987) に収録されている。

4) David J. Starkey, *British Privateering Enterprise in the Eighteenth Century* (Exeter, 1990); Carl E. Swanson, *Predators and Prizes: American Privateering and Imperial Warfare, 1739-1748* (Columbia, 1991).

5) P. K. Kemp, *Prize Money: A Survey of the History and Distribution of the Naval Prize Fund* (Aldershot, 1946); Richard Hill, *The Prizes of War: The Naval Prize System in the Napoleonic Wars, 1793-1815* (Stroud, Gloucestershire, 1998).

6) Donald A. Petrie, *The Prize Game: Lawful Looting on the High Seas in the Days of Fighting Sail* (Annapolis, ML, 1999).

7) Douglas W. Allen, "The British Navy Rules: Monitoring and Incompatible Incentives in the Age of Fighting Sail", *Explorations in Economic History* (XXXIX, 2002), pp. 204-231. また捕獲物金は，破壊した敵船が積んでいた砲数に応じて与えられる報奨金である「砲金」などとともに，18世紀の戦時のイギリス海軍において慢性的に不足していた水夫を海軍での勤務に引き付けるための手段の一つとして言及されることもある。J. A. Johnston, "Parliament and the Navy, 1688-1714" (unpublished PhD thesis, University of Sheffield, 1968), pp. 445-446, 448-449; Kemp, *Prize Money*, p. 17.

8) Reginald G. Marsden, "The Vice-Admirals of the Coast", *English Historical Review* (LXXXVII, 1907), pp. 468-477. マースデンは海事法関連の史料集の編纂でも知られてい

る。Reginald G. Marsden, *Documents relating to Law and Custom of the Sea*, 2 vols. ([London], 1915-16) ; Edward S. Roscoe, *A History of the English Prize Court* (London, 1924).

9) Henry J. Bourguignon, *Sir William Scott, Lord Stowell: Judge of the High Court of Admiralty, 1798-1828* (Cambridge, 1987), chs. 4 & 5.

10) 本稿での問題関心とはやや異なるが,捕獲物の法制度の発展にも重要な役割を果たした 1708 年の「アメリカ法」の成立過程の政治経済的背景を分析した研究として,以下の論文が挙げられる。Shinsuke Satsuma, "Politicians, Merchants, and Colonial Maritime War: the Political and Economic Background of the American Act of 1708", *Parliamentary History* (XXXII-2, 2013), pp. 317-336.

11) Starkey, *British Privateering*, pp. 86-87

12) Swanson, *Predators and Prizes*, pp. 34-36.

13) Pares, *Colonial Blockade*, pp. 65-67. ペアズは,17 世紀以前に見られたような,拿捕された船を解放する要請が中立国などからなされた場合の国王や政府による捕獲物に対する直接的介入が,これによりできなくなった点を強調している。

14) Geoffrey S. Holmes, "The Attack on 'The Influence of the Crown', 1702-16", *Bulletin of the Institute of Historical Research* (XXXIX, 1966), pp. 52, 56

15) John S. Bromley, "Prize Office and Prize Agency at Portsmouth, 1689-1748" in Bromley, *Corsairs and Navies*, pp. 463-493. また,前述のヒルの研究は,18 世紀末から 19 世紀初頭の捕獲物代理人の活動については詳述しているが,18 世紀初頭の捕獲物局廃止の過程については扱っていない。Hill, *Prizes of War*, chs. 14 & 15.

16) 法案の原題は,'Bill for the Encouraging of Privateers against France, and for the better Security of the Trade of this Nation'.

17) "An Act for continuing the Acts for Prohibiting all Trade and Commerce with France and for Encouragement of Privateers", 4 & 5 William & Mary, c. 25.

18) N. A. M. Rodger, *The Command of the Ocean: A Naval History of Britain, 1649-1815* (London, 2004, repr. London, 2005), pp. 145-50; John Ehrman, *The Navy in the War of William III, 1689-1697: Its State and Direction* (Cambridge, 1953), pp. 393-398.

19) *Debates of the House of Commons from the Year 1667 to the Year 1694, Collected by the Hon. Anchitell Grey, MP* …, 10 vols. (London, 1769), Vol. 9, 13 & 14, 18 Nov. 1689, pp. 411-421, 430-436.

20) "An Act for Prohibiting all Trade and Commerce with France", 1 William & Mary, c. 34, article I.

21) この時期には,アイルランドとフランスの間の密貿易もおこなわれており,アイルランドの獣皮や獣脂を求めてフランス商人が訪れているとの報告も寄せられていた。The National Archives [以下,TNA]: SP63/353,)"Extract from a letter from Mr. Coningsby", 17 Feb. 1691, f. 52.

22) TNA: T1/4, no. 8, "Presentment of the Comrs of Customs to the Lords of the Trea-

sury, 8 June 1689", f. 33. 同様の密輸は九年戦争後期においても見られ，その防止のために，海軍の艦艇が関税委員と連携しつつ沿岸部を巡航するなどの手段が検討されていた。TNA: ADM7/333, "Memorial touching a presentment from ye Comm of Customs abt the transportation of wool & a correspondence with France from ye Coast of Sussex & Kent" [n. d., but Aug. or Sep. 1696?], pp. 164-166.

23) このような共謀による拿捕は，ときに同盟国であるオランダの商人を介してもおこなわれた。またオランダ自体にも共謀による拿捕を通じて仏製品が持ち込まれた。George N. Clark., "Trading with the Enemy and the Corunna Packets, 1689-97", *English Historical Review* (XXXVI-144, 1921), p. 529.

24) "An Act for the More Effectuall Puting in Execution an Act Entituled An Act for Prohibiting all Trade and Commerce with France", 2 William & Mary c. 14, article 1.

25) Robert Crosfeild, *England's Glory Reviv'd* (London 1693), image 12.

26) George St. Lo, *England's Safety* (London, 1693), pp. 47-49. また，セント・ローは1693年には短期間ではあるが捕獲物委員も務めていた。David Hayton, Eveline Cruickshanks and Stuart Handley, *The House of Commons, 1690-1715 (History of Parliament)*, 5 vols. (London, 2002), Vol. 5, pp. 361-362.

27) National Maritime Museum［以下，NMM］SOU/10, "Proposalls for the more effectual subducing the French Pirates…", [n. d., but 1689-1694?], f. 195. この文書には年月日の記載がないが，内容から判断して九年戦争の時期，特に「両陛下」(their Maj[esti]es) という語があることから，戦争が開始した1689年5月からメアリ2世が死去する1694年12月末までの間の時期に作成されたと考えられる。

28) St. Lo, *England's Safety*, pp. 49-50.

29) NMM: SOU/10, "Proposalls for the more effectual subducing the French Pirates", ff. 195-195v.

30) Henry Horwitz (ed.), *The Parliamentary Diary of Narcissus Luttrell, 1691-3*［以下，*Luttrell Diary*］, (Oxford, 1972), 16 Dec. 1691, p. 83.

31) *Ibid.*, 29 Dec. 1691, p. 94.

32) British Library［以下，BL］: Add. MSS. 24107, "Notes about Importing Prize Goods for an Act of Parliament", ff. 72v-73v.

33) TNA: SP 32/13, "Reasons humbly Offer'd for Passing the Bill now we tendred, for Encouraging the Taking of Prizes from the *French* King, and for explaining an Act made in the First Year of Their now Majesties Reign, for *Prohibiting all Trade and Commerce with* France", [n. d., but 1693?] f. 174.

34) BL: Add. MSS. 24107, "Notes about Importing Prize Goods for an Act of Parliament", ff. 72v-73v.

35) TNA: T 1/20, Commissioners of Customs to the Lords of the Treasury, 1 Dec 1692, ff. 169-169v. 海軍による拿捕の場合，拿捕者の取り分を士官や水夫ら乗組員の間でいかに不正なく分配するかという問題もあった。例えば，ジョージ・エヴェレットは1695年に出版したパンフレットにおいて，海軍の水夫奨励のために捕獲物の分配制

度の改善を訴え，捕獲物の横領防止のための法律の制定や水夫から取り分を詐取した者に対する罰則の規定の必要性を訴えている。George Everett, *Encouragement for Seamen and Mariners in Two Parts* (London, 1695), p. 14.

36) *Luttrell Diary*, 21 Dec. 1692, p. 333, 8 Feb. 1692/3, pp. 410-411.

37) ただし，捕獲物の扱いに関して不正が疑われていたのは捕獲物委員だけではなかったことには注意すべきである。捕獲物委員からは，海軍の艦長による拿捕した船の引き渡しの拒否や拿捕した商品の勝手な売却といった行為についての報告が，海軍省に提出されていた。TNA: ADM1/3661, Commissioners of Prizes to the Admiralty, 6 Apr. 1695, [not paginated] ; ADM1/3661, Commissioners of Prizes to the Admiralty, 16 May 1696, [not paginated].

38) *Luttrell Diary*, 8 Feb. 1692/3, p. 410.

39) Bromley, "Prize Office and Prize Agency", pp. 466-469. ただし，ブロムリーはこれらの不正行為が実際におこなわれていたことを裏付ける証拠はないと述べている。

40) St. Lo, *England's Safety*, pp. 46-47.

41) *Reasons Humbly Offered against Some Clauses in the Present Bill for Encouragement of Privateers* ([London?], [n. d., but 1693?]). 1473年から1800年までに出版された英語の書籍やパンフレット類などの書誌情報が記された English Short Title Catalogue (ESTC) では，このパンフレットの出版年は1695年の可能性があるとされている。しかし，イングランドの港湾内での拿捕や羊毛密輸船の拿捕の規定など，パンフレット内に言及されている法案の内容から察するに，このパンフレットは1693年の私掠奨励法案が審議されている間に出されたものと考えられる。

42) John Raithby (ed.), *The Statutes of the Realm*, 11 vols. ([n. p.], 1810-28), Vol. 6, p. 420.

43) 三法案が最初に議会下院に提出されたのは1693年12月，1694年12月，1695年12月であるが，本稿では，実質的に審議された期間から，三法案をそれぞれ「1694年の私掠奨励法案」，「1695年の私掠奨励法案」，「1696年の私掠奨励法案」と呼ぶことにする。また九年戦争中の私掠や捕獲物に関する法案にはこの他にも，1693年の「対仏貿易禁止継続・私掠奨励法」の適用時期を明示することを目的として1695年4月に貴族院に提出された「私掠法開始宣言法案」もあった。Parliamentary Archives [以下，PA] : HL/PO/JO/10/1/475, no. 932, "Privateers Act (Declaration of Commencement) Bill", 12 Apr. 1695, f. 78.

44) Rodger, *Command of the Ocean*, pp. 153-154, 157-160; Geoffrey Symcox, *The Crisis of French Sea Power, 1688-1697: from the Guerre d'Escadre to the Guerre de Course* (The Hague, 1974), pp. 4-8; Johnston, "Parliament and the Navy", pp. 248-251, 254-260.

45) 私掠船による密輸は，この時期においても報告されていた。例えば，1695年7月の高等海事裁判所判事サー・チャールズ・ヘッジズの書簡では私掠船「エクスペディション」号の指揮官であるマーティン船長による仏製品の密輸のケースが言及されている BL: Add. MSS. 24107, [Hedges] to William Bridgeman, 10 July 1695, f. 35.

46) BL: Add. MSS. 24107, "Objections to ye Bill Intituled an Act for Incouragement of

Privateers & c", ff. 69-69v.
47) *Reasons Humbly Offered to the Right Honourable the Lords Spiritual and Temporal Assembled in Parliament, to Induce the Speedy Passing an Act for Further Encouraging Privateers* ([London?], [1695?]).
48) *Reasons for Granting Letters of Mart to Trading Ships Humbly Offered to the Honourable House of Commons* ([London?], [1695?]).
49) *Journals of the House of Commons* [以下, *C. J.*], XI, 6 Dec. 1693, p. 21.
50) *C. J.*, XI, 21 Mar. 1696, p. 526.
51) Sir Francis Brewster, *Essays on Trade and Navigation in Five Parts* (London, 1695), p. 81.
52) PA: HL/PO/JO/10/2/22, no. 834, "Privateers Encouragement Bill", 16 Apr. 1694, [not paginated].
53) PA: HL/PO/JO/10/2/23A, no. 936, "Commons' Engrossment of an Act for the Better Encouragement of Privateers", 24 Apr. 1695, [not paginated].
54) BL: Add. MSS. 24107, "Objections to ye Bill Intituled an Act for Incouragement of Privateers & c", f. 69.
55) TNA: SP 105/82, Vernon to George Stepney, 15 Mar. 1695, f. 262.
56) TNA: SP 63/356, "Some Considerations relating to ye Bill for Encouraging Privateers now depending in ye house of Commons", [Dec.] 1694, ff. 214-214v.
57) PA: HL/PO/JO/10/2/23A, no. 991, "Engrossment of an Act for continuing former Acts prohibiting all trade with France, and for the encouragement of privateers", 24 Jan. 1695/6, [not paginated].
58) BL: Add. MSS. 24107, "Remarks upon the Privateers Bill", Hedges to Admiral Russell, 26 Dec. 1695, f. 61.「海軍局委員」(commissioner of the navy) とは，海軍局の役人のうち，ロンドンではなく，各地の主要な海軍工廠に駐在している者を指す。下院で清書され貴族院に送られた段階での 1696 年の私掠奨励法案では，捕獲物の管理・売却を担当するのは関税委員および拿捕者あるいは拿捕者が委任した人物とされているので，なぜヘッジズがここで関税委員とともに海軍局委員を挙げているのかは不明である。1696 年 1 月 18 日の第二読会で修正を施される以前の法案においては，海軍局委員も捕獲物の管理・売却にかかわるとされていた可能性も考えられる。なお，この意見書の受取人のラッセルは，1695 年 12 月に下院に法案を提出するよう命じられた議員のうちのひとりであった。
59) *Manuscripts of the House of Lords* [以下, *MSS. H. of L.*], new ser., 11 vols. (London, 1900-62), Vol. 2, p. 152.
60) *C. J.*, XI, 3 Apr. 1696, p. 543.
61) *MSS. H. of L.*, II, pp. 152-153. 関税局はその本来の仕事である関税の徴収以外にも，管轄下にはない諸税の徴収の手助けや検疫のための積荷の隔離の監督，出港禁止命令の施行，戦時にはこれに加えて強制徴募の手伝いなど，様々な業務をこなす必要があった。Elizabeth E. Hoon, *The Organization of the English Customs System 1696-*

1786 (New York and London, 1938), pp. 40-44.
62) PA: HL/PO/JO/5/1/37, Minutes of Proceedings, 11 Apr. [May] and 13 May 1702, [not paginated]; TNA: T1/79, Commissioners of the Customs to Lords of the Treasury, 29 Apr. 1702, f. 253.
63) *C.J.*, XIII, 19 May 1702, p. 899; *Journals of the House of Lords*［以下，*L. J.*］, XVII, 20 May 1702, p. 140.
64) *C. J.*, XIII, 23 May 1702, p. 907; *L. J.*, XVII, 23 May 1702, p. 147.
65) BL: Add. MSS. 70044, "INSTRUCTIONS for such Merchants and others, who shall have Commissions or Letter of Marque, or Commissions for Private Men of War...", 1 June 1702, f. 193.
66) また海事裁判所も，拿捕されたものの審査の手数料という形で捕獲物から収入を得つづけていたことにも留意すべきであろう。

第7章 ジャリット・スミス
ブリストルの下院議員

一柳　峻夫

はじめに

　イングランド南西部のブリストルは中世以来の伝統をもつ港湾都市であるが，17世紀から18世紀にかけて飛躍的な発展を遂げる。同市はヨーロッパ各地，さらには西アフリカや北アメリカ，カリブの島々と活発な取引をおこなった。主な交易は砂糖，タバコ，奴隷などを扱う大西洋貿易で，ブリストルはロンドン，リヴァプール，グラスゴーとともに，イギリス大西洋貿易の一大拠点だった[1]。基幹部門はアフリカから西インド，北米植民地への奴隷輸出と西インド植民地からの砂糖輸入であった。このうち奴隷貿易は1740年代以降リヴァプールに押されて下り坂になり，世紀後半には西インド，とりわけジャマイカからの砂糖輸入がブリストル貿易の中心となったことが知られている。

　18世紀のブリストルは，貿易港であるとともにイギリス有数の地方都市でもあり，ガラス工業，銅・真鍮工業，精糖業，造船業などが栄え，世紀後半には銀行業も発達した。地理的条件に恵まれた同市は，イギリス南西部の農産物取引，原料の分配，工業製品の集荷の市場になり，さらには温泉と定期市のために消費の中心地でもあった[2]。

　以上のような経済的繁栄をバックに，17世紀初頭には約1万2000〜1万4000だったブリストルの人口は，1700年には約2万，1801年には約6万4000にまで増加した。18世紀後半にはリヴァプール，マンチェスタ，バーミンガムなどが急成長したためにブリストルの相対的地位は低下したとはい

え，同市はイギリス有数の地方都市であり続けた。

　政治的にはブリストルは州同格都市であり，14世紀以来，下院では二つの議席を与えられていた。同市はイングランド有数の大選挙区であり，有権者は18世紀初頭で3500人，世紀半ばには5000人まで増えた。中世以来の港湾都市であるブリストルでは，西インドを中心とする海外貿易が経済の中心であり，有力な貴族がいないこともあり，政治的にも商人の影響力が強かったことで知られる。18世紀に同市から選出された議員には海外貿易商が多く，そうでない議員にも間接的に商業と結びついている者が多い[3]。

　しかし，当時のブリストルの経済基盤は多様であり，これだけの大選挙区であった以上，一部有力商人が選挙，政治を支配するということは難しく，アメリカ独立戦争期にブリストルから選出され，同市の商業利害と激しく対立することになったエドマンド・バークの例が示すように，ブリストルの実業界と議会，議員との関係は単純ではない[4]。

　本章で取り上げるジャリット・スミスはブリストルの事務弁護士であり，晩年の1756〜68年に同市から議員に選出された。彼は同市のトーリ系政治団体であるステッドファスト協会（Steadfast Society）の創設メンバーでもあり，顧客にはエイブラハム・エルトン，リチャード・チャンピオンといった当時のブリストル実業界の有力者や，富裕ジェントリが顔をそろえている。彼の残した史料はブリストル文書館に保管されており，家族関係，弁護士業務関係，議会関係と多岐にわたる[5]。しかしながら，これらの史料はほとんど分析されておらず，ジャリット・スミスに焦点を当てた研究も皆無である[6]。本章では，スミスの顧客関係，議員としての活動内容を分析し，彼がブリストルの代表として議会でどのような役割を果たしたのかを明らかにしたい。

　最初に，18世紀のブリストルの下院議員の選出状況を見てみよう（表7-1）[7]。ハノーヴァ朝成立時，ジョージ1世のトーリへの不信感やジャコバイト反乱の影響もあり，全国的にホイッグが優位にあったことが知られているが，ブリストルでも1715年から1733年まではホイッグが議席を独占している。1715年の選挙ではトーリのフィリップ・フリークとトマス・エドワ

表 7-1　1715-1784 年のブリストル選出の下院議員

（○：当選　×：落選　W：ホイッグ　T：トーリ）

選挙日時	候補者	票数	
1715 年 2 月 9 日	サー・ウィリアム・デインズ（W）Sir William Daines	1936	○
	ジョゼフ・アール（W）Joseph Earle	1879	○
	フィリップ・フリーク（T）Philip Freke	1991	×
	トマス・エドワーズ・ジュニア（T）Thomas Edwards, Jr.	1978	×
1722 年 3 月 28 日	ジョゼフ・アール（W）	2141	○
	サー・エイブラハム・エルトン*（W）Sir Abraham Elton	1869	○
	ウィリアム・ハート・シニア（T）William Hart, Sr.	1743	×
1727 年 9 月 8 日	ジョン・スクロープ（W）John Scrope		
	エイブラハム・エルトン（W）Abraham Elton		
1734 年 5 月 24 日	サー・エイブラハム・エルトン（W）	2428	○
	トマス・コスター（T）Thomas Coster	2071	○
	ジョン・スクロープ（W）	1866	×
コスター死去→			
1739 年 12 月 12 日	エドワード・サウスウェル（W）Edward Southwell	2651	○
	ヘンリ・コーム（T）Henry Combe	2203	×
1741 年 5 月 13 日	サー・エイブラハム・エルトン（W）		
	エドワード・サウスウェル（W）		
エルトン死去→			
1742 年 11 月 24 日	ロバート・ホブリン（T）Robert Hoblyn		
1747 年 7 月 1 日	エドワード・サウスウェル（W）		
	ロバート・ホブリン（T）		
1754 年 5 月 1 日	ロバート・ニュージェント（W）Robert Nugent	2592	○
	リチャード・ベックフォード（T）Richard Beckford	2245	○
	サー・ジョン・フィリップス（T）Sir John Philips	2160	×
ベックフォード死去→			
1756 年 3 月 18 日	ジャリット・スミス（T）Jarrit Smith	2418	○
	ジョン・スペンサー（W）John Spencer	2347	×
1761 年 3 月 27 日	ロバート・ニュージェント（W）		
	ジャリット・スミス（T）		
スミス引退→			
1768 年 3 月 16 日	ロバート・ニュージェント（クレア子爵）（W）Clare		
	マシュー・ブリックデール（T）Matthew Brickdale		
1768 年 6 月 27 日	クレア子爵**（T）：官職（アイルランド会計局副長官 Vice-Treasurer of Ireland）任命後再選		
1774 年 11 月 3 日	ヘンリ・クリューガー（W）Henry Cruger	3565	○

第 7 章　ジャリット・スミス　*171*

	エドマンド・バーク (W) Edmund Burke	2707	○
	マシュー・ブリックデール (T)	2456	×
	クレア子爵 (T)	283	×
1780年9月20日	マシュー・ブリックデール (T)	2771	○
	サー・ヘンリ・リピンコット (T) Sir Henry Lippincott	2518	○
	ヘンリ・クリューガー (W)	1271	×
	サミュエル・ピーチ (W) Samuel Peach	788	×
	エドマンド・バーク (W)	18	×
リピンコット死去→ 1781年2月26日	ジョージ・ドーブニ (T) George Daubeny	3143	○
	ヘンリ・クリューガー (W)	2771	×
1784年5月10日	マシュー・ブリックデール (T)	3458	○
	ヘンリ・クリューガー (W)	3052	○
	ジョージ・ドーブニ (T)	2984	×
	サミュエル・ピーチ (W)	373	×

注：＊1727年に引退。1727年，34年，41年の選挙で当選したのは同名の息子。
　　＊＊名目上はホイッグだが，北米植民地への強硬策を支持しており，実質的にはトーリ。
出典：http://www.historyofparliamentonline.org/volume/1715-1754/constituencies/bristol
　　　http://www.historyofparliamentonline.org/volume/1754-1790/constituencies/bristol

ーズが獲得票数では上位であったが，シェリフの裁定によりホイッグのジョゼフ・アールとウィリアム・デインズが当選し，フリークとエドワーズの下院への異議申し立ては無視された。このような長期にわたるホイッグの議席独占が破られたのが，1734年の選挙である。ホイッグのジョン・スクロープは消費税法案に賛成したために地元での支持が低下し，激しい選挙戦の末，トーリのトマス・コスターに敗れた。この頃から，ブリストルではトーリが巻き返し，両派の勢力が拮抗するようになる。1730年代にはトーリ系のステッドファスト協会とホイッグ系のユニオン・クラブ (Union Club) が結成され，以後選挙時には両派の候補者の支持母体となった。1739年にはコスターが，1742年にはエルトンが亡くなり，彼らの後釜にはエドワード・サウスウェルとロバート・ホブリンが入ったが，サウスウェルは「反対派ホイッグ (Opposition Whig)」で，ホブリンはコスターの義理の息子であった。2人は1747年には無投票で再選され，両者の関係は良好であった。サウスウ

ェルとホブリンは1754年まで議員を務めたが，2人とも同年の選挙には出馬せず，引退した。

1754年の選挙ではユニオン・クラブがコーンウォルのセントモーズ（St. Mawes）選出議員だったロバート・ニュージェントを擁立したのに対し，ステッドファスト協会は議席独占を狙い，ジャマイカの大プランターであるリチャード・ベックフォードとジョン・フィリップスを擁立したために20年ぶりに競争選挙となったが，フィリップスは落選した。ベックフォードが2年後に44歳の若さで亡くなると，後任にジャリット・スミスを推したステッドファスト協会に対し，今度はユニオン・クラブが議席独占をもくろみ，ジョン・スペンサーを立てて補欠選挙が戦われた。結果はスミスが接戦を制し，スペンサーの異議申し立ては却下された。当時ブリストルのホイッグの有力者だったジョサイア・タッカーは，1754, 56年の選挙では資金として6万ポンド以上が費やされたと推定しており，一つの党がブリストルの議席を独占しようとしても莫大な費用がかかる上に，実現はきわめて困難であることが明らかになった。そのため，両党ともお互いに相手が指名した候補者を次の三回は支持するという妥協が成立し，1761年の選挙では，ニュージェントとスミスが無投票で再選された。1768年にスミスが引退すると，ステッドファスト協会は後任にマシュー・ブリックデールを推し，彼はニュージェントとともに無投票で当選を決めた。1760年代末には北米植民地との関係が悪化し，ウィルクスとその支持者による急進主義的な政治改革運動が展開した。そのため，1774年の選挙では改革派候補として北米植民地出身の商人ヘンリ・クリューガーと野党ロッキンガム派ホイッグのエドマンド・バークが擁立され，激しい選挙戦の結果，ニュージェントは選挙戦から離脱し，ブリックデールは落選した。次の1780年の選挙ではアイルランド政策などをめぐってブリストルの商業利害と対立したバークは同市を去り，バークとの関係が良くなかったクリューガーも落選し，ブリックデールは返り咲きに成功する。以降，1784, 90, 96年とブリストルでは競争選挙が続くのである。

以上のように，ウェストミンスタとロンドンに次いで多くの有権者を抱え

る開放型選挙区ブリストルでは競争選挙が多く，とりわけ1770年代以降は同市で議席を獲得するのはかなり難しくなったといえる。ジャリット・スミスが議員になったのはその直前で，七年戦争はあったものの，ジャコバイトの脅威はすでに消え，急進主義運動やアメリカ独立戦争が起こる前で，国内政治が比較的平穏だった時期である。では，ジャリット・スミスとはいかなる人物だったのだろうか。次節では，彼の経歴を見ていくことにする。

第1節　ジャリット・スミスの経歴

　ジャリット・スミスの出自についてはほとんど記録が残っていないが，1691年ないし92年にブリストルで，石鹼製造業者ジョン・スミスの息子として生まれたことがわかっている。ジョンについても詳細は不明であるが，商人たちに多額の貸付をおこなっていることから，かなりの資産を有していたと推測できる[8]。ジャリットは事務弁護士になり，1720年代に聖職者トマス・スタンプの娘マーサと結婚して2人の子が生まれるが，まもなく死別する[9]。

　彼にとって転機となったのは，1731年のフロレンス・スマイズとの再婚である。スマイズ家はディーンの森に起源を持つジェントリの家系で，16世紀にブリストルに移住して以来海外貿易や土地への投資で巨富を築いた，ブリストル屈指の名家であった[10]。しかし，18世紀になると家運は傾き，フロレンスの兄で当主のジョン・スマイズは浪費癖のため，ジャリットに2万ポンドから3万ポンドという莫大な借金を負っていた[11]。ジャリットは事務弁護士としての実務の傍ら，多くのブリストルのジェントリや商人に融資をおこない，資産管理を請け負うことで着々と財産を増やしていたのだが，フロレンスとの結婚後は，義兄ジョンに代わってスマイズ家の金融・財産面での管理を任されるようになる。

　フロレンスとの再婚以後，ジャリットは多方面で成功を重ねていく。事業面では，1734年の選挙で勝利したトマス・コスターの当選への異議申し立てに対し，コスターを弁護して彼の当選を確定させ[12]，後述するように，1736年には「ブリストル事件（Bristol Case）」と呼ばれる大きな訴訟を担当

図7-1 ジャリット・スミスの妻フロレンス
(Woodspring Museum 所蔵)

図7-2 ジャリット・スミスの邸宅アシュトン・コート (筆者撮影)

注) Anton Bantock, *The Later Smyths of Ashton Court: From Their Letters 1741-1802* (Bristol, 1984) によれば，1940年代までは，アシュトン・コートにジャリット・スミス本人の肖像画があったが現在は所在不明だという。

第7章 ジャリット・スミス

する[13]。これによって，ジャリットは多くの有力商人と人脈を構築することに成功する。1737年にはトーリ系の政治団体ステッドファスト協会が設立されるが，ジャリットはその中心メンバーであり，1740～41年には会長を務める。1741年に長年にわたる放蕩生活と不摂生で体を壊していた義兄ジョンが42歳の若さで亡くなると，彼の遺産は三人の妹，独身のアン・スマイズ（Ann Smyth），フロレンス，アラベラ・ゴア（Arabella Gore）が分割して相続した。ジャリットは妻名義でスマイズ家の財産の3分の1を手に入れたのである。1748年には夫に先立たれたアラベラも亡くなり，相続人である息子のエドワードは財産を管理する能力を欠いていたので，ジャリットはアラベラの遺産を一部を除いてエドワードから買い取った[14]。かくして，ジャリットはスマイズ家の財産の大半を手中に収めたのである。

　ジャリットは事業，金儲けについては並外れた慧眼の持ち主であった[15]。1740年代後半には彼はベネットという鉱山測量技師と合同でベドミンスター石炭会社（The Bedminster Coal Company）を設立し，自らが所有するアシュトン渓谷の石炭の採掘を開始した。この事業は1920年代まで継続され，彼の子孫に年4000ポンドの利益をもたらした。オーストリア継承戦争中，ジャリットは友人の商人，マイケル・ミラーらとともに私掠船の艤装にも投資し，かなりの利益を得た。1747年には彼が出資したブランドフォード号（The 'Blandford'）がフランスのサン・フィリップ号（The 'St. Philip'）を拿捕したが，それは約3万ポンドと見積もられた。1748年にはジャリットが出資したタイガー号（The 'Tiger'）がココアや正貨を積んでハバナから帰航中のスペイン船サント・テレーズ号（The 'Saint Therese'）を拿捕し，その価値は4万ポンドに上った。

　以上のように，名門スマイズ家の当主となり，本業の弁護士業務以外にも事業を拡大して財力を増大し，名実ともにブリストルの名士となったジャリットであるが，彼は郊外のアシュトン・コート（Ashton Court）に居を構え，ブリストルの市政にはタッチせず，地域の役職に就くこともなかった。1756年に同市選出の下院議員リチャード・ベックフォードが亡くなるまで，ジャリットが政治の表舞台に登場することはなかったのである。全国的にホ

イッグが優位にあった当時，トーリの立場を崩さなかったジャリットの政治的立場は芳しいものではなかった。多くのトーリ同様，彼はジャコバイト支持者との嫌疑をかけられ，1745年のジャコバイト蜂起の際には，ジャリットが若僭王「ボニー・チャーリー（Bonnie Charlie）」（チャールズ・エドワード・ステュアート）をカレッジ・グリーンの自分の邸宅に匿っているといううわささえ流された[16]。

　前述のように，ジャリットは1756年の補欠選挙で下院議員に選ばれ，1768年に引退したのだが，議員としての活動には後で触れることにして，ここでは引退後のジャリットについて記すことにする。ジャリットは引退時に77歳もしくは78歳という高齢であったが，彼の死はさらに15年後であるから，極めて長命であった。晩年のジャリットはアシュトン・コートに隠棲し，弁護士としての業務はほとんどおこなわなかった。1770年代後半以降は事業の大半を長男のジョンが引き継いだ。1783年に彼が亡くなると，アシュトン・コートとサマセット（Somerset）の所領はジョンが，ブリストルとグロスタシャ（Gloucestershire）の全財産は次男トマスが相続した[17]。なお，彼らとその子孫はスマイズ姓を名乗るようになる。

第2節　ジャリット・スミスの顧客関係

　本節では，ジャリット・スミスの事業上の顧客関係を見ることにより，彼の人脈について検討したい。ジャリットが下院議員に選出されるにあたっては，ブリストルにおける彼の社会的地位，人間関係が大きな役割を果たしたと考えられるが，それは彼の顧客関係からある程度うかがい知ることができるはずである。ここでは，ジャリットが創設メンバーの一人であり彼の支持母体でもあったステッドファスト協会と，18世紀のブリストルにおける有力な政治的圧力団体であったブリストル貿易商協会（The Society of Merchant Venturers of the City of Bristol）の会員が彼の顧客の中にどのくらいいるのかを調べてみよう。

　前述のように，ステッドファスト協会は，1737年に結成されたトーリ系

商人の政治団体である。協会は政治ならびに社交団体であるが、会合の頻度は高くなく、1763 年から 67 年、69 年から 75 年には会合が開かれた記録がない[18]。しかしながら、世紀初頭に劣勢が続いていたトーリが協会結成前後から勢力を回復し、以降ブリストルの下院議員選出において相当な力を持ったことは疑いない。記録が残っている 1737 年から 56 年の間に 94 人が入会しており、そのうち 20 人はジャリット・スミスの事業文書から顧客と推定できる（表 7-2）。この中には、スミスにとって重要な人物が少なくない。

まず、トマス・コスターはコーンウォルのすず工業に利権を持つ実業家であり、1734 年から 39 年までブリストルの下院議員を務めた。コスターはスミスの後妻フロレンスの姉アストリーアの夫であったから、親族でもあった。スミスはコスターの当選確定に尽力し、資産の管理も担当している[19]。次

表 7-2　ジャリット・スミスの顧客（ステッドファスト協会）

入会年	氏名	ジャリット・スミスの関わり方
1737	ウィリアム・ハート William Hart	ブリストル事件
1737	アーサー・ハート Arthur Hart	ブリストル事件
1737	ヘンリー・ハート Henry Hart	ブリストル事件
1737	ジョン・ブリックデール John Brickdale	訴訟
1737	クリフォード・ホール Clifford Hall	ブリストル事件
1737	トマス・コスター Thomas Coster	選挙
1737	ロバート・スミス Robert Smith	ブリストル事件
1737	ジョージ・ドーブニ・ジュニア George Daubeny, Jr.	資産管理
1738	アイザック・ホブハウス Isaac Hobhouse	ブリストル事件
1738	エドマンド・ソーンダーズ Edmund Saunders	ブリストル事件
1738	キャプテン・ジョゼフ・ファーレル Capt. Joseph Farrell	年季奉公契約書作成
1738	ジョン・フィッシャー John Fisher	資産管理
1739	フランシス・フリーマン Francis Freeman	商品の取引
1740	ジョン・スミス John Smith	資産管理
1741	ロバート・ホブリン Robert Hoblyn	訴訟
1741	アイザック・エドワーズ Isaac Edwards	ブリストル事件
1742	ウィリアム・スティーヴンス William Stephens	地代の支払い
1743	ジョン・コドリントン John Codrington	資産管理
1747	トマス・ホームズ Thomas Holmes	資産管理
1747	ジョゼフ・ファーレル Joseph Farrell	ブリストル事件

出典：Steadfast Society Presidents' Accounts 1737-1756（SMV/8/2/1/1），および BRO, Papers of Jarrit Smith（AC/JS）より作成。

に、ロバート・ホブリンはコスターの娘と結婚しており、コスターの死後、1742 年から 54 年まで下院議員に選出された。義父コスター同様に実業家であったホブリンは真鍮会社の経営をめぐり、ゲージ子爵に訴えられたが、スミスは彼の弁護を担当した[20]。ジョン・ブリックデールは商人で、息子のマシューはスミスの引退後、後継者として長く（1768～74 年、80～90 年）下院議員を務めた。スミスはジョンの地所をめぐる訴訟を担当している[21]。また、ジョージ・ドーブニは有力な貿易業者・精糖業者であったが、スミスは彼の事業に融資し、資産の管理もおこなっていた[22]。ドーブニには同名の息子がおり、1781 年から 84 年までブリストルから下院議員に選出されている。要するに、スミスの前後に議員に選出されたトーリのうち、リチャード・ベックフォードを除く 4 人がスミスと事業上のつながりを持っているのである。以上のような、当時のブリストルのトーリの有力者とのつながりこそが、高齢のスミスを下院議員にした最大の要因であろう。

　ステッドファスト協会には、議員経験者以外にも顧客が多い。スミスが扱った最も有名かつ重要な裁判は 1736 年の「ブリストル事件」である。これは、市当局が 60 トン以上の船に 40 シリングの埠頭使用料を課したのに対して一部商人が反発したことが発端となって発展した訴訟である。結果的には市当局側が勝訴し、埠頭使用料の課金は合法と認められたのだが、スミスは商人の側に立ってこの訴訟に関わり、主たる当事者であるハート家やジョゼフ・ファーレルらが顧客となった。以上より、スミスはステッドファスト協会内に多くの顧客を抱えており、同協会とのつながりはかなり強いと言える。スミスが下院議員に選出される際、まず同協会から推薦を受けたのだが、それには彼のこうした顧客関係が大きく影響したであろう。

　ステッドファスト協会と比較するため、ブリストル貿易商協会会員（以下、貿易商協会と略記）の中にジャリット・スミスの顧客がどれだけいるのかも見てみよう。ここでは、1701 年からスミスが亡くなる 1783 年の間に貿易商協会に入会した 329 人を対象とする。スミスの生没年から、彼の顧客であれば、この中に含まれると考えてよいだろう。集計によれば、この中で顧客としてスミスの事業文書目録に名前が出てくるのは、39 人であり、そのうち

表7-3　ジャリット・スミスの顧客（ブリストル貿易商協会）

入会年	氏名	ジャリット・スミスの関わり	備考
1701	トマス・ロングマン Thomas Longman	資産管理	
1702	ウィリアム・フレンチ William French	資産管理	
1702	トマス・モーガン Thomas Morgan	借用証作成	
1702	ジョン・ホーキンス John Hawkins	資産管理	
1703	ジョン・ブラックウェル John Blackwell	訴訟	
1711	ウィリアム・フリーク William Freke	資産管理	
1712	エドワード・ジョーンズ・ジュニア Edward Jones, Jr.	訴訟	
1712	ナサニエル・ウェッブ Nathaniel Webb	遺産管理	
1713	リチャード・ロファー Richard Lougher	資産管理	
1716	トマス・フリーク Thomas Freke	資産管理	
1720	ロバート・ロジャース Robert Rogers	資産管理	
1720	ウィリアム・フレンチ William French	資産管理	
1722	アーサー・ハート Arthur Hart	ブリストル事件	S
1723	ヘンリ・ハート Henry Hart	ブリストル事件	S
1723	ロバート・スミス Robert Smith	ブリストル事件	S
1724	ウィリアム・ジェフリス William Jefferis	資産管理	
1724	アイザック・ホブハウス Isaac Hobhouse	ブリストル事件	S
1725	エイブラハム・エルトン・ジュニア Abraham Elton, Jr.	資産管理	
1726	ジョン・ウィラビー John Willoughby	資産管理	
1726	ウィリアム・ハート William Hart	ブリストル事件	S
1730	エドマンド・ソーンダーズ Edmund Saunders	ブリストル事件，資産管理	S
1730	サミュエル・ジェイコブ Samuel Jacob	借用証作成	
1730	ジョージ・ドーブニ George Daubeny	資産管理，借用証作成	S
1730	ヘンリ・スウィマー Henry Swymmer	資産管理	
1732	エイブラハム・エルトン・ジュニア Abraham Elton, Jr.	資産管理	
1733	サミュエル・スミス Samuel Smith	資産管理	
1734	リチャード・ロジャース Richard Rogers	資産管理	
1736	ジョン・キング John King	資産管理	
1736	トマス・ウィラビー Thomas Willoughby	資産管理	
1737	ジョージ・ドーブニ George Daubeny	資産管理	
1737	エドワード・ウィルコックス Edward Wilcocks	ブリストル事件	
1737	ウィリアム・リーヴ William Reeve	資産管理	
1742	エイブラハム・アイザック・エルトン Abraham Isaac Elton	議員活動（ブリストル橋，道路改修）	
1756	サミュエル・デーヴィス Samuel Davis	資産管理	
1759	ウィリアム・ジョーンズ William Jones	資産管理	

1765	マイケル・ミラー Michael Miller	資産管理
1767	ジョン・パウエル John Powell	資産管理
1767	エドワード・ハーフォード Edward Harford	資産管理
1767	リチャード・チャンピオン・ジュニア Richard Champion, Jr.	利子支払

注：備考のSはステッドファスト協会会員
出典：W. E. Minchinton（ed.）, *Politics and the Port of Bristol in the Eighteenth Century: The Petitions of the Society of Merchant Venturers 1698-1803* (Bristol Record Society's Publications, 23, 1963), pp. 209-215, および BRO, Papers of Jarrit Smith （AC/JS）より作成。

7人はステッドファスト協会にも加入している（表7-3）。ちなみに，両団体の重複加入者は14人である。ステッドファスト協会の入会者が確認できる時期は限られているために，単純に比較することはできないが，スミスの弁護士業務を通じた貿易商協会とのつながりは，ステッドファスト協会との関係ほどは強くないといえる。しかしながら，貿易商協会の顧客の中にも，スミスにとって重要な人物が含まれている。マイケル・ミラーはスミスの議員時代に彼と地元との連絡係を務めた商人であるが，スミスはミラーの資産管理をおこなっている[23]。また，ブリストル屈指の大商人で，市長や貿易商協会会長を歴任し，ホイッグ系の下院議員であったエイブラハム・エルトンもスミスの顧客である。スミスはエルトンの資産管理，彼の父の遺産管理を委託されており，かなり信頼を得ていたと考えられる[24]。

　本節ではスミスの顧客関係を見てきたが，そこから以下のようなことがわかる。貿易商協会と比べてステッドファスト協会の顧客率が高いことから，スミスの人脈はトーリ中心であり，彼らとの関係がとりわけ密であった。しかし，彼の顧客にはエイブラハム・エルトンのようなホイッグ有力者も含まれており，トーリ一辺倒ではない。これは，弁護士としてのスミスの能力が評価され，信頼されていたことの証しである。ステッドファスト協会などでスミスと交流のあるトーリたちにとっては，彼には仕事を依頼しやすかっただろうから，同協会に彼の顧客が多いのは，当然といえる。しかしながら，エルトンのような顧客がいたことは，スミスが弁護士として有能であったことを示している。スミスとしても，エルトンのような有力商人との顧客関係

は大きなメリットになったはずである。スミスの顧客関係からは，政治的立場の近いトーリを中心としつつも，幅広い人脈を築いていた弁護士の姿が浮かび上がってくる。顧客のために着実に実務をこなしていく事務弁護士スミスは，下院議員として悪くない人材であったといえよう。

第3節　議員としてのジャリット・スミス

　本節では，下院議員としてのジャリット・スミスを見てみよう。蓄財の術に長け，フロレンスとの結婚を通じて名門スマイズ家の当主にまでなったスミスだが，それでは，彼はどのような下院議員だったのだろうか。スミスの議員活動については史料が少なく情報が限られているが，議員時代に彼が関わった，海軍法案とブリストル橋再建，印紙法などを手がかりに，彼の議員像を検証したい。その際，同時期にブリストル選出議員であったロバート・ニュージェントとの比較もおこなう。それにより，議員としてのスミスの特徴が明らかにされるはずである。

　まず，1758〜59年の海軍法案を見てみよう。近代のイギリスは対外戦争，特に「第二次百年戦争」ともいわれるフランスとの植民地争奪戦を勝ち抜いて植民地帝国を形成したのだが，戦争遂行にあたっては財力と並んで陸海軍における兵士の動員力，マンパワーが決定的に重要であった。対外戦争を支えた兵力の動員は暴力的かつ強制的におこなわれることも多く，なかんずく海軍においては，18世紀末まで強制徴募隊（Press Gang）による誘拐まがいの動員方法が主流だったことは周知の事実である[25]。こうした強制徴募は熟練した船乗りの多い港湾都市で横行し，ブリストルはその中心地の一つであった。

　植民地をめぐる英仏の抗争の頂点となったのが，1756年から始まった七年戦争である。ジャリット・スミスが下院議員を務めた1756年から1768年の中で最初の7年間は七年戦争の時期と重なる。この戦争中，港湾都市における強制徴募は苛烈を極め，ブリストルでも海運，貿易に大きな打撃を与えた[26]。それにもかかわらず，海軍は慢性的に人員が不足していた。その大

きな理由は,熟練した船乗りが海軍より民間の商船勤務を好んだからである。海軍に比べて商船は高給かつ安全で,雇用期間は一回の航海に限られており,航海が終わればすぐに賃金を受け取り,家族に送金することができた。他方で,海軍では給与水準が低く,その支払いも滞りがちで家族への送金もままならなかったから,しばしば海軍兵士の家族は困窮して救貧の対象になった。

そうした事態を打開し,海軍に水兵を安定的に供給するために考案されたのが,海軍法案である[27]。まず,海軍主計長官(Treasurer of the Navy)ジョージ・グレンヴィルが中心となって1757年12月に提出された法案では,海軍の乗組員が定期的に賃金を受け取り,家族への送金も容易にできるように規定されていた[28]。これらの法案は商船に比べて劣悪な海軍の勤務条件を改善し,腕の良い船乗りを海軍に集めることを目的としていたが,商船から船乗りが奪われることを危惧した商業利害からは不評であり,ブリストル商業界では法案に反対する声が強かった[29]。1758年4月15日付のブリストル貿易商協会会長エイブラハム・エルトンからスミスに宛てられた手紙には,

> 当協会は件の法案について検討し,以下のようにあなたに伝えることを私に要求しました。……協会の考えでは,この法案は全体としてばかげており実行不可能であり,万一実行されれば,当港の貿易を甚大な打撃を与えることになるでしょう。……水上で生計を立てるすべての人員は登録に応じ,海軍に奉仕すべしという法案の部分は,戦争中の数年間,(ブリストル)海峡に出入りする船舶を操縦できるすべての人員を当港から奪うことになり,それゆえ当港の貿易は直ちに危険にさらされるでありましょう。……この法案はきわめて評判が悪いので,成立の見込みはまずないと聞いています。したがって,法案に反対する請願を提出する必要はないとわれわれは考えます。しかし,もし請願の必要がありそうだと思われたら,どうかわれわれにお知らせください。そして,全力で反対してください。

と書かれている[30][31]。5月20日には同協会はさらなる法案反対決議をおこない,請願を作成してロバート・ニュージェントに送った。ニュージェント

とスミスは法案の不成立を見込んで請願を提出しなかったが，大幅な修正を経てこの法案は成立した[32]。

しかし，海軍勤務を不人気ならしめた最大の要因は給与水準そのものが低いことであったから，翌年には，水兵の主たる不満である低賃金，いつ終わるともしれない勤務期間を改善するための法案が提出された。この法案を主導したのはウィリアム・ピットとグレンヴィルであったが，9人の下院議員が起草のために選出され，スミスとニュージェントはそのメンバーに含まれていた[33]。彼らの議論については記録が残っていないが，2人をはじめとするメンバーのほとんどは商業界と密接に結びついており，ピットの掲げる海上貿易拡充政策には強力な海軍の支援が不可欠であると考えていた可能性が高い。しかしながら，商業利害はおおむねこの法案に反対で，ブリストル貿易商協会も反対請願を作成し，1759年1月19日に2人はそれを議会に提出した[34]。ランカスタ，ハル，ホイットビ，スカーバラといった他の商業都市からも多くの反対請願が提出され，この法案は3月末に議会で否決された[35]。この法案についてスミスとニュージェントが議会で発言した記録はないが，法案の起草に関わっていたのだから，2人は法案の必要性を感じていたはずである。しかし，2人は地元の強い要望には従わざるをえなかったのであろう。

次に，議員としてのスミスが関わった重要な法案は，ブリストル橋（Bristol Bridge）の建て替えである[36]。エイヴォン川にかかるブリストル橋はサマセットとグロスタシャを結ぶ主要な通路にあたり，13世紀半ばに建設されたことがわかっている。建設から500年を経た18世紀には，橋はかなり老朽化しており，狭い橋の上に店や家屋が建ち並んでいたために馬や荷馬車の交通量の増加とともに不便になり危険が増し，死傷者を伴う事故が跡を絶たなかった。1758年6月には，橋を渡っていた女性が荷馬車と接触して長柄と店の門柱に挟まれて即死している[37]。こうした事情により，18世紀には橋の建て替えを求める声が強まり，何度も橋の調査がおこなわれたが，建て替えのためには橋の上の建物の取り壊しと住民や店子の立ち退き，彼らへの補償が必要であり，私法を制定しなければならなかった。法案は1757年

に議会に提出され，3 年後の 1760 年 5 月に成立した[38]。1763 年に旧橋の取り壊しがおこなわれ，新しい橋が完成し開通したのは 1768 年であった。

　スミスの書簡の中にはブリストル橋再建に関するものがいくつかあり，この法案成立にあたり，スミスが重要な役割を果たしたことがわかる[39]。法案では，ブリストル市議会 (Common Council of Bristol)，ブリストル，サマセット，グロスタシャの下院議員，ブリストル大聖堂参事会の会長と参事会員 (Dean and Chapter of Bristol Cathedral)，ブリストル貿易商協会の会長と理事 (warden)，土地税監査官 (Commissioners for the Land Tax) などで構成される「橋委員会 (Bridge Committee)」に旧橋の取り壊し，仮橋の建設，橋へのアクセスを改善するための用地買収，最終的には新橋建設，その財源を賄うための税や通行料徴収の権限を与えていた[40]。しかしながら，ブリストルでは財源をめぐる利害が対立し，委員会はなかなか結論を出せなかった[41]。商人たちは埠頭使用への課税に反対したし，橋を渡らないと市内に入れないエイヴォン川南岸の住民たちは橋の通行料徴収に反対した。当初計画された石炭への課税は貧民への負担が大きいと反対論が根強かった。この間にも狭い橋の上での交通事故が跡を絶たなかったから，市当局は早く法案を成立させるようスミスを催促した。スミスはなんとか委員会をまとめあげ，橋の運営が安定するまで通行税と家屋税で財源を賄うことで，法案を成立させることができた[42]。法案の作成には事務弁護士としてのスミスの専門的知識が大いに役立っただろうし，財源をめぐる地元の利害対立の調整役としても，町の名士で幅広い人脈を持つ彼は適任だったはずである。彼のキャリアがよく生かされた事例と言えよう。

　最後に，印紙法をめぐるスミスとニュージェントの対応の違いを見てみよう。1763 年，七年戦争の勝利によりフランス，スペインから北米大陸の広大な領土を獲得したイギリス政府は，それらの領土を守るために植民地人の負担により北米に 21 万人もの常備軍を置くことを決定し，グレンヴィル内閣（1763〜65 年）の下，北米植民地への課税強化が開始された。1765 年 3 月に制定された印紙法は，北米植民地で発行される証書・認可証・新聞・暦などに印紙を貼ることを規定した法律で，従来の通商規制のための関税法と

異なり，植民地内で収入をあげることを直接の目的としていたため，植民地人は「代表なくして課税なし」と主張して一層反発を強めた。しかし，印紙法を廃止すべきであるという植民地の主張に同調する意見はイギリスでは弱く，ブリストルでも最初は植民地の主張はあまり支持されなかった。ブリストルの北米貿易商リチャード・チャンピオンは同市の中心的ホイッグで，親米派である上にグレンヴィル政権とは対立関係にあったが，そのチャンピオンでさえ，「議会の権威を保つため，印紙法を廃止するより，その徴集方法を変えるべきである」と主張し，印紙法自体には最初は反対していなかった[43]。

　こうした状況は，1765年秋に植民地でイギリスからの輸入停止盟約が調印されると一変し，ブリストル商人の間では印紙法反対の空気が支配的になる。1766年1月，ブリストル貿易商協会はロンドン，リヴァプール，バーミンガムの商人と協力し，印紙法廃止を要求する請願を上下両院に提出した[44]。これらの請願は，印紙法などの貿易規制強化が植民地人の本国人に対する負債を増やし，北米貿易に重大な損害を与えていることを訴え，規制の撤廃を要求している。ブリストルからは市長のサミュエル・セドグリ，貿易商協会会長のウィリアム・リーヴ，有力商人ヘンリ・クリューガー，トマス・ファー，ジョゼフ・ファーレル等を中心とする代表団がロンドンに赴き，下院議員たちに北米貿易に関する事態の深刻さを説明し，協会とは別に印紙法廃止要求の請願を提出した[45]。印紙法廃止要求の請願はイギリス中から多数提出され，ロッキンガム内閣（1765年7月成立）は大ピットの協力の下，1766年3月18日，印紙法廃止を決定した[46]。

　当時の議会でのスミスの行動はおおむねブリストル商人の意向に沿うもので，彼は印紙法廃止に貢献したとして，同じく同法廃止を求めていたマンチェスタ商人たちから1766年3月31日付で感謝状を受け取っている[47]。また，印紙法廃止法が国王の承認を得たとき，彼は協会に祝辞を送っている[48]。これに対し，同僚のニュージェントはグレンヴィルを支持し，対米強硬策を積極的に唱えたことがわかっている。彼は1766年1月14日，17日には議会で対植民地宥和策に反対の発言をしているし，2月7日にはグレ

ンヴィルの提唱した植民地人に対する抑圧政策を全面的に支持している[49]。当然のことながら，彼は印紙法の廃止には反対した。

　スミスとニュージェントは党派の違いにもかかわらず，ブリストル選出議員として互いに協力し合う場合が多く，これは2人が正反対の立場をとった珍しい例である。ここまで見てきたように，地元名士で事務弁護士としての職業柄地域の商人社会と密接に結びついていたスミスがブリストルの商業利害に忠実であったのは当然としても，ニュージェントがあえてそれに背いたのはなぜだろうか。政治活動に関する記録が少なく，地味な議員であったスミスとは対照的に，財務相（Lord of Treasury）（1754～59年）や貿易相（First Lord of Trade）（1766～68年）を務めるほどのやり手であったニュージェントは雄弁で，貿易や海運といった得意分野に関しては積極的に発言したことが知られているが，それだけではないだろう。

　主な理由は二つ考えられる。まず，ニュージェントはグレンヴィルと近しい関係にあったことが挙げられる。彼はグレンヴィルと書簡を交わしており，後に娘がグレンヴィルの息子と結婚している。しかし，より大きな理由はニュージェントの出自と政治家としての背景にあると考えられる。ニュージェントは由緒あるローマ・カトリックの家庭に生まれたアイルランド人だが，イングランドに渡り，最初の妻の死後イギリス国教会に改宗し，1737年に富裕な未亡人であるアン・クラッグズと再婚した。この結婚により，彼は5万ポンドとエセックスの地所を獲得した。この点ではフロレンスとの再婚によりスマイズ家の当主となり，同家の資産と地位を手に入れたスミスと似ているが，より重要なことには，アンとの再婚によりニュージェントはコーンウォルの選挙区セントモーズの支配権を握った。当時のセントモーズは人口30から40の典型的なポケットバラであり，ニュージェントは下院の終身議席を手に入れたも同然だった。ニュージェントは1754年にブリストルで初当選した時もセントモーズで重複当選している。したがって，彼はブリストル選出議員ではあっても同市と強い結びつきがあったわけではなく，セントモーズの議席を事実上確保していたから，議員としてかなり自由に振る舞うことができた。この点，ブリストルで生まれ育ち，顧客に同市の商人を多数

抱えていたスミスとは，条件が全く違う。スミスがブリストルの経済利害に強く束縛され，それを第一に考える必要があったのに対し，ニュージェントはそうした束縛からかなり自由だったといえるだろう。印紙法への2人の対応の違いは，地域利害に密着した議員としてのスミスの特徴を如実に表している。

おわりに

　以上，ジャリット・スミスの出自，ビジネス，議員としての活動を見てきたが，最後に，彼のような人物が1750年代から60年代のブリストルで議員に選出されたことの意味を考えてみたい。

　スミスの事務弁護士としての仕事は資産管理・運営，もめごとの仲裁などが中心で，顧客の利益のために瑣末で面倒な仕事を地道にこなしていた様子がうかがえる。彼はフロレンスとの再婚によりスマイズ家の当主となる幸運にも恵まれ，本業以外の鉱業や私掠船への出資でもかなりの利益を得ていることから，財テクの才能もあったといえる。リチャード・ベックフォードが若死にすると，スミスは高齢でありながら棚ぼた的に下院議員に選出される。

　スミスは下院においてけっして目立った存在ではなかった。その証左として，彼が議会で発言した記録はなく，スミスの准男爵位は本人ではなくブリストル選出の同僚議員ロバート・ニュージェントにより申請されている。しかし，このことはスミスが議員として怠惰で無能だったことを意味しない。ニュージェントのように弁舌をふるうことはなくとも，海軍法案，ブリストル橋の再建，印紙法といったブリストルにとって重要な問題では，同市の利害にきわめて忠実に働き，地元に貢献している。史料や文献を読む限り，スミスは魅力的な人物とは想像しがたいが，ブリストル，とりわけ同市の商業利害にとっては都合の良い人物だったに違いない。

　海軍法案やブリストル橋再建問題をめぐる議論で見られたように，ブリストルの地域利害がけっして一枚岩ではなく，時には内部対立が生じたことにも注目したい。多様な産業，商業部門を抱える大きな港湾都市であれば，こ

うした不協和音はむしろあたり前かもしれない。そうした場合にも，様々な事業に関わり，多くの地元有力者に顔が利くジャリット・スミスは利害調整役として適役だったのではなかろうか。

　前述のように，ブリストルは従来，典型的な開放型選挙区とされ，エドマンド・バークのような全国型の大物政治家も輩出している。スミスの前任者ベックフォードや同僚ニュージェントも目立つ存在である。アメリカ独立戦争が勃発し，急進主義運動が勃興する前の時期とはいえ，スミスのような地域密着型の人物がブリストルから議員に選出されたことは興味深く，一見意外に見える。しかしながら，事務弁護士として実績を積み，地域社会において豊富な人脈を構築したことがスミスを下院議員にしたのは，ごく自然な成り行きだったといえる。彼は地元利害に忠実なだけではなく，時には対立する地元利害を調整してまとめる役割も期待されたのであろう。スミスが1761年には68歳の高齢でありながら無投票で再選されたのは，海軍法案やブリストル橋再建をめぐる彼の仕事ぶりがブリストルの有権者を満足させていたからであろう。その上，ニュージェントとは違って印紙法の廃止にも貢献したのであるから，スミスは十二分に地元に尽くしたと言ってよい。18世紀中盤のブリストルにおいて，ジャリット・スミスは申し分のない下院議員だったのである。

注

1） C. M. MacInnes, *A Gateway of the Empire* (London, 1939); David Richardson, *The Bristol Slave Traders: A Collective Portrait* (Bristol, 1985); Kenneth Morgan, *Bristol and the Atlantic Trade in the Eighteenth-Century* (Cambridge, 1993); 池本幸三「ブリストルと奴隷貿易」『経済学論集』（龍谷大学）第11巻第3号，1971年。
2） W. E. Minchinton "Bristol - Metropolis of the West in the Eighteenth Century." *Transactions of the Royal Historical Society*, 5th series, 4, 1954, pp. 69-89.
3） 1701〜1796年にブリストルから選出された下院議員22人中，ロバート・イェイト，ウィリアム・デインズ，エドワード・コルストン，ジョゼフ・アール，エイブラハム・エルトン父子，エドワード・サウスウェル，リチャード・ベックフォード，マシュー・ブリックデール，ヘンリ・クリューガー，ヘンリ・リピンコット，ジョージ・ドーブニの12人は商人であり，トマス・エドワーズ，ジョン・スクロープ，トマ

ス・コスター，ロバート・ホブリン，ジャリット・スミスも仕事を通じて同市の商業利害と強固に結びついていた。
4) バークとブリストルの関係については，青木康『議員が選挙区を選ぶ——18世紀イギリスの議会政治』(山川出版社，1997年) 154～167頁を参照。
5) Bristol Record Office (以下，BROと略記), Jarrit Smith Papers, AC/JS.
6) スマイズ家については，彼らの手紙類にもとづいたアントン・バントックの研究が有用であり，本章も彼の研究に負うところが大きいが，史料番号を示さずに手紙を引用するなどの問題点がある。全体としては叙述的な家族史であり，ジャリットの政治・経済活動についての分析も十分ではない。Anton Bantock, *The Earlier Smyths of Ashton Court: From Their Letters 1545-1741* (Bristol, 1982) (以下，*The Earlier Smyths* と略記); Idem, *The Later Smyths of Ashton Court: From Their Letters 1741-1802* (Bristol, 1984) (以下，*The Later Smyths* と略記)。
7) 以下，本節の記述内容は，議会史財団 (History of Parliament Trust) のサイトに依拠している。参照箇所はブリストルに関する http://www.historyofparliamenonline.org/volume/1715-1754/constituencies/bristol および http://www.historyofparliamentonline.org/volume/1754-1790/constituencies/bristol である。
8) BRO, Personal papers: John Smith: Bonds, AC/JS/2.
9) この結婚についてはほとんど記録が残っていない。娘のマーサが父ジャリットに宛てて書いた1737年5月23日付の手紙が一通残っている程度である。BRO, AC/JS/11/4. なお，息子のジョンはジャリットの再婚前に早世している。Bantock, *The Later Smyths*, p. 10.
10) Bantock, *The Earlier Smyths*.
11) *Ibid.*, p. 264. サー・ジョンはジャリットに借金を繰り返しており，そうした手紙が数多く残されている。例えば，1728年10月28日付の手紙には，「親愛なる貴兄へ。使いの者を送りますので，月曜日か火曜日までに30ないし40ギニーを融通していただけないでしょうか。その後すぐにアシュトン (スマイズ家の屋敷) でお会いしましょう……」と書かれている。BRO, AC/C/107.
12) BRO, "The Case of Thomas Coster, Esq.": printed pamphlets giving reasons for the validity of his election, 1734-5, AC/JS/33/2a-f.
13) BRO, Professional Papers: The 'Bristol Case', AC/JS/53.
14) Bantock, *The Later Smyths*, pp. 15-19.
15) *Ibid.*, pp. 32-38.
16) これは，彼の妻フロレンスの姉エリザベスの夫ジェラード・スミスがジャコバイト支持者としてよく知られていたために，義弟であるジャリットがそのとばっちりを受けたようである。ジェラードはエリザベスとともにアシュトン・コートに住んでいたのだが，この頃2人の息子とともに姿をくらまし，二度とブリストルに現れることはなかった。ジェラードはカトリックのジャコバイトということで，彼と結婚したエリザベスは当主である弟ジョンから縁を切られており，ジャリットもジェラードとの姻戚関係を消し去りたかったようである。*Ibid.*, pp. 43-44.

17) *Ibid.*, p. 207.
18) BRO, Steadfast Society, SMV/8/2
19) BRO, Professional Papers: Coster Estate, AC/JS/33.
20) BRO, Lord Gage v. Robert Hoblyn and others, executors of Thomas Coster deceased. Court papers, AC/JS/33/12a-l.
21) BRO, John Brickdale and others (later Anthony Den) v. Anthony Rogers. (Lawsuit relating to property at Henstridge, Somerset.) Court papers: Commission of Jarrit Smith to take answers; copy of answer; briefs, AC/JS/40/13a-d, 1747-48.
22) BRO, Professional Papers: Daubeny settlement, AC/JS/31; Letters: James Humberston and J. Brickdale to Jarrit Smith, AC/JS/88/7a-b, 1736 April 20, 1737 May 23.
23) BRO, Agreement for sale and purchase, AC/AS/24/3, 1764 Dec. 5.
24) BRO, AC/JS/61/25; AC/JS/87/16; エイブラハム・エルトン（1679～1742年）には同名の父（1654～1728年）と息子（1703～61年）がいる。父は真鍮工業、鉄工業、毛織物業で財をなし、ブリストルの市参事会員、シェリフ、市長、貿易商協会会長、下院議員を歴任した。息子もシェリフ、市長、貿易商協会会長に就いている。ちなみに、3人ともサーに叙されている。
25) 川北稔『民衆の大英帝国——近世イギリス社会とアメリカ移民』（岩波書店、1990年）129～180頁。
26) 1756年、59年には強制徴募隊と激しく抵抗する船員の間で銃撃戦が起こり、いずれの場合も死者が出ている。川北、148頁。John Latimer, *The Annals of Bristol in the Eighteenth Century* (Bristol, 1893), p. 322, 337.
27) S. F. Gradish, "The Navy Act of 1758", *English Historical Review*, Vol. 93, No. 366 (1978), pp. 46-67.
28) 31 Geo. II, cap. 10 (1758).
29) W. E. Minchinton (ed.), *Politics and the Port of Bristol in the Eighteenth Century: The Petitions of the Society of Merchant Venturers 1698-1803* (Bristol Record Society's *Publications*, 23, 1963), p. 92.
30) BRO, Abraham Elton, Master of the Society of Merchant Venturers, to Jarrit Smith, AC/JS/92/4, 1758 April 15. このエイブラハム・エルトンは、前節で言及した人物の息子である。
31) ただし、ブリストルの商業界がこの法案に対して反対一辺倒だったわけではない。ホブハウス（姓しか記載がない）からスミスに宛てた1758年2月9日付の手紙は、この法案は海軍勤務の船乗りの待遇を改善し、人々の入隊を促すだろうと、好意的にとらえている。BRO, AC/JS/92/2, 1758 February 9.
32) P. T. Underdown, "The Parliamentary History of the City of Bristol, 1750-1790" (University of Bristol MA thesis, 1930), p. 80.
33) Gradish, "The Navy Act of 1758", p. 64.
34) *Journal of the House of Commons*（以下、*CJ* と略記）28, p. 362.
35) *CJ* 28, pp. 249-250, 360, 374, 390, 413, 442, 516.

36) ブリストル橋の再建については，Barb Drummond, *Death and the Bridge: The Georgian Rebuilding of Bristol Bridge* (2nd edition, Bristol, 2007).
37) *Ibid.*, p. 2.
38) *CJ* 28, p. 927.
39) BRO, Parliamentary papers: Bristol Bridge Act, AC/JS/96.
40) BRO, Copies of the Report of the Committee appointed at a General Meeting of the Citizens of Bristol, concerning the rebuilding of Bristol Bridge, AC/JS/96/3a-b, 1759 February 23.
41) Drummond, *Death and the Bridge*, pp. 12-13.
42) *Ibid.*, pp. 13-14.
43) G. H. Guttridge (ed.), *The American Correspondence of a Bristol Merchant 1766-1776: letters of Richard Champion*, University of California Publications in History, no. 22 (Berkeley, CA, 1934), p. 3
44) Minchinton (ed.), *Politics and the Port of Bristol in the Eighteenth Century*, pp. 103-105.
45) *CJ* 30, p. 462.
46) 1766年1月17日，下院にはブリストルの2通の請願の他に，ロンドンの北米貿易商，リヴァプール，ハリファクス，リーズ，マンチェスタ，レスタ，ブラドフォードから同趣旨の請願が提出されている。*CJ* 30, p. 462.
47) BRO, AC/JS/100/1, 1766 March 31.
48) BRO, SMV/2/4/2/10/20, 1766 March 17.
49) Guttridge(ed.), *op.cit.*, p. 11; http://www.historyofparliamentonline.org/volume/1754-1790/member/nugent-robert-1709-88; 以下のニュージェントに関する記述は，議会財団のこのサイトに依拠している。

第8章 18世紀イギリスにおける海難者送還システムと議会制定法

金澤　周作

はじめに

　いわゆる重商主義政策にかかわって，イギリス議会はどのような役割を果たしたのであろうか。18世紀に海運問題への議会の介入は拡大したとされており，実際，港湾の補修，灯台管理，バラスト供給，検疫，海賊の撲滅，航海法体制の構築，強制徴募，海軍予算などの例に明らかなように，議会制定法は決定的な役割を果たしてきた[1]。そもそも18世紀議会に占める商業・海運利害のプレゼンスは無視できないものであり続けた[2]。海を安全にし，海運網を掌握し，そのために強大な海軍力を維持することは，貿易黒字の拡大を国是とする重商主義体制にとって自明の方針であり，そこに議会が立法の形で介入することもまた，不思議ではない。

　さて，本章では「海難」という視点を導入したい。海運が発展すればするほど，海難の被害も増加する。18世紀における海難数を再現することは史料的に不可能であるが，同時代人の主観においてそれが膨大で深刻だったことは，様々な史料から確認することができる。例えば，18世紀後半に版を重ねたウィルキンソンによる船員のための安全手引書（1764年）には，毎年4200人のイギリス船員が溺死し，約1000人が九死に一生を得る眼に遭っているとある[3]。海難は，海運で隆盛を誇るイギリスのアキレス腱だったといってもよかろう。それならば，イギリスは自らの弱点である海難に対して，どのような策をとったのであろうか。船を堅牢にする，航海術に習熟する，海上保険を掛けてリスクを軽減する，といった民間での工夫とは別の次元で，

国家は相当な割合で生じる海難——年間船舶喪失率は4〜5％かそれ以上と見積もられる[4]——の甚大な慢性的リスクにいかに対処したのか。

この問いに答えてくれる先行研究は、よく知られた経度測定に関するものを除けば、ほぼ存在しない。海難に関する研究自体がふるっておらず、海上保険史、文化史、社会史の領域で部分的に言及されるにとどまっているように思われる。右肩上がりのイギリス近代史の影の部分に注目する研究は、ことにイギリスでは難しいのかもしれない[5]。

理由はどうあれ、先行研究のないところから探索を開始しなくてはならない本研究は、次の構成をとることにした。まず第1節で18世紀議会における海難問題の位置を概観し、そこから具体的な課題（海難者≒漂着者を送還する仕組みとはいかなるものであったか）を定める。そして、第2節ではイギリス本土での送還の、第3節では外地での送還の形成過程と構造を再構成してゆき、おわりにこの内外の送還のあり方を総括し、18世紀の議会が海難に対してとった消極的態度の歴史的な意味を考察するとともに、一歩踏み込んで、東アジアの漂流民送還体制と対比させて特徴を示してみたい。

第1節　18世紀における海難問題の特徴

(1) 19世紀における海難問題への関心

重商主義時代の像を明確化するために、まず19世紀における議会での海難の扱いを確認しておきたい。議会文書で「海難」を対象としたものがどれほどあるかを悉皆調査してみると、1801年から1867年までについて、文書の主題の傾向は表8-1のようになる。

内容に即しておおまかに傾向を述べるなら、1800年から20年代にかけて目立つのは、海難に遭遇した者へ救済の手を差し伸べることを可能にした18世紀末から開発の進んだ「人命救助器具」への関心であった[6]。また、1810年代と30年代には、当時の最新のテクノロジーである蒸気船がもたらした新しい「事故」のかたち——ボイラーの爆発など——が議会による調査の俎上にのぼった[7]。そして1850年代に入ると、文書数自体が急増するが、

表 8-1　議会文書にみる海難問題（1801 ～ 1867 年）

年		1801～10	1811～20	1821～30	1831～40	1841～50	1851～60	1861～67
主題	人命救助器具	3	8	3	1	0	3	1
	難破船略奪	3	1	0	0	0	0	2
	海難	0	2	1	4	4	13	15
	事故	0	4	0	4	1	2	0
	海難救助（財）	3	0	5	1	4	11	10
	過積載	0	0	0	2	3	0	0
	事件	0	0	0	2	2	19	13
	その他	1	0	0	2	0	1	2
件数		10	15	9	16	14	49	43

出典：Parliamentary Papers の悉皆調査による。

このころ本格的に始まった海難の統計的把握と，偽装や人災による海難「事件」への関心の高さが反映している[8]。

　議会の議事録中に「海難」が言及される頻度も，図 8-1 にみえる通り 19 世紀の前半には急激に伸びている。そしてタイムズやその他諸新聞における「海難」の言及数も，図 8-1 および図 8-2 のように，やはり 19 世紀前半に大幅に増加している。

　つまり，議会の議場でも，議会によって作成された諸文書でも，民間の新聞でも，19 世紀，海難はますます注目されるテーマになった。その理由としては，難破船への人命救助が可能になってきたこと，蒸気機関という新しいテクノロジーが海に参入してきて海難のかたちを変化させたこと，そしてこれまでおこなわれなかった海難の統計的把握が進んだことが挙げられる。要するに，従来国家の手に余った不可避のリスク（「天災」）が徐々にコントロールしうるリスク（「人災」）へと，少なくとも認識の上で転換してきたことが，海難への関心を高め，その高い関心がさらに実態と認識の転換を促し，その結果，このようなはっきりとした数字にあらわれたのだといえよう。

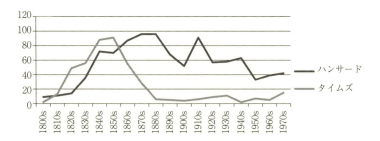

図 8-1　ハンサードとタイムズにおける海難への言及件数推移（1800 年代～ 1970 年代）
出典：*Hansard 1803-2005*——キーワード shipwreck で検索。
　　　The Times Digital Archive 1785-1985——キーワード shipwreck で Business, Editorial and Commentary, Features, News に限り検索。

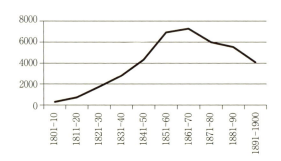

図 8-2　19 世紀新聞紙上での海難への言及件数推移（1801 ～ 1900 年）
出典：19th Century British Library Newspapers（48 タイトル）をキーワード shipwreck で検索。

（2）18 世紀における海難問題への関心

　それでは上の時期に先立つ 18 世紀において，海難はどのように表象され，認識されていたのか。まず，16 世紀ごろから連綿と書き継がれてきた「難破譚（shipwreck narratives）」に注目すべきであろう。これは，実際に起きた海難事故やその後の漂流，異郷の地での脱出行など，生存者が自ら経験した悲惨かつサスペンスと教訓と驚きに満ちた冒険を語る，当時発達した旅行記のサブ・ジャンルである。そのような難破譚は，18 世紀を通じ，陸地に生きる人たちに海難にまつわるディテールを伴うイマジネーションの源泉を供給していた[9]。次に，新聞報道。18 世紀はロイズに象徴される海上保険の

本格的な黎明期でもある。ロイズ・コーヒーハウスの発行していた『ロイズ・リスト』(1734年〜) は定期的に世界中の海運情報を提供したが，そこには膨大な数の海難のニュースが掲載された[10]。また，ロンドンや地方都市で発行されていた新聞紙上でも特に 18 世紀の末から「海難」への言及数が急増していることがわかる (図 8-3)。17 世紀後半からの「商業革命」を経て，イギリスの海運業は爆発的に膨張し，そうであるがゆえに海難数も増加し，ロイズの成長する余地も広がった。民間では，海難は少なくとも経済的には損失を回避しうるリスクとして認識されるようになっていったのである。

　一方，議会では，19 世紀以降と著しい対照をなし，海難問題への取り組みは非常に乏しい。19 世紀以降盛んになる海難に関する調査の類は 18 世紀には一つもない。議会は海難に関知しないかのようである。確かに，18 世紀において海難は人知の及ばない「天災」であった（難破譚もこの認識を助長した）。いつ起きるかはわからないが必ずランダムに生じる海難に対処するのは個々の海運当事者であり，また市場（保険）であった。リスクを計算するためのデータは，ロイズの収集する情報や，ローカルな知識に依拠していた。だからこそ，議会や政府は海難にそれほど強く介入できなかったのである。しかし，議会が全く沈黙を守っていたというわけでもない。断片的な難船者救済のための立法の試みがみられるのである。それらが，本章の特に第 3 節の議論を導く細い糸になる。

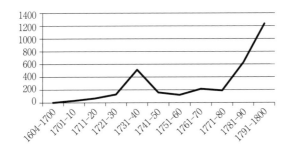

図 8-3　17 〜 18 世紀新聞紙上での海難への言及件数推移（1604 〜 1800 年）
出典：Burney Collection Newspapers（1200 タイトル；ロンドン中心）をキーワード shipwreck で検索。

(3)「海難＝天災」期の対策のかたち

以上の予備的な考察から示される通り，19世紀以降に比し，重商主義の時代において，海難は社会的にはすでに深刻な問題であったにもかかわらず，議会がそこに積極的に関わっているようには見えない。その最も根本的な理由は，当時，海難が不可避の天災だと認識されていたことにある。

しかし，実は，18世紀の議会は海難者の処遇に対して，決定的な貢献をなしていた。それは，海難が天災であった時代に唯一可能だった対策，すなわち，海難に遭ったが生命は助かった者への支援，すなわち，船を失った海難者を故地に送り還す方策である。本章はこの「海難者送還」に注目し，海難者の存在が，当時，国のレベルでどのような問題として理解されていたのか，制定法がどのような役割を果たすことになるのか，そしてできあがったシステムはどのように作動したのかを明らかにしていく。そうすることで，天災時代の海難対策に果たした議会の歴史的意義を究明してゆきたい。

第2節　国内海難者送還

(1) チャリティ

イギリス近代の救貧を考える上でおさえておかなければならないのは，次項で検討する浮浪法や救貧法を下支えするように，チャリティが社会にあふれていたという事実である。巷間，浮浪法や救貧法はその酷薄で冷淡な規定で知られるが，それを可能にしたのは行政の外部で展開していた潤沢なチャリティの存在であった[11]。さて，海難に関しては，1824年には王立ライフボート協会[12]が，1839年には王立難船漁民・船員慈恵協会[13]が設立され，前者は座礁船上で難渋する人々を救命艇で救出に向かう事業を，後者は無事に陸にたどり着いた難船者の救護や，溺死した船員の遺族支援を担い，両者は現在に至るまで活動を持続している。このように，19世紀以降のチャリティの役割は明白である。それでは，本章が注目する18世紀，チャリティの救いの手は溺死を免れた海難者に対して差し伸べられていたのであろうか[14]。

難船者はしばしば，着のみ着のまま内地を歩き，慈善心に訴えかけ物乞いをしていたようである。そのことをうかがわせるのは，1745 年にエクセタで出版されて以来，時代に合わせた内容の改変を繰り返し，1871 年まで 40 以上の版が流通した『乞食王カルー伝』という作品中に頻出する海難者のエピソードである。同書は，実在の人物バンプフィールド・ムーア・カルー[15]が，少年のころ，裕福な由緒ある家を出奔し，「ジプシー」集団の仲間に入り，富裕な者からの金銭の詐取の手際で頭角をあらわし，(多くの版では) ついに彼らの「王」になるという話である。カルーの変装の数々の中でも目立つのは海難者で，その姿は人々に憐みを催させ，財布のひもを緩めさせた。限りなくフィクションに近い叙述ではあるが，カルーの活躍する舞台の描写が荒唐無稽でないからこそ，一世紀以上にわたり読まれたのであろう。ここでは，海難者がチャリティの自然な対象であったことを確かめるために，初版と 1788 年版からいくつか引用してみたい[16]。

　カルーはその経歴の初期から，「今日は平水夫，明日は（挙措を変えたり良くしたりして）甲板長，航海士，船長」といった具合に「難破した船乗り」に変装し，「証明書あるいは通行許可証 (a Certificate or Pass)」を携帯し，あるいはなにも持たず「言葉の力だけで人をだました」（初版 22 頁）。ドーチェスタに行った際には難船者のふりをし，「通行許可証 (Pass)」を提示して，「惜しみない援助」を得た挙句，ブリストルに向かうと言いながら「進路をデヴォン州にとって，道々，フラムトンのブラウン大佐，トーラの地主トレンチャードとフルフォド，ロング・ブリッティのブロードリップ大佐とミッチェル大佐と地主のリチャーズ，それにその他数人のジェントルマンたちから，難船員として寄付をせしめてまわった」（1788 年版 62 ～ 63 頁）。なお，ここに出てくる「証明書」あるいは「通行許可証」は，実際に存在した書式である。その詳細については次項で説明したい。

　また，「ニューファンドランドから本国への帰還途中に難破した船の乗組員」に化けたり（1788 年版 27 頁），大勢のクエイカ教徒を乗せたフィラデルフィア行きの船がアイルランドの海岸に難破して打ち上げられたということを聞くと，難破したクエイカ教徒になりすまし，彼らの集まる大きな会合の

会場にゆき，そこで難破の顛末を語り，莫大な寄付を集めた（初版 42 ～ 43 頁，1788 年版 33 ～ 34 頁）。ほかにも，「縁なし帽の代わりに古びた長靴下をかぶり，老婆が着るようなぼろぼろの外套を羽織って，シャツも着ず長靴下もつけずほとんど形をとどめていないような靴を履いて」，難破してフランス船に救助されたと作り話をして金と服を与えられた（1788 年版 36 頁）。海難者ではなく，難破で財産を失った者を騙ることもあった。船荷監督をしていた大きな船がスウェーデンから戻る途中に全財産もろとも難破して困窮していると訴えて金を得たのである（1788 年版 42 ～ 43 頁）。海難の被害者には，このように多様な個性があった。

　海難者はチャリティによる救済の対象であった。だからこそ，『カルー伝』における多様な扮装，偽海難者のエピソード群はリアリティを持ったのである。ブリテン諸島の沿岸に遍在したであろう海難者は，内地を歩き回り，寄付を得て糊口をしのぎ，移動した。

　しかし，チャリティだけが海難者の頼る先だったわけではない。彼らの移動は，国によっても保証され，方向づけられていた。

(2) 浮浪法と救貧法

　本章の時代からさかのぼること 200 年，ヘンリ 8 世，エリザベス女王治世期に貧者の浮浪が大きな社会問題となっていたことは，同時代的にはトマス・モアの『ユートピア』やシェイクスピアの諸作品，研究では特にバイアーのそれを通してよく知られている[17]。農村での囲い込みと都市化の波，戦争終結とともに生じる大量の陸海軍の復員兵が，これまでにない規模で人の移動を惹起したとふつうは説明される。本来いてはならない場所に貧者がいること，換言すれば，本来いるべき場所から貧者が離れていることを，識者や当局は問題視した。そして，興味深いことに，彼らの観察の中に海難者が姿を現す[18]。それを手掛かりに，国内の海難者がどのように処遇されてきたのかを探っていきたい。

　1566 年に初版の出たトマス・ハーマンの有名な『浮浪者警戒論』の中に，「淡水船員あるいはウィップジャック」という表題の下，次のような叙述が

みえる。彼らは,

> 乗っていた船がソールズベリの平原で沈没したという輩である。この手のたかり屋どもは,海上で大きな損失を被ったと嘘をつく。……この者どもは**偽造した許可証（License）を持って国中をうろつきまわる**。その許可証には,コーンウォルかデヴォン州の沿岸近くで難破したか海賊に襲われたかして,かの地の港町にたどり着いたと記してあり,**その書状は,この者どもの主張する上陸地点付近在住の少なくとも4, 5人の身分ある人の名前と印章が付された大きな公式文書の体裁をとっている**。……
> この者どもは**海軍省の印章を偽造することもある**。……それなりの町に行けば必ず,**許可証を新たに手に入れることができる**。……証言した者どもが誓って申すには,許可証はポーツマスに住むある海員から購入し,その額は2シリングだったという。それは,**ロンドンあたりの最高の法律家でも学識者でも偽造とは見破れないで,かえってこれが本物であると請け合ってくれるほどよくできている**,保証付きの一品なのだそうだ[19]。

（太字強調は引用者による。以下の引用でも同様）

規模は推測するしかないが,16世紀半ば過ぎの段階で,真正であれ虚偽であれ,「海難者」が当局から許可証を得て物乞いをしながら移動する実態があったことは疑いえないであろう。なお,本章で出発点にする制定法は,ハーマンの書物よりやや後の1597年の「浮浪法」である。許可なき移動を浮浪とし,これを禁止する条文が続く中で,第13項には例外が明記された。

海難に遭った海の民（seafaring Man）で,居住地への帰還を自力でおこなうことができない者は誰でも,上陸地点かその近辺の誰か一人の治安判事の手になる**証明書（testimonial）**を携帯し,そこに上陸地点と日時,帰還する先の居住地または出生地,そしてこの移動にかかる時間が明記されているならば,その者は,指定されている帰還先に対して直接的に同法にかかわる危険も負担も掛けず,また,証明書に記されている移動期限内にお

いて，その移動に必要となる救援を要請し，受領することができる[20]。

 つまり，16世紀後半の段階ですでに，漂着した海難者は法的に救済の対象であった。ただし，救済といっても，海難地点から居住地への帰還を「浮浪法」の処罰対象から除外して，実質的に物乞いを容認することにすぎないのであるが。この規定は1700年法，1714年法，1744年法の形で後の時代に引き継がれる[21]。17, 18世紀に出版された各種の治安判事マニュアルにも，かならずといってよいほど，浮浪法にのっとって海難者に対する処遇の方法が指示されている。例えば1635年のマニュアルには，上の浮浪法をパラフレーズした指示が掲載されている。いわく，

> 海難に遭った者が上陸した場所，あるいは困窮した兵士や水夫が上陸した場所の近隣に住む治安判事は，その者たちに対し，自らの手になる上陸地点などを記した**証明書**（testimoniall）を発行することができるし，そうしなければならない。その証明書によって，出生地または居住地などに至る最短経路を通過する許可が与えられるが，同時に通過にかかる適切な期限も設定する[22]。

 また，1710年の救貧マニュアルには「証明書」の書式が採録されており，当時の治安判事たちはこの書式にのっとって海難者に「証明書」を発行したり，あるいはこの書式で作成されていれば，提示された「証明書」を真正のものだと考えたであろうし，偽造する者がいたとすれば，この書式を踏襲したことであろう[23]。18世紀の浮浪法の施行実態を実証的に明らかにしたオードリー・エクルズの研究[24]によると，海難者や陸海軍の復員兵に対して発行された本物の証明書は史料としては現存していないという。証明書は当局に提示はするが預けることはなく，有効期限を過ぎれば保持者にとって無意味になるから，保存もされなかったためである。だが逆に，偽造を疑われた証明書はまれに残ることになる。エクルズが紹介しているのはドーセット州文書館所蔵のものである。1764年にコンスタブルに逮捕されたジョン・

ベイカは以下の証明書を持っていたとしてドーチェスタ監獄に収監された。

> ここに証明します。本状の所持者トマス・ホランドとジョン・ベイカは，ランカシャ州リヴァプールの商船ローズ号に乗り組みジャマイカへ向かっていたところ，同船は海上での激しい嵐のためセント・ヴィンセント岬（引用者注：ポルトガル南西端）沖で難破し，あわれな６人と船長と航海士を除き全乗組員が溺死しました。幸運にも生命の助かったこの哀れな者たちは，あるいは太もも，あるいは脚，あるいは腕に重傷を負い，きわめてひどい状態にあります。……それゆえ関係する町役人，コンスタブルその他すべてのジェントルマン方に対し，彼らを慈悲の対象として推薦するものです。……
>
> ドーセット州治安判事の一人，ジョン・ハニング自署[25]

　結局ベイカは無罪放免となったようで，もしかしたら，これは「本物」の証明書だったのかもしれない。

　以上のように，18世紀の海難者は浮浪法にもとづいて，居住地への帰還支援を受けていた。その特徴を際立たせるためには，浮浪法と相前後して整備された救貧法行政を想起すべきであろう。1597年および1601年の諸法で原型の定まった救貧法行政の眼目は，1662年の定住法の規定とあわせて，貧者の扶養義務をその定住教区（一種の戸籍地／上の引用文中にみえる「居住地または出生地」）に負わせることにあった。換言すれば，定住教区を離れ，別の場所で救済を要求する極貧者になることを禁じるということである[26]。浮浪法の規定も救貧行政の方針の中に位置づけられた。浮浪者は罰せられ，州の負担で定住教区に送還された。浮浪法の例外をなす海難者の場合も，本来の居住地ではない地点に漂着すると，罰せられないにせよ，そこの教区に居ついて負担と化すことを阻止されたのである。いわば，海難者という異質な要素を，その本来の居場所すなわち救済の与えられる地までリレー式に厄介払いしていくシステムが，法的に整備されていたのである。

(3) 救貧としての送還

18世紀、民間のチャリティと行政の公的救貧は、国内に発生した海難者を、その本来の居場所に送り還す流れを作り出していた。海難者は救貧という問題系の中に位置づけられ、当時の救貧の選別的救済の論理にしたがって処遇された。すなわち、窮状の真正性が認められれば民間のチャリティによって助けられるし、しかるべき証明書を手に入れられれば、浮浪法に抵触せずに物乞いをしながら帰還することもできた。だが同時に、潜在的な「たかり屋」、偽りの貧者（海難者）には、チャリティは差し控えられ、行政は処罰を以て臨んだのである。

この帰還の体系は19世紀まで存続した。上述の王立難船漁民・船員慈恵協会の季刊誌『難船船員』（1854年創刊）の1855年1月号に掲載されている興味深い記事「陸水夫（Turnpike Sailors）と架空の船員協会」によると、同協会の活動のおかげで、「いまや、あわれな漂着者は、これまでのように衣服もなく裸足で道々を物乞いして歩く必要はない」。そして、人々のチャリティは、「難破したとの口実で、船員の格好をして、国中を旅してまわるたかり屋ども」に間違って与えられることもなくなった。つまり、18世紀的な国内海難者対策は、19世紀半ばまで機能していたのである。しかも、同協会が新たに構築したシステムは、従前のそれを部分的に踏襲していた。当該の難船員は「協会の印のついた定型の証明書（a printed certificate）」を与えられ、それを帰りの道中のブリテン諸島沿岸に点在する協会の代理人（500人）に示して支援を受けることとされた[27]。新機軸は、代理人によって海難者を「家まで鉄道か蒸気船で送還」させることであったが（外国人の場合は在英領事のところに送る）、これはおそらく、次節で説明する海外海難者送還の仕組みを踏まえている。1854年10月号の巻末には、一覧表の形で、1854年6月1日から8月31日までに同協会が支出した帰還の費用負担の詳細（旅費、宿泊費など）が合計78件掲載されてもいる[28]。逆に言えば、この時期になっても国内の海難者は国費で帰還を支援されることはなく、その処遇は民間に委ねられており、自力救済的な要素を保持していた。

このように、選別的な救貧の一環としての国内海難者の故地への送還の仕

組みとそれを支える海難者認識は，16世紀には存在し，19世紀の半ばまでながらえた。この仕組みを成立させるにあたり，浮浪法や救貧法といった議会制定法の果たした役割は決定的である。救貧行政は海難者のために構築されたわけではないが，結果的に，チャリティと両輪となって，海難者の帰還の動線を確立した。送還の内実の解明のためには，地方文書館での調査が必要で，今後の課題とせざるをえないが，その構造は以上のようなものだと理解して差し支えあるまい。

第3節　海外海難者送還

(1) 自力救済と条約

　前節で扱った国内ではなく，イギリスの主権のおよばない海外で海難に遭い，生きて上陸できた場合，イギリス船の乗組員にはどのような運命が待ち受けていたのであろうか。

　人跡未踏の地，あるいはヨーロッパの外に漂着した者は，「大航海時代」以来，諸国の多くの難破譚が繰り返し語っているように，隊伍を組み，原住民や野獣，厳しい気候や人間を寄せ付けない森や川に挑んで，最寄りのヨーロッパ人入植集落を目指した（無人島に漂着すると，助けを待つか筏やボートを製作して脱出をはかった）。その難行の描写は，ときに前節でみた国内の海難者が，人々の疑念の目にさらされながら物乞いをして故地に戻るさまと重なり合う。支援を受けられず，かえって邪険に扱われた例としては，1782年にアフリカ南部のカフラリア海岸沖で難破したグロヴナ号の生き残りたちの脱出譚の中に次のような記述がある[29]。憔悴しきった海難者たちは内陸を進んで喜望峰を目指すが，そのようなほぼ無一物の，襤褸を纏ったヨーロッパ人に対し，現地のカーフィル人は，

無償で何かをくれようとはしなかった。こちらも交換できるようなものを何も持ちあわせていなかった。カーフィル人たちは，われら**哀れな浮浪者**が悪さをしやしないかと非常に心配し，こちらが近づこうものなら必ず牛

たちを囲いに戻し，寄ってこないよう暴力に訴えたりもした。じつに万国共通で真実なのは，**貧困は不運というよりむしろ犯罪とみなされる**し，何も提供できないような者は，奪おうと企んでいるのではないかとすぐに疑われるということだ30)。

　こうした圧倒的に不利な状況を脱することができて初めて，彼らはヨーロッパ人に発見されたり，その集落に到達したり，親切な人の手引きを受けたりして，ヨーロッパ船の出る港へと辿り着いたのである。そこで，同情してくれた住民の支援——チャリティ的な募金など——のもとイギリス船や外国船に便乗するなどして，最も幸運な者たちは生きてイギリスに戻った。多くの難破譚は，この帰還で幕を閉じる。

　それでは，国同士の関係が成立している地ではどうだったのだろうか。外国でのイギリス船遭難者に対してイギリスはどのような処遇を求めたのであろうか。17世紀末，18世紀末，19世紀初頭にそれぞれ編纂された三つのイギリスの条約集31)から，海難に触れた条文をとりだしてみると，次のことがわかる。17世紀後半以降，難船者の処遇を規定した条文を含む条約を締結したことが確認できる相手国は，キリスト教圏ではフランス，スペイン，オランダ，ロシア，スウェーデン，デンマーク，イスラーム圏ではオスマン帝国，モロッコ，アルジェ，トリポリ，チュニスであった。網羅的ではないかもしれないが，一定の傾向はここから読み取ってもよいであろう。

　キリスト教圏では総じて，難破船の財の「保全」と「持ち主への返還」，および難船者への「あらゆる友好的な支援と救済」が，双務的な義務とされた。例えば，1670年にアメリカでの紛争を停止し和平するためスペインとの間で結ばれたマドリード条約の第11条では，

　どちらかの国か住民か臣民に属する船が，他方の国の沿岸や領土内で砂州に乗り上げたり難破したり（神よ避けさせたまえ），あるいは何らかの損傷を被った場合，難破し岸に打ち上げられた者は虜囚とはされず，むしろ，その窮状に対し，あらゆる友好的な支援と救済が実施され，そこからの自

由で平穏な通行と各自の故国への帰還のため，安全通行手形（Letters of Safe-conduct）が与えられる[32)]。

　また，同年に同盟と通商を目的にデンマークと締結したコペンハーゲン条約では，難破船は，「その策具，備品，積荷，および船に残ったあらゆる物とともに，その所有者のもとに返還される」こととともに，海難地点の住民が，それらの財を救出し，「安全な場所に保管する」ために「最大限の努力」をすることが決められた[33)]。

　他方，イスラーム圏との間の条約はすべて，一方的に相手国に対して難破船の財の保全と難船員の救助（および奴隷化の禁止）を要求する片務的な内容を持つ点で対照的である。例えば1686年にアルジェとの間で締結された平和通商条約の第6条では，「グレートブリテン国王または陛下の臣民に属する難破船」は，アルジェの沿岸において私掠の対象となったり，その乗組員が奴隷にされることもないと明記された。そして「アルジェのすべての臣民はこれらの人や物品を救助するために最大限の努力をする」ことが求められたのである[34)]。

　このように，イギリスは様々な国との間に，自国の難破船とその乗組員が相手国内でしかるべき処遇を受けられるように約束を交わしていた。ただし，おそらくこうした条文は努力目標であるか，積極的な要請があって初めて参照され，それにもとづく対応がなされる類のものであり，国家間で十全に難船員の相互的な救護がおこなわれていたとは考えにくい。むしろ，上の条文にあるように，現実は，生存者にいくらか手当てをした後は，せいぜい通行手形を与えて，自力救済に委ねたのであろう。前項の未開の地とは異なっているが，それでも，程度の差はあれ，難船者は故地に戻るため，イギリス行きの船の出る最寄りの港までは，（通行手形を要所で提示しつつ，住民や当局者の善意に左右されて）自力で向かうしかなかったと思われる。

　それでは，首尾よく適当な港に到達した後，イギリス船の乗組員たちはどのようにして故地に帰還することができたのであろうか。

(2) 1728年法と帰国支援

　第1節では，18世紀の議会が海難にわずかしか関心を払わなかったと述べた。だが，そのわずかの情報が当時の議会と海難の関係を知る導きの糸にもなるであろうとも予告しておいた。18世紀議会文書中に「海難」に触れたものはわずか数件で，いずれも立法化に至らなかった法案の草稿である。そのうち注目したいのは，1727年法案である。

　この法案は「トスカーナ大公国領における，国王陛下の臣民たる難船員と困窮者の救済のための，また，他の宗教的で慈善的な諸目的のための，これまで主としてリヴォルノ (Leghorn) に貨物を運ぶ商人たちによって寄付されてきた特定の少額の金を，より平等に支払い，またよりよく集めるための制定法」35) という。草案には，地中海の自由港にして17世紀以来イギリスのレヴァント貿易の一大拠点であったリヴォルノ 36) において，海難がイギリス当局につきつけていた課題があらわれている。すなわち，「リヴォルノに貨物を運ぶすべてのイギリス商人 (British Merchants)」が，トスカーナ大公国領内における「国王陛下の臣民たる難船員および困窮者」の救済のために，相応の貢献をすべきことは理にかなっている。そのため領事はこれまで慣習的に，商人らから積荷の量に応じて金を徴収してきた。ところが近年，「イギリス船でリヴォルノに輸入する商品」を，「当地の外国人に委託」することによってこの負担金の支払いを免れる者がいて，残りの商人たちに不平等な負担を強いている。それゆえ，船舶からの徴収金の仕組みを制定法によって義務化する（領事は，支払の済んでいない船舶の出航許可を出さない権限を得る），というのである。

　ここから引き出せる情報は，リヴォルノでは，元来，慣習的にイギリス商人は難船者のために自発的に金を出し合い救済してきた，すなわちチャリティをおこなっていたということである。しかし，拠出を回避する者の存在が問題となってきたため，制定法で義務化したいというのである。なぜ，これほどまでに難船者の救済に熱心な態度を見せているのであろうか。互いに関連する二つの大きな理由があると思われる。プロテスタント信者の改宗による喪失と，イギリス船員の人材流出である。

1727年法案は，1727年2月16日に法案提出要求をしたサー・リチャード・ホプキンズ議員によって，3月2日に下院に提出された。同月中に下院を通過し，貴族院でも第二読会を経て全院委員会審議段階にまで進むが，5月2日に審議延期で廃案となった[37]。注目したいのは，この法案が貴族院で審議されている最中，「リヴォルノにおいて牧師を扶養し難船員と困窮者の欠乏を補うべき理由を謹んで申し上げる書簡」なる請願が議会に提出された点である[38]。ここにいわく，自由港リヴォルノでは，イギリス商人の勢力は最も大きく，難船者のための自発的な救済金の積み立てもしているのだが，「先のフランスおよびスペインとの戦争によって拿捕される船員と遭難する船舶の数が急増し，それによってリヴォルノ港へ大量の船乗りが流入して」くると，対応ができず，その結果，「多くの船員がその宗教を変更し，生きるために外国海軍・海運（Foreign Services）に入ることを余儀なくされている」のだという。

　　もし現在，閣下方（引用者注：貴族院議員を指す）の前にある法案が立法化されないなら，これ以上拠出金を集めることができなくなるでしょうし，公庫が設置されないなら，牧師を雇うこともできず，困窮した同胞へのチャリティもできません。そのようなことになれば，イギリス商人は各啻で卑劣と見えるほかなく，当地の他の住民たちの間で，悪目立ちをするでしょう[39]。

　適切に救済しなければ困窮した難船員らは宗旨を変え，外国勢に身を投じるしかなくなってしまう。イギリスの体面へ訴えかけるほかに，この請願は明らかに，人材の流出への心配をかきたてる仕方で書かれていた。つまり，プロテスタント対カトリックの宗教冷戦の時代において，信者を相手方に奪われるという危機に加えて，イギリスの海運・海軍を支える船員の流出の懸念が表明されているのである[40]。
　リヴォルノで問題化したイギリス船の難船者という貴重な資源の喪失の危機は，翌年，対象範囲を一挙に拡大した制定法によって，阻止されることに

なる。18世紀議会文書に「海難」の痕跡を探す中で出会った1727年法案は、こうして「導きの糸」として、われわれをこれまで顧みられたことのない1728年法のある条項のもとに連れてきてくれた。

　この「陛下の海軍への船員の入隊を促進する法」案は、1728年2月14日に下院に提出された。もとは、当時しばしば制定された海軍への人材確保のための方策の一つであり、法案審議の段階では、ロンドンの海運利害が商船からの船員の強制徴募をやめるよう請願をだすが、海軍利害が法文への反映を見送るなど、議論の焦点はあくまで、海軍への船員のリクルートの円滑化にあった。しかし、委員会審議中の4月15日に、われわれにとって重要な、難船員を「外地で取り残されないようにする」条項が追加され、下院を1728年5月22日、貴族院を同27日に通過し、28日に国王裁可を経て立法化された[41]。法案の準備にあたったのは、7人で、うち4人がちょうど海軍委員の地位にあり（1人は海軍大将でバルト海戦隊司令長官のジョン・ノリス）、1人は大蔵委員、残りの2人は貿易商であった。選挙区でみても、ポーツマス、エクセタ、ロンドン、スカーバラといった海軍、海運、漁業の拠点が目立つ。党派で言えば、5人は少なくともホイッグであった[42]。海軍を中心に、イギリスの海の利害を代表する者たちが、政府の後ろ盾で作成した法案とみてよい。つまり、ここに一種の政策意図を認められるはずである。では、海外の海難者に対して、この法は何を定めたのであろうか。1728年法は、失敗に終わった1727年法案の精神を受け継いで発展させた内容を持っている。

　1728年法[43]は、「船員たちがすすんでこの国の軍務につきたくなるような当然かつ適当な刺激を与えること以上に、この王国の海軍力を効果的に向上発展させられる方法はない」と制定理由を前文で記している。そしてその主眼は、海軍への参加に対する忌避感を軽減する方策にあるのだが、第12項と第13項でやや唐突に、外地での海難者のための支援策が示される。要約すれば、①外国（Foreign Parts）で総督、公使、領事（不在の場合は現地在住のイギリス商人）[44]は、グレートブリテン臣民たる船乗り（Seafaring Men and Boys）で、当地で「難破や拿捕やその他の避けがたい事故のため沿岸に漂着した者」や、あるいは「海軍の艦船から勤務継続不能として兵役を解か

れた者」を，1日あたり6ペンスで扶養する。請求書は適当な領収書を添えて海軍局（the Commissioners to the Navy）に送付する。海軍は領収書を確認後，ただちに支出する。②総督，公使，領事（または現地イギリス商人）は，最初に当地およびその近辺に来航したイギリス軍艦（いなければイギリスへ向かう予定で人手不足の商船）に上記の困窮した船乗りを乗り組ませる。③軍艦も人手不足の商船もいない場合は，100トンあたり4人を超えない数の困窮した船乗りを，商船に預けてイギリスに帰還させる。預かった船乗り1人につき，商船の船長は出航から到着までの日数×6ペンスを海軍から受け取る。

　つまり，イギリス政府は，1728年の時点で，労働力として軍艦や商船に吸収しきれない外地の海難者を（復員水夫とともに）海軍の経費負担で本国に帰還させる政策を打ち出したのである。その後継法にあたる1758年法[45]でも内容に一切の変更はない（第26〜27項）。1792年法[46]の第8項で，日額は6ペンスから9ペンスに引き上げられたり，1830年法[47]第82項で支給額は大海軍卿が決定できるようになったりはしたが，基本的な方法は一貫している。もちろん，一連の制定法があるからといって，条文通りに実施されたことにはならず，これだけで海外難船者帰還システムの存在を論証したことにはならない。だが幸運なことに，1728年の規定による帰還事業の実態を伝える史料が存在する。

　イギリス文書館（TNA）の海軍省文書中に，ADM 30/22-25と番号の付された一連ファイルがある。これは，1729年から1826年まで，上記の制定法にもとづいて，外地での困窮者の滞在費を負担する領事らと，その本国送還を代行する商船船長らに対し，海軍がおこなった一定額の金銭支出の記録である[48]。これらの史料にもとづき，1729年以降，イギリスが海外で難破した船員をどのように処遇したのかを考えていきたい。

　一例を示すにとどめるが，小アジア西部の港湾都市スミルナで，レヴァント会社のメンバーにして同社選出の領事を務めていたジョージ・ボディントン[49]は，1729年11月1日から12月27日まで，「トルコ」で海難に遭った13人を扶養し，その経費として7ポンド19シリングを受領した。彼らは

「様々な船」で同地を離れることになるが，そのうち5人は12月某日に商船ハドリ号，4人は12月2日に商船コンテント号の客となり，それぞれ翌年4月2日と2月13日にロンドンに送還された（ハドリ号は11ポンド3シリング6ペンス，コンテント号は7ポンド8シリングを受領）。残りの4人は船に雇用を得たものと推定される。

また，ADM 30/23 に保存されている数十通の通信の中には，窮状の具体例も記されている。1767年3月10日，スペインのマラガ駐在の領事ナサニエル・ウェアが海軍局に宛てた手紙には次のようにある。

本状により証明します。チャールズ・コーネル，ジョン・ブルックスならびにマイケル・カーティの3名の船乗りは，クレア船長のブリガンティン船モリー号に乗り組んでいましたが，**当地の沿岸で座礁し船が失われた**ため，困窮に陥り，**本港のイギリス船に仕事を得る**こともできなかったので，私の命令により本日付でジェイムズ・トムスン船長のブリッグ船「友の善意」号に受け入れさせ，チャールズ・コーネル，ジョン・ブルックスならびにマイケル・カーティの輸送と食事について，くだんのブリッグ船の船長あるいは船主は，本日の日付から，同ブリッグ船が国王陛下のドミニオンのいずれかの港に到着するまでの間，議会制定法（引用者注：1728年法を踏襲した1758年法）にのっとって，国王陛下の慈善金（引用者注：実際には海軍局の経費）に対し請求権を与えられるものです。

1780年7月30日，ノルウェー南部の港町クリスティアンサンの副領事ニールス・モーは次のような手紙を書いた。

本状により証明します。ジョン・ライオン船長と6人の乗組員は全員イギリス臣民であり，アーミット船長率いるダンケルクの**私掠船ロア・スビス号**によって**拿捕**されました。（私の要請により，当地にて捕虜の状態を解かれ，自由を得て）彼らはダヴィドソン船長のブリッグ船エンゲル・ヘリナ号にてイングランドへの帰還を望んでおります。この船が帰港する港の税関徴

収官におかせられましては（引用者注：モーは請求先を間違えている．税関からの返信によってそれに気づき，海軍局に改めて送付しなおしている），同船長に対して，くだんの人々の維持扶養のためにかかった費用として，捕虜となったり困窮したりしているイギリス臣民のために国王陛下が定められた手数料（引用者注：1758年法の定めた日額6ペンスの金額）を支出されんことをお願い申し上げます．

これらの事例や手紙からわかる最も重要な点は，難船者や解放された被拿捕者が港にいても，かならずしも船員としての雇用が見つかるわけではなかったということである．一般に，船乗りは契約で乗船し，目的地に到着し契約が切れた後は再び働く船を別に見つけて帰る，あるいは別の航路に出る，ということが想定されている[50]．しかし，平時で，しかも海運で年中賑わう大きな港ならいざ知らず，外地の，船の行き来がそれほど頻繁でないところでは，彼らのように，船を失って——したがって賃金も支払われていない——身一つでやってくる突然の時期外れの余剰労働力を，吸収することができなかったのではないだろうか．先述の1727年のリヴォルノのような繁栄した港の商人からの請願でも，戦時に遭難者が増えるとイギリス船では吸収できず，生きるために彼らは他国を頼るのであり，それは優秀な船員の層こそが海軍力の源泉であるイギリスにとって許容しがたいものであった．それゆえ，こうした余剰労働力は国費で扶養し別の船での仕事を見つけさせるか，国費で帰還させる，つまり局地的に余ったマンパワーをしかるべきところに流す，という方策は，現地にとっても国家にとっても有益だったのである．

では，海外での難船者の国費による送還事業はどのくらいの範囲で展開したのであろうか．それを数量的に検討するため，次にADM 30/22の前半部，すなわち，1729年から1815年にかけて商船船長に支払われた難船者送還費の情報，計1032件をデータ化した．それを図示したのが，図8-4および図8-5である．一見して明らかなように，北海・バルト海，地中海のようなヨーロッパ近海だけでなく，大西洋の新大陸側，カリブ海，インド洋，太平洋などからも，送還は実施されていた．そして，ADM30/22の後半部をあわせ

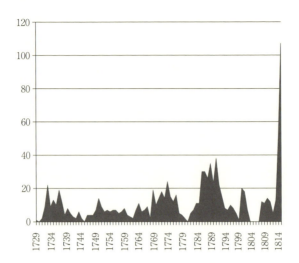

図 8-4　海外難船者送還事業（1729 〜 1815 年①——件数〈計 1032〉）

備考：この図からは，私掠による拿捕者が増える戦時をはさみ，ピークは平時に来ていることがわかる。送還者の大半は海難者であったと推定される。

出典：TNA, ADM30/22 より筆者作成。

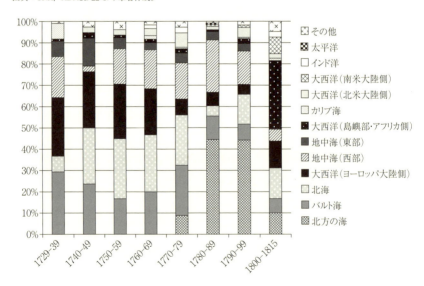

図 8-5　海外難船者送還事業（1729 〜 1815 年②——地域比）

出典：TNA, ADM30/22 より筆者作成。

みると，扶養者数記録の不備のため同史料の1786年までの情報に限られるが，9913人の難船者（若干の被拿捕者なども含まれるはずだが割合は不明）が，適当な船の乗組員か客として出航するまでの間，各地の領事や商人によって6620ポンドあまりの国費を用いて扶養され，そのうち2443人が2490ポンド弱の国費負担で送還されたことがわかる（つまり，残りの約4分の3は，扶養期間に別の船に雇用を見出すことができたと考えられる）。結局1815年までに，5048人の難船者がこの制度の恩恵により，他船の客となって帰還することになる。イギリスはグローバルな規模で海外難船者送還を展開していた。

(3) 人材循環としての送還

外地では，頼る先がなければ，イギリスの難船者たちはほとんど自力で移動せざるをえなかった。多くの難破譚はその難行のパノラマである。また，国交のある国同士では条約を結んで，彼らが危害を加えられずに移動できるよう取り決めていた。しかし，こうした事実上の自力救済には限界があった。なぜなら，無事にイギリス人や友好的なヨーロッパ人のいる入植地や港に到達したとしても，都合よく帰りの船が見つかるわけではなかったからである。難船者が出現すると，ある程度は通常の労働市場で吸収できたかもしれないが，多くの港の労働力の需給バランスはたちまち崩れてしまい，社会問題を引き起こしたであろう。海難が引き起こす労働力の非対称な配置は，優秀な船員をなるべく効率的に雇用したい海運利害にとっても，彼らをなるべく多く養成し，戦時に海軍に徴用するために確保しておきたいと考える国家にとっても，解決されるべき問題であった。実現しなかった1727年法案が教えてくれるリヴォルノの状況や，1728年法の制定過程や作成意図は，海軍利害・海運利害双方の懸念を如実に示している。

そして，1728年法は海軍利害が際立つ内容を持つが，その本筋から外れたかのような，難船員や被拿捕者が「外地で取り残されないようにする」ための規定は，いくつかの後継諸法に引き継がれながら長期にわたり機能するシステムを作り出した。このシステムは，イギリスにとって非常に重要なマンパワーを適切に循環させる効果をもったといってよい。

おわりに

　こうして，本章の検討から，18世紀のイギリスには，海難者を故地に帰還させるための仕組みが国内でも外地でも形成されていたことが明らかになった。国内の仕組みは，浮浪法や救貧法の文脈における一種の例外として存在した。つまり，海難地点で彼らが困窮したまま居つき，社会問題化することを防ぐため，道々で合法的に物乞いしながら自力で帰還させるのである。他方，海外での仕組みは，船員を海軍にスムーズにリクルートできるようにする目的で制定された1728年法の二つの条項によって定められ，領事などのいる地点までは条約で側面支援された自力救済で移動させるが，そこからは，国費で扶養してその間に軍艦や商船での雇用を見つけさせるか，それも無理な場合は国費で帰還させる流れを生みだした。

　18世紀の議会は19世紀と比べ海難に対する関心が乏しいように見え，海運問題への介入で際立つ従来的なイメージにそぐわないのであるが，浮浪法と海軍への雇用促進法という，海難とは一見関係のない制定法が，結果的に，国内外を覆い尽くす，自力救済の例外措置としての海難者帰還のネットワークを構築した。それは，海難が天災であった時代に可能だった唯一の救済策を，期せずしてある意味見事に重商主義的な形で提供したものであった。

　さて，最後に本章で明らかにした海難者送還事業を，東アジアの漂流民送還体制と比較し，特徴を相対的に把握しておきたい[51]。18世紀初頭から，清朝・日本・琉球・朝鮮間で相互に漂着民を送還する体制ができあがったのだという。それは，理念的に等質な主権国家間での「国際協議」ではなく華夷秩序の「華」を自任する清朝，そこに属さず独自の「神国」認識を持ち東アジアの3国と独特の関係を形成した日本，日本と清朝の双方に服従しつつ矛盾が露呈しないよう立ち回る琉球，そして清朝に朝貢しながらひそかに真の「華」を自任する朝鮮という互いに異質な主体が，「自国に最も合理的な管理体制」をそれぞれに構築し，それらが相互補完してできあがったものである。最大の特徴は，外国人漂着者を異質な他者とみなし，互いに積極的に排出し合うことで，結果的に相互の送還が成るという構造である。

これは同じ18世紀に展開したイギリスの国内外の海難者送還事業とどのように異なるだろうか。対比的に述べるなら，イギリスの仕組みは，海難者の主体性がほとんど考慮されない東アジアの体制とは違い，帰還したいという難船者自身の意志と行動力を前提にし，それを支援する形で展開していた。

　もし東アジアのシステムと同列に比較する視座を得ようとするなら，イギリスだけでなく，少なくとも海域ヨーロッパ世界における海難者送還の構造を究明しなくてはならないだろう。その道はまだ遠いといわざるをえないが，本章で明らかにしたイギリスの事例を突破口に，他国での事例研究がなされることを期待したい。また，イギリスを舞台にする研究でも，イギリス沿岸に漂着した外国船の難船者はどのように処遇されたのかという問題が残っている。難破譚のレベルでは，例えば，オランダ東インド会社船「自由」号が1802年11月23日にドーヴァ付近で難破し，イギリス沿岸に18人が生きて漂着した際，「あとでフォークストンとハイズの住民によって非常に多額の募金が集められ，それにより生存者は故国に帰ることができた」という記述を拾うことができる[52]。こうしたエピソードを掘り起こしてゆくことで，構図が見えてくるのではないだろうか。政府や議会，制定法の役割も考え合わせて行けば，18世紀の議会と海難の関係という本章の主題はより実り豊かな収穫を得られるであろう。

注

1) 金澤周作編『海のイギリス史——闘争と共生の世界史』（昭和堂，2013年）第1部第2章「海軍」（薩摩真介），第3章「海と経済」（坂本優一郎）。Ralph Davis, *The rise of the English shipping industry in the seventeenth and eighteenth century* (Macmillan, 1962), pp. 312-313.

2) ジャッドの古典的研究によれば，1734年から1832年に下院議員であったことのある5034人中，海軍士官は234人と少ないが（陸軍関係者は827人），商業利害（その多くは海運利害）は897人であった。Gerrit P. Judd, *Members of Parliament, 1734-1832* (Yale UP, 1955), pp. 50-51, 56-71.

3) John Wilkinson, *Tutamen nauticum: or, the seaman's preservation from shipwreck, diseases, and other calamities incident to mariners* (London, 1764), p. i.

4) Davis, *The rise of the English shipping industry*, p. 87.

5) 海難史の研究状況については，金澤編，前掲『海のイギリス史』第2部第1章。
6) 例えば，P. P. 1813-14, vol. 11, *Papers relating to Captain Manby's Plan for saving the Lives of Shipwrecked Mariners*, pp. 415-452.
7) 例えば，P. P. 1831, vol. 8, *Report from the Select Committee on Steam Navigation, together with the Minutes of Evidence and an Appendix and Index*, pp. 1-201. このテーマに関する先駆的な業績として次も参照。John Armstrong & David M. Williams, "The steamboat, safety and the state: government reaction to new technology in a period of *Laissez-Faire*", *Mariner's Mirror*, LXXXIX, no. 2 (2003), pp. 167-184.
8) 例えば，P. P. 1867, vol. 64, *Copy of the Report made by Mr. Montagu Bere on the Inquiry into the Circumstances connected with the Accident to the Ship 'Olivia' off Deal on the 21st day of April 1867*, pp. 179-184.
9) 欧米で近世以降に出版された難破譚のカタログとして，K. Huntress, *A checklist of narratives of shipwrecks and disasters at sea to 1860, with summaries, notes, and comments* (Iowa State University Press, 1979). 研究の一例として，Margarette Lincoln, "Shipwreck narratives of the eighteenth and early nineteenth century: indicators of culture and identity", *British Journal for Eighteenth-Century Studies*, 20 (1997), pp. 155-172.
10) D. E. W. Gibb, *Lloyd's of London: a study in individualism* (Lloyd's of London, 1957).
11) 金澤周作『チャリティとイギリス近代』（京都大学学術出版会，2008年）。
12) 沿革については，金澤，前掲『チャリティとイギリス近代』第2章第3節。
13) バースの元医師ジョン・ライの提案で，1839年2月21日に発足した。同協会は「海難に遭った船員や漁民を，あるいは人命が失われた場合にはその未亡人や孤児を救済するために」設立された。初年度には249名の海難者のほかに，72名の未亡人，163人の子供，30人の年老いた親が支援を受けた。The Shipwrecked Fishermen & Mariners' Royal Benevolent Society, *A brief history of the first hundred years* (1939), pp. 3-8.
14) 運河での「水」難者の蘇生活動を主眼としたチャリティ団体「王立人道協会」は1770年代に設立されたが，「海」難者は二義的な対象でしかなく，また，全般的な救護や支援よりも，蘇生「術」の適用という要素が強いと思われるので，以下の行論では割愛。同団体については，簡単には金澤，前掲『チャリティとイギリス近代』146頁，自殺防止の側面を詳述したものとして松永幸子『近世イギリスの自殺論争――自己・生命・モラルをめぐるディスコースと人道協会』（知泉書館，2012年）。
15) John Ashton, "Carew, Bampfylde Moore (1693-1759)", rev. Heather Shore, *ODNB*.
16) 1745年版を収めたものとして，C. H. Wilkinson (ed.), *The king of the beggars: Bampfylde-Moore Carew* (OUP, 1931). 1788年版は，*The life and adventures of Bampfylde-Moore Carew, commonly called the king of the beggars* (London, 1788).
17) A・L・バイアー（佐藤清隆訳）『浮浪者たちの世界――シェイクスピア時代の貧民問題』（同文舘，1997年；*Masterless men: the vagrancy problem in Engalnd 1560-*

1640, 1985)。
18) バイアー, 前掲『浮浪者たちの世界』では, 海難者は172頁と198頁に短い言及がある。
19) Thomas Harman, *A caveat or warning for common cursitors, vulgarly called vagabonds* (London, 1567, first published in 1566), p. 52.
20) 39 Eliz. I. c. 4 (An act for punishment of rogues, vagabonds, and sturdy beggars).
21) 11 & 12 William III c. 18, 12 Anne stat.2 c. 23, 17 Geo. II c. 5. 浮浪法に関する最初の本格的な歴史書として, 次を参照。Audrey Eccles, *Vagrancy in law and practice under the old Poor Law* (Ashgate, 2012).
22) Michael Dalton, *The countrey justice*, 5th ed. (London, 1635), p. 101.
23) Samuel Carter, *Legal provisions for the poor* (London, 1710), pp. 410-411.
24) Eccles, *Vagrancy in law and practice*, p. 191.
25) DRO Epiphany 1765, cited in Eccles, *Vagrancy in law and practice*, p. 190.
26) 救貧法と定住法の小史, および研究史については, 金澤, 前掲『チャリティとイギリス近代』第2章第2節。
27) *The Shipwrecked Mariner. A Quarterly Magazine* (Jan. 1855), pp. 21-24. ちなみに, 「陸水夫」という奇妙な用語は, かのヘンリ・メイヒューの著作にもみられる。それほど人口に膾炙していたのであろう。H. Mayhew, *London labour and the London poor*, 4 vols. (London, 1861-62) vol. 4, pp. 415-417.
28) *The Shipwrecked Mariner. A Quarterly Magazine*, (Oct. 1854), pp. 262-265.
29) グロヴナ号の遭難は当時様々なナラティヴを生みだしたが, ここで引用しているのは, 19世紀初頭の海難アンソロジー『マリナーズ・クロニクル』(全6巻, 1804～12年) に採録されたバージョン。"The loss of the Grosvenor Indiaman, on the coast of Caffraria, August 4, 1782", *The Mariner's Chronicle; or Authentic and Complete History of Popular Shipwrecks: recording the most Remarkable Disasters which have happened on the Ocean to People of All Nations*, 6 vols. (London, 1804-1812), vol. 1, pp. 241-286.
30) *Ibid.*, p. 265.
31) *Several treaties of peace and commerce concluded between the late King of blessed memory deceased, and other princes and states* (London, 1686). Lewis Hertslet (ed.), *A complete collection of the treaties and conventions at present subsisting between Great Britain & foreign powers*, 2 vols. (London, 1820). *Extracts from the treaties between Great-Britain and other kingdoms and states of such articles as relate to the duty and conduct of the commanders of His Majesty's ships of war* (London, 1792).
32) *Extracts from the treaties*, p. 128.
33) *Extracts from the treaties*, pp. 146-147.
34) Hertslet, *A complete collection*, vol. 1, p. 68.
35) An Act for more equal Paying, and better Collecting certain small Sums for the Re-

lief of Shipwreck'd Mariners, and Distressed Persons, his Majesty's Subjects, in the Dominions of the Great Duke of Tuscany; and for other Pious and Charitable Purposes usually contributed to by the Merchants Trading to Leghorn. HCPP の記載では，同法案は *Harper Collection of Private Bills 1695-1814* 所収。

36) オスマン帝国の要素を重視して同港の位置づけを再評価しているのは，永久戦争下の地中海における諸主体の交渉の実態を活写したモーリー・グリーン（秋山晋吾訳）『海賊と商人の地中海――マルタ騎士団とギリシア商人の近世海洋史』（NTT 出版，2014 年；*Catholic pirates and Greek merchants: a maritime history of the Mediterranean*, 2010), 97-109 頁。

37) J. Hoppit (ed.), *Failed legislation, 1660-1800* (The Hambledon Press, 1997), pp. 304-305.

38) BL Landsdowne MS 1037/5 fol.93-94, *Reasons humbly offered for supporting a chaplain, and supplying the wants of ship-wreck'd mariners and other distressed persons at Leghorn*.

39) *Ibid*.

40) 水夫流出問題については，薩摩真介「大西洋世界の中の財政軍事国家ブリテン――ジャマイカにおける私掠奨励政策と水夫流出問題 1702-1713」『史観』167（2012年）。

41) *The Commons Journal*, XXI, esp., p. 73, 85.

42) The History of Parliament Online に拠る。以下に 7 名の議員を 1728 年法案審議時における選出区とともに列挙する。なお，海軍委員には＊印を付した。ジョン・コウバーン＊（ハディントンシャ（イースト・ロウジアン））、サミュエル・モリニュークス＊（エクセタ）、ウィリアム・ストリックランド（スカーバラ）、ジョージ・チャムリ＊（ニュー・ウィンザ）、ジョン・ノリス＊（ポーツマス）、ジョン・バーナード（ロンドン）、ハンフリ・モリス（グランパウンド）。

43) I Geo. II. stat. 2. c. 14 (An act for encouraging seamen to enter into his Majesty's service).

44) 現地の商人コミュニティではなく国によって任命される領事のシステムは，その萌芽はオリヴァ・クロムウェル期にあるが，18 世紀には未整備なままであった。1740 年に政府任命の領事は 15 人，18 世紀末においてもわずか 44 人であった。したがって，1728 年法が制定されるまで，海難者は領事によって救済されることを当然視できなかった。John Dickie, *The British consul: heir to a great tradition* (Hurst & Company, 2007), pp. 8-12.

45) 31 Geo. II. c. 10.

46) 32 Geo. III. c. 33.

47) 11 Geo. IV. & 1 Will. IV. c. 20.

48) ADM 30/22 は，商船船長に対する金銭支出の記録（送還費），および領事らに対する金銭支出の記録（滞在費）を 1729 年から 1815 年まで一覧化したものである。ADM 30/23 は海軍局に届けられた領事や商船船長からの請求書類をおさめ，ADM

30/24 は 1816 年から 1822 年までの送還費，ADM 30/25 は 1822 年から 1826 年までの送還費を記録している。

49) 1722 年から 1733 年の間，彼は領事であり，その子や孫は同地でキャリアを築くことになる。David Wilson, "List of British consular officials in the Ottoman Empire and its former territories, from the sixteenth century to about 1860 (July 2011)", p. 15, http://levantineheritage.com/pdf/List_of_British_Consular_Officials_Turkey (1581-1860) -D_Wilson.pdf（2015 年 3 月 6 日閲覧）。商人としての才覚には恵まれなかったことや，父との関係，およびロンドンのボディントン本家のその後の動きについては，次を参照。川分圭子「ロンドン商人の社会的上昇——ボディントン家の場合」『西洋史学』165（1992 年）。

50) Davis, *The rise of the English shipping industry*, pp. 140-145. Peter Earle, *Sailors: English merchant seamen 1650-1775* (Methuen, 1996), pp. 30-31.

51) 以下の概観は，この体制を明らかにしてきた春名徹や劉序楓ら何人かの先駆的研究者の実証にもとづく次の二書の解説に拠る。羽田正編『東アジア海域に漕ぎだすⅠ 海から見た歴史』（東京大学出版会，2012 年）第Ⅲ部。村上衛『海の近代中国——福建人の活動とイギリス・清朝』（名古屋大学出版会，2013 年）第 4 章。

52) "The shipwreck of the Vryheid, a Dutch East Indiaman, off Dymchurch Wall, near Dover, Nov. 23, 1802", *The Mariner's Chronicle*, vol. 1, pp. 210-221.

第9章 減税か賠償か
イギリス議会と奴隷制廃止をめぐる議論　1823〜1833年

川分　圭子

はじめに

　本章では，イギリス議会と，近代イギリスにとって最大の植民地・貿易相手地域であった西インドの利害関係者との関係を取り上げる。英領西インド植民地は，奴隷制プランテーションによる砂糖生産とその貿易により17世紀後半からほぼ2世紀にわたって繁栄し，その利害関係者は植民地在住砂糖生産者だけでなく本国の貿易商・金融業者・一般の投資家も含まれる極めて膨大なものであった。本章では，この西インド利害に深刻な損害を与える奴隷制廃止が1833年に議会で可決される過程を取り上げ，これほど重要な利害問題において，イギリス議会が審議の場としてどのように機能したかを検討したい。

　実は以下で見ていくように，1833年奴隷制廃止法の中でも最も重要な部分は，議会ではなく，西インド利害関係者と政府閣僚の度重なる非公式な懇談の中で決定された。もちろんこの非公式懇談の決定事項が法律となるためには，議会の議決が必要だったが，それにいたるまでの重要な議論は院外で事前にすまされていたのである。

　では，この利害関係者と政府閣僚の非公式の懇談とはどのようなものだったのか。イギリス在住のプランターや西インド貿易商は，遅くとも18世紀前半には，業界の諸問題を解決する場としてロンドンに西インド委員会という団体を結成していた。この委員会は，植民地の政治行政軍事・関税・商船護衛艦派遣など国家との密接な交渉が必要とされるような問題を扱っていた。

そのため西インド委員会は，個別の案件ごとに，同委員会メンバーの下院議員を通じて首相や植民省・商務省・大蔵省・海軍省大臣に懇談を申し込み，委員会からの代表団を用意して閣僚と会談・交渉する体制をつくりあげていた。この古くから存在し定着していた政府と西インド委員会の交渉体制が，奴隷制廃止法案の議論の過程においても重要な議論の場となった。

以下では，議会討論と，閣僚と西インド委員会代表の懇談の両方を調査しながら，1833年法の中身が決定されていく過程を分析する。それにより，議会での審議という公式の議論の背後で，政府と特定利害間の非公式の交渉がどれほど重要な役割を果たし，議論の本筋を決定していったかを明らかにしたい。

第1節　1833年全英領植民地奴隷制廃止法

(1) 奴隷制廃止法——徒弟制と賠償制度

最初に1833年の奴隷制廃止法の内容を確認しておきたい。同法は，主に二つの政策からなっている。一つは徒弟制 (apprentice system) で，奴隷制から自由労働体制への移行期の労働体制を定めたものである。この制度では，元主人が元奴隷を4～6年間徒弟身分として雇用し，元奴隷は労働の4分の1に対しては賃金を支給されるが，4分の3は無料で奉仕し，その代わりに主人から住居と衣食，医療や教育を提供される。奴隷の労働時間や休日，衣食の配給量，宗教教育や礼拝参加などについては細かい規定があり，本国費用で配置された有給行政官が遵守状況を監督した。この制度は，元主人が元奴隷の扶養を放棄するのを防止するほか，奴隷解放後の急激な労働力の減少や生産コスト上昇を回避することを目的として設置された[1]。

二つ目は，奴隷所有者への賠償である。これは，奴隷制廃止は国家側の重大な政策変更であるという考え方に立ち，この政策変更で損害を受けた元奴隷所有者に国家が損害賠償をおこなうというものであった。全英領の奴隷総数は約78万人，その資産価値は約4500万ポンドで，イギリス政府はこの価値の44％にあたる2000万ポンドを奴隷所有者に支払っている。ちなみに

1834年度のイギリスの歳入は約5000万ポンドであり,賠償金2000万ポンドはこの国家歳入の4割にも達する[2]。賠償金支払いは行政制度からみても大きなチャレンジであり,各奴隷所有者からの請求申請の処理や審査から実際の支払いにいたるまで,植民地と本国両方における膨大な業務を正確に執行することが求められた。このため奴隷賠償委員会という臨時の部局が設置され,ロンドンに中央局,各植民地に支部局を置いて1844年まで活動した[3]。

以上の徒弟制と賠償制度からみてわかるように,1833年奴隷制廃止法は,奴隷ではなく,奴隷所有者の利益を保護する内容となっている。現代の感覚から言えば,これは非常に不公正である。しかし,徒弟制のような元奴隷への労働強制や元所有者への金銭賠償は,18,19世紀においてはむしろ普通の奴隷解放の方法で,他地域でも同様のことがおこなわれていた。また奴隷解放後の治安維持や本国から投資されていた資本の保護という点から見ても,元奴隷所有者への支援はある程度必要であった。このように,1833年奴隷制廃止法の正当性は多様な観点から論じる必要があり,簡単に結論は下せない。

注目すべきは,同法の正当性よりも,同法が植民地利害の保護を主な内容としていたこと自体であろう。特に元奴隷所有者への賠償のような直接西インド利害を擁護する内容が同法に盛り込まれたことは,議会史上興味深い問題である。以下では,特にこの賠償制度に注目し,どのような議論を経てこの制度が法として策定されるにいたったかを詳細に検討する。

(2) 奴隷制廃止の方法——労働奉仕期間の設置と金銭賠償

本題に入る前に,本節と次節で,徒弟制と賠償という奴隷制廃止の方法の一般性と,当時の西インド経済の状況の2点に関して,基本的な知識を補足しておきたい。

イギリス以前の奴隷制廃止としては,アメリカ合衆国北東部8州が独立前後に各州単位でおこなったものと,一部ラテン・アメリカ諸国がやはり独立戦争の過程でおこなったものとがある。いずれの地域も奴隷人口は数百人か

ら数万人とそれほど多くない。この中でも特に奴隷人口の少ない地域では奴隷制廃止は即時無賠償でおこなわれたが、奴隷人口が比較的多くその労働への依存度が高かった地域では、独立戦争への従軍と引き替えに身分解放を得る軍事解放（奴隷自身の意志の場合も、主人の軍役を肩代わりするケースもあった）か、子宮の解放と呼ばれる形（ある時点以降に誕生する子供を自由身分とする、ただし成年まで労働義務と元主人側の扶養義務あり）で解放がおこなわれた。この他に、従来から奴隷自身による自由購入の制度（manumission）がある場合もあった。これらの制度には、何らかの奴隷所有者への賠償（軍役の肩代わりや金銭）や解放後の労働強制といった基本理念が見てとれる。イギリスの徒弟制や賠償制度は、これらの先例の理念を踏襲したものといえる。

　他方、イギリスの奴隷制廃止後におこなわれたフランス領やオランダ領、デンマーク領西インドの奴隷制廃止では、イギリスの事例がモデルとされ、徒弟制的な制度とプランターへの賠償が設けられた。以上、イギリスの奴隷制廃止の以前においても以後においても、元奴隷への労働強制や元奴隷所有者への賠償といった理念は、普遍的に存在していたのである[4]。

（3）奴隷制廃止期の英領西インド経済

　1833年時点の奴隷制プランテーション植民地は、西インド諸島と南アフリカのケープ植民地、インド洋のモーリシャス諸島の3地域であった。ケープとモーリシャスはナポレオン戦争によってオランダとフランスから獲得した新領土である。西インド諸島も、17、18世紀に英領となり植民地議会（assembly）をもっていた立法植民地（legislative colony）と、ナポレオン戦争中に獲得され植民地議会をもたない王領植民地（crown colony）の2種に大別される。後者は、元スペイン領のトリニダード、元フランス領のセント・ルシア、元オランダ領のデメララとバービス（ガイアナ）である。

　英領西インド植民地は、航海法規制のもとにおかれ、基本的にイギリス・英領以外との直接交易を禁止され、本国と競合する製造業・加工業（精糖も含む）も禁止されていた。この結果西インドは、生産物（特に砂糖）のほぼすべてを未加工のかさばる状態で本国に輸出し、本国の精糖業や船舶業に利

益を与えたほか，本国や英領北アメリカから食料や衣料，木材・肥料など必要物資を購入してそれらの製造業・農業利害にも利益を与えていた。他方で本国は，英領西インドで生産される植民地物産に関しては，英領産に課せられる関税（これ自体非常に高関税であった）よりもさらに高い関税を外国産にかけることで，英領産を保護していた。このような人工的な体制が2世紀近くにわたって維持された結果，西インドと本国経済には強固な依存関係が形成された。しかもこの間，英領西インド貿易はイギリスの最重要貿易部門であり，輸出入ともにイギリス総貿易額の1割から2割を占め続けた。また，英領西インド産砂糖にかかる関税からの収入は年400～500万ポンドにも達し，全関税収入の4分の1，全税収の1割に届く最重要の歳入源だった[5]。

　しかし1810年代頃には，世界的な砂糖生産増加，英領植民地自体の拡大と英領産砂糖の増加，奴隷貿易廃止による生産コスト上昇，各国の保護主義の高まりなどの結果，英領産砂糖は本国市場では供給過剰，海外市場では販売困難に陥っていた。このため西インド利害関係者は，毎年の議会の歳入・歳出委員会で，不況対策を要求するようになる。

　彼らが提案したのは，以下のような政策である。①英領西インド産砂糖に課されていた関税の削減，②英領産砂糖がイギリスに輸入された後海外に再輸出される際の戻し税や輸出奨励金の維持や引き上げ，また再輸出向け砂糖の保税地区における精糖の許可，③イギリスで西インド産ラム酒にかけられている高率の消費税を，アイルランド産・スコットランド産・イングランド産の蒸留酒税並みの水準に下げること，④英領産砂糖とモラセスをイギリスでの醸造酒・蒸留酒生産の原材料として使用すること，⑤カナダと競合するアメリカ合衆国の生産物の英領西インドへの輸入を自由化すること，また合衆国と競合しないカナダの生産物に課せられた高関税を引き下げること。

　この中で西インド利害が最も強固に要求したのは，①の英領産砂糖関税の減税である。英領産砂糖はほぼすべてが本国に輸出された後，約4分の3が本国で消費され，残りが海外に再輸出されていたが，海外では英領産砂糖は価格の高さや各国の保護主義のため販売困難に陥っていた。そこで，彼らは本国消費を増大させることが重要だと考えていた。消費増大のためには価格

を下げることが一番重要であるが，当時英領産砂糖に対して課せられていた関税は，砂糖1ハンドレッドウェイト（約50kg）あたり27シリングで，課税前砂糖価格（約20～35シリング）の約100％にも達していた。彼らはこれを削減すれば本国での砂糖価格はその分低下し，消費が増大するとしていた。

しかしイギリス政府は，英領産砂糖関税が重要な財源であることを理由に，削減にはけっして応じなかった。先述したように，この税収は政府歳入の1割にも達しており，確かに簡単に削減に応じられるものではなかった。

だが，西インド委員会側の主張によると，砂糖1ハンドレッドウェイトあたりでプランターが得ていた利益は10シリング程度で，政府が得ていた27シリングの税収と比べると相当少ない[6]。また砂糖関税の大半は戦時税であり，戦後は廃止されるはずのものだった。以上から見て，英領産砂糖関税は確かに不当な重税で，減税は正当な要求であった。

しかし政府は，この減税にはけっして応じなかった。また，本国での砂糖・ラム酒消費促進のための提案（③，④）についても，本国の蒸留酒製造利害や，それに大麦などの原材料を提供していた本国地主利害を優先して，採用しなかった。さらには，アメリカ合衆国から西インドになるべく安価に農産物等を輸入するための提案（⑤）についても，カナダ利害に配慮して，応じなかった。

しかもこの頃イギリス政府は，新英領のモーリシャス産砂糖と英領西インド産砂糖関税の同率化を断行し，また，保税地区でおこなわれていた再輸出向け砂糖の精糖に外国産砂糖の使用も認めた。これはともに，英領西インドにとって不利な政策であった。

だが実は，政府が英領西インドに対して何ら不況救済策をしなかったのは，財政的理由や国内・カナダ利害への配慮だけが理由だったのではない。以下で見るように，これは，奴隷制廃止問題に深い関わりがあったのである。

奴隷制廃止問題に対するイギリス政府の方針は，1823年5月に決定的転機を迎える。それまでイギリス政府はけっして奴隷制廃止を支持しなかった。しかし1823年5月15日下院が奴隷制廃止を最終目標として当面は奴隷の待

遇改善に取り組むことを議決して以後，政府は奴隷制廃止を目指さなければならなくなる。しかし植民地は全面的に抵抗し，奴隷の待遇改善も全く進まなかった。そこでイギリス政府は，奴隷待遇改善を実施しなければ不況対策はおこなわないという方針を掲げる。それでも，植民地は奴隷待遇改善に十分に取り組まなかったため（少なくとも本国はそう理解していた），不況対策はほとんど実施されないままに終わったのである。

次節では，この1823年5月から奴隷制廃止までの状況を詳述する。

第2節　奴隷制廃止への歩み——1823〜1833年

（1）1823年カニング決議と奴隷待遇改善

1823年5月15日の下院の決議の詳細に入る前に，この前後から1833年奴隷制廃止までの政治状況を概観する。1810, 20年代はトーリが安定して第一党であり，リヴァプール内閣（1812年6月〜1827年4月）が長期政権を築いた。しかしリヴァプール伯爵辞任後，トーリは，自由主義的なカニング派と，ウェリントン公爵とロバート・ピール率いる保守派（High ToryまたはUltra Tory）に分裂し，カニング派と一部のホイッグがカニング内閣（1827年4月〜9月）を形成した。カニングが急死すると，カニング派のゴダリッチ子爵が組閣するが短命に終わり（1827年9月〜1828年1月），その後ウェリントン内閣が3年弱にわたって続いた（1828年1月〜1830年11月）。だが1830年8, 9月の総選挙においてトーリは過半数に届かず，ウェリントンは辞任し，ホイッグのグレイ伯爵が旧カニング派を入れて組閣した（1830年11月〜1834年7月）。グレイ内閣のもとで1831年5月総選挙がおこなわれるとホイッグが大勝，次の選挙法改正後初の選挙（1832年12月〜1833年1月）でもホイッグは圧勝し，議席の7割近くをとった。グレイ内閣はこれらの勝利で安定し，奴隷制廃止もこの内閣で達成された。

1823年5月の下院の決議は，リヴァプール内閣期に外相であったカニングが，代表的な反奴隷制派下院議員のトマス・フォウエル・バクストンが提出した動議の修正案として提案し，満場一致で可決されたものである。この

時期は，奴隷登録制度が全英領に適用されて奴隷貿易廃止の実効性が高まった時期にあたり，廃止運動家の目的は奴隷制そのものの廃止に向けられた。1823年1月にはバクストン等を中心に「英領全域における奴隷待遇改善と漸進的奴隷制廃止協会」（簡単に反奴隷制協会と呼ばれた）が設立される[7]。1823年5月15日バクストンは，同協会の意図にそって，下院に「奴隷制の状態はイギリス憲政とキリスト教の原理に反している。したがって，それは英領植民地全土にわたって，関係する各当事者の福利に対する正当な配慮と一致すると考えられる限り速やかに，漸進的に廃止されるべきである」という動議を提出した[8]。

これに対しカニングは以下のような修正決議を提案し，それが可決される。

1. 国王陛下の植民地の奴隷の待遇を改善するため，効果的で決定的な措置を採用することが，適切である。
2. 本下院は，このような措置を決然と根気強く，しかし同時に思慮深く穏健に執行することにより，奴隷の性質に進歩的な改善を期待し，他の国王臣民の諸階層が享受する市民権や特権に参加するべく彼らを準備していく。
3. 本下院は，この目的が，奴隷自身の福利，植民地の安全，そして私有財産利害への正当かつ公平な配慮と一致する限り早期に達成されることを，切望する[9]。

両者の相違点は，バクストンの原案が奴隷制の廃止を目的としていたのに対し，カニングの修正では奴隷待遇改善が目的となり，廃止という言葉が消えたことである。カニング自身は，奴隷制はイギリス国制とキリスト教原理に反しているというバクストンの見解を全面的に支持し，奴隷制廃止を最終目標としていた。それは，1824年3月16日にカニングが「昨年の決議可決に際し……下院は，奴隷の待遇の漸進的かつ全体的改善の結果として，奴隷制の終了を期待する」と発言していることからもわかる。しかし，カニング決議に廃止という言葉がないことも事実で，そのため政府の最終目標が奴隷

待遇改善にとどまるのか奴隷制廃止なのかについては曖昧さが残ることになった。

　カニング決議でさらに重要なのは,「私有財産利害への正当かつ公平な配慮」という文言である。ここは,バクストン決議では「関係する各当事者の福利に対する正当な配慮」と表現されており,関係各当事者が誰かは明示されていない。バクストンの他の発言から見て,奴隷所有者よりも奴隷が賠償されるべきと考えていたことは間違いない[10]。しかし,カニング決議では,「私有財産利害」という奴隷所有者を意味するような表現が盛り込まれていた。実際この言葉は奴隷所有者の利害と解釈され,この後カニング決議は奴隷所有者への賠償を承認したものだという理解が定着した。

　この後リヴァプール内閣,特にカニングと植民相バサースト卿は,この決議を実現するため,植民地に具体的な奴隷待遇改善策を示し,実施を要請していった。バサーストは5月28日,下院決議とカニングの演説を,女性奴隷へのむち打ちや労働強制のためのむち打ちを全廃するよう要請した急送文書とともにデメララ植民地総督に送り,これらの写しが他の植民地にも送付された。さらに7月9日には,追加の指示を書いた文書が全植民地総督に送られた。その内容は,むち打ち禁止の他,法廷での奴隷証言採用,奴隷の結婚の奨励,奴隷の財産所有の容認,家族離散を伴う奴隷の売買の禁止,日曜の遵奉,宗教・道徳教育などであった。

　しかしこのバサースト書簡は,植民地の激しい憤激と混乱を招いた。デメララ植民地では植民地政府が逡巡しているうちに,奴隷の間に過度の期待や不満が広まり,8月に1万3000人の奴隷が蜂起する大きな暴動が勃発した。植民地支配層は,ある宣教師が暴動を教唆したとして軍事法廷で彼に死刑を宣告し,この宣教師は翌年2月に獄死した。ジャマイカでは,各地で本国政府と反奴隷制協会への抗議集会が開催され,植民地議会ではバサースト罷免の動議まで出された。また黒人蜂起のうわさが高まり,十分な証拠のないまま奴隷が処刑された。バーベイドスでは,一部の白人が首府ブリッジタウンのメソジスト教会を襲撃し牧師を島外に追放するという事件が起こった[11]。

　バサーストとカニングは,立法植民地を服従させることは当面無理と判断

し，代わりに王領植民地に枢密院令を発布することにした。カニングは，枢密院令の案を 1824 年 3 月 16 日議会に提示し，王領植民地の中で最も奴隷の扱いが穏和だった元スペイン領のトリニダードにまず発布し，その後他の王領植民地に発布し，最終的には立法植民地にも同様の改革を強く推奨していくという計画を発表した[12]。この枢密院令はバサースト書簡とほぼ同内容であるが，義務的解放（compulsory manumission）という新しい政策が追加されていた。これはスペイン法の制度で，奴隷が自身や家族の自由の購入を主人に要求することができ，主人は市場価格を査定した上でその金額を受け取り，奴隷を解放するという制度である。またカニングは，これまでロンドン主教区の一部だった英領西インドに，独立のイングランド国教会主教区——ジャマイカとバーベイドス——を設置することを約束した。こうして 1824 年 5 月 24 日トリニダードに枢密院令が発布された。バサーストは 7 月には同枢密院令を立法植民地にも送付し，同種の奴隷待遇改善の推進を求めた。1824〜26 年には他の王領植民地にも枢密院令が発布され，1830 年 2 月には 4 王領植民地に出された枢密院令が統合された[13]。

しかし奴隷待遇の改善はなかなか進まなかった。1825 年 12 月には，反奴隷制協会は，植民地が本国方針に服従しないので本国が直接介入するべきだと結論している[14]。1826 年 3 月には同協会メンバーの下院議員ヘンリ・ブルームは，奴隷待遇改善の進捗状況を検証するためとして，カニング決議以降各植民地が制定した法の提出を議会に求め，1826 年 5 月 19 日には「植民地議会では，国王政府が奴隷待遇について宣言した願望と 1823 年 5 月 15 日決議に対応する効果的対策が全くとられていない」という動議を提出した[15]。

この動議自体は否決されたが，その後も反奴隷制派は本国の積極的介入を要求した。奴隷待遇改善に取り組んだ植民地と抵抗する植民地の間に関税格差を設けるという案も，このころから提案される。この考え方の出発点は，1824 年 3 月 16 日のカニングの演説にあった。カニングはここで，抵抗するジャマイカのような植民地に対しては，①軍事的制圧，②財政措置と航海制限で圧力，③穏やかな説得の 3 種の対応策があるが，当面は穏やかな説得を続けたいと述べていた。1826 年以降は，反奴隷制派を中心に，③は失敗に

終わり，②の段階に進むべきだと主張されるようになる。

　だが1828年1月に保守派トーリのウェリントン内閣が成立すると，政府の姿勢は微妙に変化する。

(2) ウェリントン内閣と西インド不況対策の試み

　ウェリントン内閣は，基本的には歴代トーリ内閣の方針——1823年5月15日カニング決議にそって奴隷待遇改善を推進する——を堅持しており，これまでの政権と姿勢が大きく異なっていたわけではない。しかし同内閣は，カニング決議の目標はあくまで奴隷待遇改善で，奴隷制廃止ではないと解釈していたようである[16]。ウェリントンは個人的には最後まで奴隷制廃止に反対であり[17]，内相ロバート・ピールは私有財産の擁護派で奴隷所有者への賠償を支持する発言を繰り返しており[18]，蔵相ヘンリ・グールバーンは西インド・プランターで西インド委員会の出席者でもあった[19]。

　同内閣は，西インド不況対策についても，歴代内閣より柔軟で西インド利害に同情的だった。ウェリントンは，1830年1月16日植民相，蔵相とともに西インド委員会代表と会談した後，西インド委員会議長チャンドス侯爵[20]に宛てた書簡の中で，「私は……政府が議会決議（カニング決議）の結果として考慮するよう提案した諸措置（枢密院令等）を植民地政府が拒絶したという行動が，植民地救済のために採用すべきだった諸措置の採用を非常に困難にしたと受け止めている」と述べて，これまでの内閣が西インド不況対策をおこなわなかった理由が，植民地議会が奴隷待遇改善を拒否したことにあると説明している。しかしその一方彼は，「救済の付与は，政府が提案した措置を植民地議会が採用するかどうかにかかってはいない」とも述べ，不況対策と奴隷待遇改善は交換条件ではないと明言している[21]。これは，カニングや後のグレイ内閣などとは大きく異なる姿勢である。実際同内閣は，わずかではあるが英領産砂糖関税削減に踏み切る。

　西インド委員会は，早い段階から蔵相グールバーンより減税の感触を得ていたようである[22]。1830年2月から5月にかけて，西インド委員会は砂糖税・ラム酒税，コーヒー税などの減税を議会で要求している[23]。また1830

年5月18日は,西インド・インタレスト下院議員のウィリアム・ロバート・キース・ダグラス[24]が西インド不況調査の下院特別委員会設置を求める動議を提出する予定だった。この動議は取り下げとはなったが,その一方で商務相ジョン・チャールズ・ヘリーズが政府は検討を誓約すべきと主張し,内相ピールも,確約はできないが,政府の意図をできるだけ早く連絡すると約束した[25]。5月26日には商務相は,西インド委員会に,商務省が西インド不況調査委員会を設置しようとしていることを伝え,この件で閣僚と懇談をおこなうよう要請した[26]。

西インド委員会代表団は,6月9日と10日に商務相,蔵相と懇談した。政府側は,商務省の調査のための資料として,西インド委員会から文書や口頭による証拠を提出するよう要請した[27]。ダグラスがこれを担当し,1830年12月29日に報告書を商務相に提出した[28]。

この不況調査委設置の流れと並行して,西インド委員会は1830年6月2日,蔵相グールバーンから14日下院に提案する英領産砂糖関税の減税案を内示され,検討している[29]。この減税案は,これまですべて同率だった税率を品質・価格によって段階化し,それによって低品質砂糖に対して減税措置をとるというものだった。西インド委員会には複雑で救済としても不十分であると不評だったが,結局この蔵相案が可決された。

西インド利害にとって不幸なことに,ウェリントン内閣はダグラスが商務省委員会のための報告書を提出する直前に辞職し,政権はホイッグのグレイ内閣に移っていた。グレイ内閣はこの商務省委員会の報告書を完全に無視した。こうしてウェリントン内閣がおこなおうとした西インド不況対策は,ほとんど不発に終わった。

なお,ウェリントンは退任時の1830年11月16日,貴族院で「植民地奴隷制廃止の問題を議論する際には,西インドの財産所有者に対する賠償の原則が見過ごされないことを,自分は確信している」と言い残している[30]。

(3) グレイ内閣と奴隷待遇改善への圧力としての不況対策

1831年2月3日ダグラスは,新内閣に,商務省調査報告についての意見

と，1830年5月19日以来商務省に提出された計算書や統計等の開示を求めた[31]。しかし新政権は冷淡だった。1831年2月11日には蔵相オルソープは，「もし自分が砂糖税を減税するとしたら，それは西インド植民地の繁栄に大きな影響を与えるという意図より，奴隷の扱いに関してなんらかの譲歩が得られるという期待から」だと述べ，不況対策と奴隷待遇改善を連動させる姿勢を明確に打ち出す[32]。西インド委員会はこれに深刻な憂慮を示し，14日朝にはジョゼフ・マルヤット[33]等が蔵相と会談して，この宣言が西インド利害関係者に与えた強い恐怖を伝え，これを現内閣の決意とみなすべきかどうか問いただした。蔵相は，現政府はいかなる不況対策も提示できないと確言した[34]。21日には，チャンドス侯爵が「西インド・プランターの苦境は，救済の観点から本議会の真剣で速やかな考慮の対象とすべきである」という動議を提出し，砂糖税は戦時税で廃止が当然と主張，またダグラスも，現在議場に提示されている商務省委員会の報告書は西インド不況と救済の必要性を証明していると主張した。しかし，副商務相プーレット＝トムソン（後のシデナム男爵）は，財政上西インド生産物の減税は不可能であり，また政府は特定利害だけに配慮はできないと述べ，さらに砂糖税減税は不況対策にはならないと考えていると返答した。蔵相も，商務院調査で提出された対策のいずれも不況対策として有効でないと考えていると述べた[35]。このように前内閣のもとでダグラスがまとめた商務省報告書は，グレイ内閣に全面否認されてしまう。

　一方で世論の圧力も高まる。1830～31年に議会に提出された8961通の請願中，5354通が反奴隷制請願であった。これは，1823～24年や1826年に寄せられた数百通規模の請願と比べても圧倒的に多い[36]。また1831年4月15日バクストンは，近年の奴隷人口の減少を示すデータを提示し，植民地議会はカニング決議から8年たっても奴隷待遇改善を怠っており，下院は奴隷制廃止の最善の方法を検討するべきであるという決議文を提出した[37]。これに対し，ダグラス，ウィリアム・バージ[38]，パトリック・マクスウェル・ステュアート[39]等の西インド・インタレスト下院議員やアレクサンダ・ベアリング[40]は，バクストンのデータは根拠が不明確であり，植民地

での奴隷待遇改善の進展状況を正確に調査する委員会の設置が必要だと訴えた 41)。だが，蔵相オルソープ卿は委員会は必要でないとし，さらに，奴隷待遇改善をおこなった王領植民地の生産物の関税を軽減する一方で改善を怠った立法植民地の生産物に重い税率をかけるという案を提示した 42)。結局この日は延会となり，この後貴族院に奴隷待遇改善状況を調査する委員会，下院に西インドの経済状況を調査する委員会が設置される。しかし救済と奴隷待遇改善を交換条件とするグレイ内閣の姿勢は変わらなかった。

グレイ内閣は 1831 年 11 月 2 日，1830 年 2 月の統合枢密院令を厳格化した枢密院令を全王領植民地に発布した。植民地は激しく反発し，ジャマイカではクリスマスに大規模な黒人反乱が勃発，100 名を超える黒人の処刑や，宣教師の追放などが起こっている。しかしこれらはむしろ本国の政府や世論を硬化させ，介入の必要性を確信させた 43)。

1832 年 5 月 24 日下院では，バクストンは「植民地のすべての階級の安全と一致した形で，最も早く全英領土における奴隷制の廃絶を実施する目的の特別委員会」設置を求め，可決され，若干の西インド利害関係者もふくむ形で委員会が設立された 44)。この委員会設置をもって，グレイ内閣の奴隷制廃止実現をめざす姿勢は疑いの余地のないものになる。

奴隷制廃止が重要な争点となった 1832 年 11 月から 1833 年 1 月にかけての総選挙では，ホイッグが圧勝した 45)。1832 年暮れには植民省内で秘密裏に奴隷制廃止の具体的方法の検討が始まり，翌 1 月には下案が閣僚に回覧され 46)，2 月末には西インド委員会との内密の交渉が始まる。

第 3 節　賠償制度の設置

(1) 賠償容認の出発点としてのカニング決議

カニング決議は賠償に関しても出発点である。以下では，同決議当日の討論を検討し，賠償原理が容認されていった経緯を確認したい。

1823 年 4 月 22，25 日，西インド委員会は，バクストンが近く下院に提出する動議について，対応を協議している。この段階では，バクストンは奴隷

解放を視野に入れて奴隷の待遇を調査する下院委員会設置を求めるだろうと，予測されていた。西インド委員会は，奴隷の待遇に関する正しい認識と植民地の安全への配慮を求めるとともに，奴隷労働に対する主人の権利はイギリス法の承認のもとイギリス商人から購入したものであり，賠償請求権（title to compensation）があるという決議文を準備した[47]。

　1823年5月15日，カニング決議の当日の下院では，ヘンリ・ブライト[48]，ラルフ・バーナル[49]，マルヤット，チャールズ・ローズ・エリス[50]，ウィリアム・マニング[51]，ダグラス等の西インド・インタレスト下院議員が発言している。彼らはいずれも西インド委員会の中心メンバーで，エリスは議長，ブライトとエリスとマニングは先述の決議文の作成者でもあった。またマルヤットは海上保険ロイズのチェアマン，マニングはイングランド銀行取締役でロンドン金融界の重鎮だった。マルヤット，マニングは植民地エージェント[52]でもあった。彼らは，奴隷待遇改善に支持を表明する一方，奴隷所有者は全面的賠償を受ける正当な権利があると主張した[53]。

　バクストンは，かつて道徳的で正義と一致するとみなされていたことに投資された財産の相続者は不運であると理解を示す一方，奴隷に対する財産権は奴隷貿易という強奪行為から得られたと非難もしている。この他，反奴隷制派としてウィリアム・ウィルバーフォース，ウィリアム・スミス，ヘンリ・ブルームが発言し，スミス以外は賠償について一定の理解を示した。

　この日最も雄弁に賠償を支持したのは，通常西インド利害関係者とはみなされていないアレクサンダ・ベアリングである。ベアリングは，成功したアメリカ貿易商兼銀行家で，イングランド銀行取締役でもあり，1834年にはピール内閣で商務相になっている。彼は，15日の朝，奴隷制問題の審議が始まる前に，各植民地エージェントからの植民地法への介入に反対する請願を提出し，今夕議論されることは西インド植民地住民の生命・生活手段だけでなく本国国民がもつ莫大な財産に関係する問題であること，奴隷待遇改善は奴隷にとっても主人にとっても望ましいが，下院の承認のもと獲得されてきた財産を奪うことは別問題であると述べた。ベアリングは，イギリス国内における貧富の差についても言及し，この種の議論は「ありうる限り最大限

の用心をもって始めなくてはならない」と，奴隷賠償問題は全富裕階級共通の問題であると暗示してもいる[54]。

　ベアリングが代表していた立場は，西インドに限定されない広い大西洋植民地利害と，植民地に投資している本国の商業・金融利害であったと思われる。つまり，西インド・インタレスト下院議員が展開した奴隷所有者への賠償の要求は，このベアリングのようなより広範な商業・金融利害からも強く支持されるという形をとった。奴隷所有者への賠償は，反奴隷制派にも一定の理解を示され，野党のオルソープ卿にも支持された。こうして，賠償原理は，カニング決議の中に私有財産への配慮という文言で組み込まれた。

　ベアリングは，議会で自分は西インド地主ではないと語っているが[55]，現実には西インドに強い利害をもっていた。ベアリング家は，父親フランシスの代から西インド委員会のメンバーである。またベアリングは，西インド・インタレスト議員ウィリアム・マニングの貿易商会に融資しており，マニング所有のプランテーションの抵当権者であった。マニング商会は奴隷制廃止前夜に破産し，ベアリングは奴隷賠償制度によって得た賠償金で債権を回収している[56]。しかし表向きはベアリングは，西インド利害関係者とみなされてはいなかったし，そう自認もしていなかった。

　王領植民地へ発布する枢密院令が検討された1824年3月16日においても，エリスやジョージ・ワトソン＝テイラー[57]といった西インド・インタレスト議員が賠償の正当性を主張した。またベアリングはこの時も発言し，賠償対象の資産は1億5000万ポンドにも達すると述べ，それを知れば反奴隷制請願は大幅に減少するだろうと皮肉を述べている[58]。

　1828年3月6日には，ロバート・ウィルモット＝ホートン（リヴァプール内閣時の副植民相）は，枢密院令による義務的解放の強要は労働力の没収に等しく，プランテーションは奴隷労働が消滅すれば無価値になるので，「運河建設のため分断された道路や，リージェント・ストリート建設のため壊された家屋の利害関係者が賠償請求権をもつように」賠償されるべきと主張した。これに対し，反奴隷制派のウイリアム・スミスやニュージェント卿は，人間を財産とすることは自然権や神の法に反していると発言したが，ベアリ

ングは，カニング決議によりすでに西インド地主の財産権は容認されており，今のような発言はカニング決議に賛成投票した西インド財産所有者に不信を招くと反論している。ウィリアム・ハスキソン（リヴァプール内閣時の商務相，ゴダリッチ内閣時の植民相）も，下院がこの大問題を議論したとき，抽象的な財産権や人権についての議論は避け，個人所有者の法律上の権利だけに着目することに合意したはずだと述べている[59]。

　この頃の賠償に関する大きな議会討論は，1830年12月13日と1831年4月15日にある。1830年12月13日には，プランター・商人ほか西インドに資産をもつ者から，彼らや植民地住民に不正な作用を及ぼす政策が採用された場合，発生する全財産の喪失と価値低下を全面的に賠償する措置をとるよう要求した請願が，チャンドス侯爵によって下院に提出された。侯爵とダグラス，マルヤット，バーナル，ウィリアム・エワート[60]が賠償を支持したほか，反奴隷制協会のザハリ・マコーリが，議会制定法によって奴隷が財産として扱われ，担保や保証などに用いられてきた以上，奴隷制が廃止された時に生じる財産の損失すべては政府によって償われるべきだと主張している。前内相ピールや前植民相マリーも賠償を強く支持した。バクストンはこの時も奴隷にも賠償すべきとの意見を述べた[61]。

　しかし1831年4月15日，奴隷待遇改善に関し本国介入を求める動議を提出した時には，バクストンとその支持者モーペス卿は，財産権と既得権への合理的な賠償については全く反対しないとして，賠償容認を表明した。この時西インド利害に批判的な姿勢を維持したのは，若き副植民相ハーウィック卿であり，彼は財産権保護には疑問をもたないが，奴隷の財産権も保護されるべきと発言している。また，反奴隷制協会メンバーのラシントン博士は，西インド不況は天罰であるという趣旨の発言をおこなっている。しかし同日P・M・ステュアートが感想をもらしたように，賠償原理は確立されつつあった[62]。翌32年3月15日には，バクストンは提出予定の動議は「プランターに付与される賠償の検討とあわせて，植民地の奴隷制の状態についての検討」を要請するものだと答え，プランターへの賠償を明確に言葉にした[63]。

(2) 賠償内容の具体化

　西インド委員会は，1833年1月9日に代表団を選出し，28日に首相と植民相，2月4日に植民相と懇談して，今後の政府の奴隷問題への対応と中断されていた貴族院の奴隷状況調査委員会の再開の見通しについて尋ねた。政府はこの時すでに奴隷制廃止の下案を練っていたが，西インド委員会にはそれを伝えていない[64]。しかし2月23日には植民相は西インド委員会に対し，奴隷制に関して政府が採用しようとしている政策について伝達するため，各植民地代表との懇談を求めてきた。懇談は26日におこなわれ，その席で政府は奴隷制廃止の草案を手渡したようである。ただし，政府側は草案の内容も会談をおこなったことも機密にするよう依頼し，西インド委員会側も了承した。また政府は西インド委員会の質問に対し，モーリシャスも奴隷制廃止の対象に含めると回答した[65]。

　一方議会では1833年3月19日，内閣は，その日提出予定だったバクストンの奴隷制廃止動議の延期を求め，代わりに内閣自身の廃止法案を4月23日に提出することを約束した[66]。

　しかしこの間植民相ゴダリッチと副相ハーウィックが辞任し，新植民相としてスタンリが就任する。スタンリの奴隷制廃止案は4月23日には間に合わず，5月14日に提出されることとなる。

　西インド委員会は1833年2月にゴダリッチと懇談した時，議会提出に先立ってなるべく早く政府案を西インド委員会に内示するよう求めており，それがかなわない場合には，政府案の議会提出を延期するよう要望していた。しかし植民省が西インド委員会にスタンリ案を送ってきたのは，議会提出のわずか5日前の5月9日だった。西インド委員会はこれに即応し，10日にスタンリ案精査のための特別部会を選出してその翌日にはこの部会から出た報告を検討している[67]。

　スタンリ案の内容は徒弟制と賠償で，徒弟制については労働の4分の1を有給にする案などがすでに盛り込まれており，賠償に関しては「1500万ポンドの貸付」を「大蔵省に任命された委員が承認する担保の上で」おこなうとしていた。西インド委員会は，「この種の法案が私有財産権を全面的に破

壊することはほとんど言う必要もない……西インド植民地に投じられた全財産の価値は1億ポンドを超え，奴隷に使用された総額も4千万ポンドを超える……起案中の法案は彼らの財産の直接の没収以外の何の目的にも有効でない……奴隷の時間の4分の1を主人から奪う効果は，非常に大きな損害である……」と全面的反対の決議を出した。また，11日の西インド委員会会議中に，西インド委員会議長ヘアウッド卿[68]は会議を一時退席して首相に会い，スタンリ案議会提出延期を求めた。首相は，提出延期は不可能だが，提出後に審議を延期することは可能であり，自身この案は不十分と考えていると返答している[69]。

5月14日下院で，スタンリは奴隷制廃止に関する五つの決議を提案した。それは，①奴隷制廃止のための迅速，効果的手段を講じること，②6歳以下の解放，③徒弟制（労働の4分の3は無給，残りの時間は自由・有給労働，奴隷制の時と同様の衣食の配給），④奴隷所有者には1500万ポンドの貸付で賠償すること，⑤徒弟の保護者で徒弟と主人の仲介者となる有給行政官をイギリス政府の給与支給で植民地に配置すること等の内容であった[70]。同日は前副植民相ハーウィックとバクストンから激しい批判がおこなわれ，審議は30日まで延期された。

一方西インド委員会では，この14日のスタンリ案について16日に特別部会が報告を出し，これが印刷されて首相，植民相などに配布された[71]。また5月18日には臨時総会が開催され，300〜400人もが出席している。ここでは5月30日に国王と上下両院に提出する請願が承認され，国王へは議長ヘアウッド卿が提出し，貴族院には前首相ウェリントン，下院にはリチャード・ヴィヴィアンに提出を依頼することとなった。またこの請願では，請願者は「英領西インド植民地のプランター，領主，抵当権者，年金受給者，土地・奴隷・相続財産などの財産所有者」として，通常の西インド関係者よりもだいぶ拡大されたものになっていた。またこの請願では，「奴隷所有，西インドの財産は合法的に形成され」，奴隷への抵当権設定やその抵当権の譲渡は1819年や24年の制定法にも記載があること，イギリス国家は奴隷付きでプランテーションを国民に売却してきたこと，政府は1823年カニング

決議と一致した行動をとるべきこと，国家が「この財産の購入」をすべきこと，政府案は「財産の没収であり，賠償は財産の額に不十分」であることなどが主張されている 72)。

またこの間，西インド委員会議事録にも記録されていない一部の西インド利害関係者と閣僚の個人的な交渉が進んでいる。この交渉の主役は，ジョン・グラッドストンである。この交渉の契機は，スタンリ案が議会に提出された5月14日の前副植民相ハーウィック卿の発言にあったようである。ハーウィック卿は，スタンリの徒弟制はプランターによる奴隷の酷使につながるとし，デメララにあるジョン・グラッドストンとジョン・モスのプランテーションを名指しして，そこでは生産性向上につれて奴隷の死亡率が上昇していると主張した 73)。グラッドストン家の歴史をまとめたチェックランドによると，5月24日スタンリはジョン・グラッドストンとモスに会い，この席でグラッドストンは，スタンリ案受け入れと引き替えに2000万ポンドの給付と1000万ポンドの貸付という賠償案を提案したという 74)。

ジョン・グラッドストンはリヴァプール在住の穀物貿易商で，後に西インド貿易やプランテーション経営に着手し，1820年以降はリヴァプール西インド協会の議長であった。また1818～27年にはカニング派の下院議員でもあった。彼はロンドンの西インド委員会にも出席し，1830～31年にはラム酒税や外国産砂糖の精糖問題について書簡で意見を寄せている 75)。1832年選挙では，23歳の四男ウィリアム・エウァート（後の首相）を立候補させ，反奴隷制運動が吹き荒れる逆風の中で見事に初当選させている 76)。

西インド委員会議事録には，グラッドストンの賠償案もグラッドストンとスタンリの会談についても記録がない。だがジョン・グラッドストンは西インド委員会に設置されたスタンリ案検討の特別部会のメンバーであり，西インド委員会の中でも奴隷廃止法案問題に特に深くコミットしていたことは間違いない。

5月24日西インド委員会は，27日にロンドン・タヴァーンで開催の「西インド植民地のプランテーションに利害をもつ地主，貿易商，銀行家，船主，製造業者，商人，所有者の総会」に提出する決議文を用意した。この決議文

は，十分な賠償という条件つきで奴隷解放に賛成と表明している[77]。また5月29日には，翌日再提出のスタンリ案に対しての西インド委員会決議が用意された。これも「全植民地における全面的奴隷制廃止のために迅速かつ効果的な方法がとられるべき」と奴隷制廃止を全面的に支持し，一方で奴隷制廃止により財産を失う者に対して3000万ポンドの賠償が支払われるべきと主張している[78]。このように，この5月24，29日になって初めて，西インド委員会は奴隷制廃止に賛成を表明した。奴隷制廃止支持の姿勢が急に固まった背景には，賠償問題の内々の決着があった可能性がある。ただし議会では，5月30日のスタンリ案においても，賠償は1500万ポンドの貸付に留まっていた[79]。

西インド委員会は，6月3日議会審議の開始直前に会合をおこない，29日決議を修正して，3000万ポンドの賠償を2000万ポンドの給付と1000万ポンドの貸付に改めた[80]。この決議は同日午後サンドン卿によって下院に提出された。この日，ウィリアム・エワート・グラッドストンは，サンドン卿提案を支持して処女演説をおこなった。これはスタンリに，「彼が植民地に2000万ポンドの給付と1000万ポンドの貸付を与えるべきだと説得したほどすぐれた手腕や技術を見たことがない」と言わせたほど説得力のあるものだった[81]。

6月10日スタンリは，政府案として1500万ポンドの貸付から2000万ポンドの給付への賠償の引き上げを下院に提案した。バクストンは，徒弟期間の短縮化や，賠償金半額の支払いを徒弟期間終了時点まで延期するなどの修正を求めるが否決され，翌日には政府案が可決された[82]。ここに，2000万ポンド給付という賠償の内容が確定した。

スタンリ案は貴族院で審議された後，7月5日には奴隷制廃止法案として下院に提出される。この後両院で主に徒弟制の条件をめぐって修正を経た後，8月28日国王裁可を得て，奴隷制廃止法は成立した。

おわりに

　本章では，奴隷制廃止法に奴隷所有者への賠償制度が盛り込まれていく過程を調査してきた。賠償制度が設置された原因はいろいろ考えられる。1823年5月15日の下院審議で，アレクサンダ・ベアリングがプランターへの賠償という個別問題を私有財産保護という有産階級全体の問題にまで拡大して論じたこと，この私有財産保護の考え方が同日のカニング決議に盛り込まれたことは，重要な出発点となったであろう。しかし，賠償が奴隷価値の44％に達する2000万ポンドという巨額の給付という形で決着したのは，最後の数週間の西インド委員会と政府閣僚の非公式の交渉によるところが大きい。

　賠償制度は，政府側の政治・財政上の選択でもあった。イギリス政府は，1820年代にはすでに西インド経済は深刻な不況であるという認識をもっていたが，その一方でイギリス政府はこの頃から奴隷制廃止とそれにいたるまでの奴隷待遇改善を政府の目標として掲げるようになった。こうした中で，政府は，不況対策をおこなう上での交換条件として植民地に奴隷待遇改善を要求したのである。しかし，植民地は激しく抵抗し，本国が納得するような奴隷待遇改善をおこなわなかった。このため，本国政府は，西インドにいっさい不況対策をしなかった。しかしこの結果，奴隷制廃止時には西インド経済は回復不能なまでに悪化しており，そのまま奴隷解放をすれば本国の貿易・金融業や投資家にも深刻な被害が及びかねない状況に陥っていた。だからこそ本国政府は，西インドに奴隷制廃止と同時に思い切った経済支援策をおこなわざるをえなくなったのである。それが奴隷所有者に対する賠償であった。しかもこの賠償金2000万ポンドは，不況対策として砂糖関税を減税した場合よりむしろ政府にとって安価であった可能性もある。

　いずれにしても奴隷制と西インド不況の問題は，議会よりもむしろ議会外の政府と西インド利害関係者との非公式の懇談で議論され解決された。このような問題解決の形は，奴隷制廃止の例に留まらず，他の多くの議題に関しても一般的であった可能性もある。イギリスの議会政治は，議会での最終的

議決へいたる交渉過程の多くを，議会外の非公式の議論にゆだねることで，円滑に機能していたと言えるかもしれない。

注

1) 3 & 4 William IV c. 73.
2) R. E. P. Wastell, "The History of Slave Compensation, 1833-1845" (unpublished master's thesis, University of London, 1933); Nicholas Draper, *The Price of Emancipation. Slave-ownership, Compensation, and Btritish Society at the End of Slavery* (Cambridge, 2010); Kathleen Mary Butler, *The Economics of Emancipation: Jamaica and Barbados, 1823-43* (Chapel Hill, 1995).
3) この部局については，Wastell, "The History of Slave Compensation, 1833-1845".
4) 川分圭子「近代奴隷制廃止における奴隷所有者への損失補償——世界史的概観」『京都府立大学学術報告 人文』（64号，2012年）41〜75頁。
5) 英領産砂糖関税については，川分圭子「英領西インドと砂糖税」『京都府立大学学術報告 人文・社会』（60号，2008年）99〜124頁。
6) 1828年4月1日の下院討論でのC・N・パルマーの発言。彼は，西インド委員会プランターおよび商人部会副議長であった。選挙区：Ludgershall (1815-17), Surrey (1826-30). Hansard, series 2 Vol. 18. c. 1424.
7) Charles Buxton (ed.), *Memoirs of Sir Thomas Fowell Buxton* (London, 1848), p. 113; Frank J. Klingberg, *The Anti-Slavery Movement in England. A Study in English Humanitarianism* (Archon Books, 1968, first published 1926), p. 182; Sir Reginald Coopland, *The British Anti-Slavery Movement* (London, 1933), p. 121; W. L. Burn, *Emancipation and Apprenticeship in the British West Indies* (London, 1937), pp. 80, 84; William Law Mathieson, *British Slavery and its Abolition 1823-1838* (London, 1926), p. 115; Edith F. Hurwitz, *Politics and the Public Conschience. Slave Emancipation and the Abolitionist Movement in Britain* (London, 1973), p. 30.
8) Hansard, series 2 Vol. 9 c. 275.
9) Hansard, series 2 Vol. 9 c. 286.
10) 1828年3月6日ロバート・ウィルモット＝ホートンの演説に対して（本章238頁参照）。Hansard, series 2 Vol. 18. c. 1045. *Memoirs of Sir T.F.Buxton*, p. 180.
11) Mathieson, pp. 126-137; Burn, p. 82; Coopland, p. 126.
12) Hansard, series 2 Vol. 10 cc. 1064-91, 1096-1112.
13) Mathieson, pp. 141-165, 183-186; Burn, p. 81; Coopland, pp. 130-131.
14) Mathieson, p. 165.
15) Hansard, series 2 Vol. 15 cc. 1308-09.
16) 1828年7月25日J・マッキントッシュが，政府が1823年決議遂行の努力をしな

いなら，次の会期で植民地改革を提案すると述べたのに対して，ウェリントン内閣の植民相ジョージ・マリーは，現内閣は1823年決議の趣旨を逸脱する気はない，つまり私有財産権を侵害することなく，奴隷のためになる体制を制定すると述べ，政府目標は奴隷待遇改善に留まるように答えている。Hansard, series 2 Vol. 19 c. 1779. マサイエソン，クープランドも同内閣の奴隷制問題に対する態度は保守的だったと考えている。

17) 奴隷制廃止法の国王裁可直前になっても，ウェリントンはセント・ヴィンセント卿等とともに廃止法反対請願を提出した。Hurwitz, p. 156.
18) 例えば1830年7月13日，12月13日，1831年4月15日。
19) 選挙区：Horsham (1808-12), St. Germans (1812-18), West Looe (1818-26), Armagh (1826-31), Cambridge Univ. (1831-56). 1829-34年の西インド委員会プランターおよび商人部会に出席。
20) Richard Plantagenet Temple-Nugent-Brydges-Chandos-Grenville. 父はバッキンガム＝チャンドス公爵。1830-33年西インド委員会プランターおよび商人部会議長。
21) 1830年1月18日の西インド委員会プランターおよびマーチャント部会の常任部会議事録。西インド委員会史料（West India Committee Archives）は，原本は西インド大学セント・オーガスティン校（トリニダード・トバゴ）にある。ロンドン大学歴史学研究所にマイクロフィルムの所蔵がある。主に以下を利用。West India Merchants Meeting Minutes 1804-27, 1828-43. （WIMと略。商人部会議事録）West India Planters and Merchants Meeting Minutes 1822-29, 1829-34. （WIPMと略。プランターおよび商人部会の総会と常任部会議事録）Minutes of the Acting Committee, 1829-33, 1833-43. （WIPMACと略。プランターおよび商人部会の活動部会議事録）
22) 1828年12月28日，商人部会議事録。WIM 1822-29.
23) Hansard, series 2 Vol. 22 cc. 848, 1066, Vol. 23 c. 622.
24) 選挙区：Dunfries Burghs (1812-32). 当時西インド委員会プランターおよび商人部会の常任部会議長。ロンドン商人。兄はクィーンズベリ侯爵。トバゴ植民地エージェント。
25) Hansard, series 2 Vol. 24 cc. 829, 834-38.
26) 1830年5月16日，活動部会議事録。WIPMAC 1829-33.
27) 1830年6月9, 10日，常任部会議事録。WIPM 1829-34.
28) 1830年12月29日，常任部会議事録。WIPM 1829-34.
29) 1830年6月2日，活動部会議事録。WIPMAC 1829-33.
30) Hansard, series 3 Vol. 1 c. 557.
31) Hansard, series 3 Vol. 2 c. 126.
32) Committee of Supply, Hansard, series 3 Vol. 2 c. 447.
33) 選挙区：Horsham (1808-12), Sandwich (1812-24). 西インド委員会商人部会，プランターおよび商人部会に出席。後者の常任部会メンバー。西インド貿易商の他，ロイズのチェアマン，銀行業。トリニダードおよびグレナダの植民地エージェント。
34) 1831年2月14日，活動部会。WIPMAC 1829-33.

35）Hansard, series 3 Vol. 2 cc. 784-89, 789-92, 795.
36）D. R. Fisher (eds.), *The History of Parliament. The House of Commons 1820-32, Vol. I. Introductory Survey Appendices*, (London, 2009), p. 306. クープランドによると反奴隷制請願は1823年は225，1824年は600近くだった。Coopland, p. 121.
37）Hansard, series 3 Vol. 3 c. 1418.
38）選挙区：Eye (1831-32). 西インド委員会プランターおよび商人部会に出席，常任部会メンバー。ジャマイカ法務総裁。ジャマイカ植民地エージェント。
39）選挙区：Lancaster (1831-37), Renfrewshire (1841-46). 西インド委員会商人部会，プランターおよび商人部会に出席。後者の常任部会メンバー。西インド貿易商，トバゴ植民地エージェント。グリノック水道会社，インヴァーキップ・ガス会社創立メンバー，ロンドン＆ウェストミンスタ銀行，西インド植民地銀行総裁。
40）本章237-238頁参照。選挙区：Taunton (1806-26), Callington (1826-31), Thetford (1831-32), Essex North (1832-35). 商人部会，プランターおよび商人部会出席。
41）Hansard, series 3 Vol. 3 cc. 1422-23, 1438, 1463.
42）Hansard, series 3 Vol. 3 cc. 1426, 1428, 1458-61.
43）Coopland, pp. 136-137; Mathieson, pp. 201-206.
44）Hansard, series 3 Vol. 13 c. 49.
45）研究者によって西インド・インタレスト議員とする議員の人数には大きな違いがあるが，1833年議会で西インド・インタレスト議員が減少し，反奴隷制派が増加したことは誰もが認めている。Izhak Gross, "The Abolition of Negro Slavery and British Parliamentary Politics 1832-3", *Historical Journal* (23-1, 1980), pp. 65-66; Michael Craton & James Walvin, *A Jamaican Plantation. The History of Worthy Park 1670-1970* (Tronto, 1970), p. 202; Burn, p. 100n; Coopland, pp. 138-139.
46）副植民相ハーウィックと植民省事務次官ジェイムズ・スティーヴンの共同案と，植民省事務官のヘンリ・テイラーの案。Mathieson, p. 228. Gross, p. 69. Burn, pp. 102-103.
47）1823年4月22，25日，常任部会。WIPM 1822-29.
48）選挙区：Bristol (1820-30). 西インド委員会プランターおよび商人部会出席者，常任部会メンバー。ブリストル西インド委員会代表。ブリストル奴隷貿易商，ブリストル，リヴァプールの銀行家家系。
49）選挙区：Lincoln City (1818-20), Rochester (1820-41, 1847-52), Weymouth & Melcombe Regis (1842-47). 西インド委員会プランターおよび商人部会出席者。ユダヤ系ロンドン西インド貿易商。
50）選挙区：Heytesbury (1793-96), Seaford (1796-1806, 1812-26), East Grinstead (1807-12). 1826年よりシーフォード卿。西インド委員会プランターおよび商人部会議長。ジャマイカ・プランター家系。
51）本章238頁参照。選挙区：Plympton Erle (1794-96), Lymington (1796-1806, 1818-20, 1821-26), Evesham (1806-18), Penryn (1826-30). 西インド委員会商人部会，プランターおよび商人部会に出席，常任部会メンバー。

52) 各植民地議会から給与を支給され，ロンドンで議会や政府機関との折衝，情報集めなどを担当する役職。Lilian Penson, *The Colonial Agents of the British West Indies. A Study in Colonial Administration, mainly in the Eighteenth Century* (London, 1924).
53) Hansard, series 2 Vol. 9 cc. 295-307, 316-18, 320-322, 339-342.
54) Hansard, series 2 Vol. 9 cc. 342-49.
55) Hansard, series 2 Vol. 9 c. 343.
56) 川分圭子「1830-32年英領西インド経済危機と奴隷賠償制度」『史林』（91巻6号，2008年）33～69頁。
57) 選挙区：Newport Ile of Wight (1816-18), Seaford (1818-20), East Looe (1820-26), Devizes (1826-32). 西インド委員会プランターおよび商人部会出席者，常任部会メンバー。ジャマイカ・プランター。
58) Hansard, series 2 Vol. 10 c. 1165.
59) Hansard, series 2 Vol. 18 cc. 1029, 1032, 1034-40.
60) リヴァプール貿易商。綿紡績業リー家と姻戚。ジョン・グラッドストンの友人で，グラッドストンの四男で後の首相ウィリアム・エワァートの名は彼にちなんだ。
61) Hansard, series 3 Vol. 1 cc. 1047-66.
62) Hansard, series 3 Vol. 3 cc. 1408-69.
63) Hansard, series 3 Vol. 11 c. 291. ただしバクストンは，この直後の3月25日反奴隷制運動家20人との会合でも「即時無賠償の廃止から……プランターの心底からの同意を得ての漸次的廃止まで」意見の相違があったとする。また政府が反奴隷制協会自体に賠償への同意を求めてきたのは，1833年4月上旬であったようである。*Memoirs*, pp. 240, 267-268.
64) 1833年1月9日，2月6日，活動部会議事録。WIPMAC 1829-33. 1月29日，常任部会議事録。WIPM 1829-34. バーベイドス植民地エージェントのメイヤーズは1月29日閣僚に会い，奴隷制廃止は不可避と感じている。Bruce M. Taylor, "Our Man in London: John Pollard Mayers, Agent for Barbados, and the British Abolition Act, 1832-1834," *Caribbean Studies* (16-3-4, 1976-7), p. 64.
65) 1833年2月25日，3月19日常任部会議事録。WIPM 1829-34.
66) Hansard, series 3 Vol. 16 cc. 826-27.
67) この特別部会には，ダグラス，バージ，ジョン・グラッドストンが含まれていた。1833年5月10，11日，常任部会議事録。WIPM 1829-34.
68) ヘンリ・ラセルズ。1820年よりヘアウッド卿。選挙区：Yorkshire (1796-1806, 1812-18), Westbury (1807-12), Northallerton (1818-20). チャンドス侯爵の後任のプランターおよび商人部会議長。バーベイドス・プランター，奴隷貿易商，西インド貿易商の家系。
69) 1833年5月11日，常任部会議事録。WIPM 1829-34.
70) Hansard, series 3 Vol. 17 cc. 1230-31.
71) 1833年5月16日，常任部会議事録。WIPM 1829-34. Taylor, pp. 66-67.

72) 1833 年 5 月 18 日総会，常任部会議事録。WIPM 1829-34.
73) Hansard, series 3 Vol. 16 cc. 1251-53.
74) S.G.Checkland, *The Gladstones: A Family Biography, 1784-1851* (Cambridge, 1971), p. 274.
75) 1830 年 1 月 31 日，活動部会議事録。WIPMAC 1829-33. 1831 年 7 月 13 日，常任部会議事録。WIPM 1829-34.
76) Checkland, pp. 257-260.
77) 1833 年 5 月 24 日，活動部会議事録。WIPMAC 1829-33. 1833 年 5 月 27 日公開会議，常任部会議事録。WIPM 1829-34.
78) 1833 年 5 月 29 日，活動部会議事録。WIPMAC 1829-33.
79) Hansard, series 3 Vol. 18 cc. 112-66.
80) 1833 年 6 月 3 日，活動部会議事録。WIPMAC 1829-33.
81) Hansard, series 3 Vol. 18 c. 325.
82) Hansard, series 3 Vol. 18 cc. 550, 573-98.

第Ⅲ部

議会制統治の外縁部

第10章 近世イギリスのスタナリ議会
すず鉱業地域利害の調整と回路の検討
水井　万里子

はじめに

　近世イギリス西部のコーンウォル州における地方統治の研究は，同地の史料保存状況の問題，加えて特徴ある地域政治のあり方から，全国的な動向とは異なる文脈で言及されることが多い。本書第1章仲丸論文，第2章青木論文で指摘されるように，近世の同州選出の下院議員の議席は44議席と全国的にみても非常に多数で，同州の議会政治史の特質としてまず考慮されねばならない[1]。さらに，本章で扱う，コーンウォル公爵（Duke of Cornwall）が中世以来統括するすず鉱業の利益集団スタナリーズ（Stannaries）については，第11章君塚論文で詳しく検討されるコーンウォル公領（Duchy of Cornwall）とともに，王権の利益と密接なつながりを持つ政治的領域を地域に形成していたことが指摘されている。ウェストミンスタ議会の統治力が増していく近世イギリスの議会制統治にあって，上記のような地域的特質を前提に，スタナリーズ成員ティナー（Tinner）の要望である地域利害がどのような回路を通って中央との間で調整されたのか，ウェストミンスタ議会や王権はこのような地域利害をどのように調整し統治したのであろうか。

　スタナリーズは13世紀のチャーター付与以降，固有のスタナリ議会（Convocation of the Stannaries）を開催する権利を有していた。著名な議会史研究者クルックシャンクスは，「ティナーの議会」（Parliament of Tinners）として，後期スチュアート期からハノーヴァ期のスタナリ議会を，ウェストミンスタの議会と比較しつつ検討している。クルックシャンクスが示唆するように，

18世紀初頭のスタナリ議会召集の目的は，王権（政府）によるすずの流通統制「先買」（pre-emption）の導入・実施に対する地域の合意形成であった。先買制度が導入された17世紀初頭から18世紀前半において，最大の地域産業であるすず鉱業の利害調整が，中央とスタナリ議会を中心とする地域の間でどのようにおこなわれたのか実証的に検討することは，イギリス議会制統治の外縁部を検証する上でも有効であろう[2]。本章では，スタナリ議会の機能をまず整理し[3]，すず先買利益を国家（王権）財政に組み込むという「すずの財源化」の実態を，17世紀初頭から18世紀初頭までのやや長い期間で概観する。その上で，地域利害の統制と調整が，王権・中央政府の政策，ウェストミンスタの議会審議，スタナリ議会の場でどのように実施されたのか考察したい。

第1節　スタナリーズとスタナリ議会

(1) スタナリーズ

まず，スタナリーズに関して，ルイス，ハミルトン＝ジェンキンの研究書[4]，スタナリ鉱山法を分析した18世紀のピアースによる史料集[5]，ペニントンの研究書[6]から制度として整理し，スタナリ議会の理解を深める。17世紀後半から18世紀初頭にかけてのコーンウォルにおけるスタナリ議会と，その構成メンバーとしてコーンウォル各地の選挙区（後述のスタナリ管区）から選出されたスタナリ議員スタネイタ（Stannator）についても概観したい。

スタナリーズは，デヴォンとコーンウォルのすず鉱業者がそれぞれ成員となるコーンウォル公爵直属の機関であるが，両州のスタナリーズを統括するのは公爵に指名されたスタナリ長官（Lord Warden of the Stannaries）で，各州ごとに副長官（Vice Warden）を従えていた。両州のスタナリーズとも四つの管区を持ち，それぞれのスタナリ管区には下級の役職である監督が置かれた。長官には中央で名の通った貴族が起用されることも多く，他方副長官以下はすず鉱業に利害を持つ地元のジェントルマンが指名されるのが慣例であ

った[7]。各州のスタナリーズはそれぞれ司法・行政・立法の権利をチャーターによって与えられており，コーンウォル公爵以下，長官，副長官，監督までがこれらに関わる職務をこなした[8]。

スタナリ議会は，特許状で与えられた立法権を行使する機関であり，主な機能は，現行のスタナリ法の確認と，新たな法の策定，スタナリ長官による動議の承認などであった。近世で最も頻繁に上記の議会が開会された時期は17世紀後半から18世紀初頭にかけてであったが，すずにかかる税に関して審議する権利を持たないスタナリ議会の当該時期における主要な役割は，すずの先買（pre-emption）契約の条件の承認であった[9]。

コーンウォルの管区はペンウィス・ケリエル，ティワンヘイル，ブラックモア，フォイモアの四つで構成されており，それぞれの管区はおおよその鉱山区域と重なり合っていた。

コーンウォル公爵，または公爵不在の場合に王権によるスタナリ議会召集

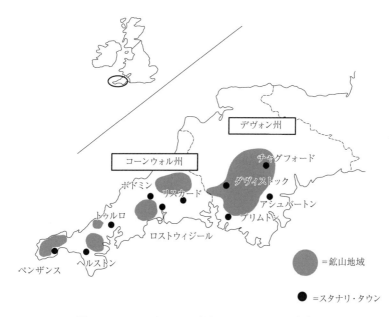

図10-1　コーンウォル・デヴォンのスタナリ関連地図

第10章　近世イギリスのスタナリ議会 | 255

に応じて，各管区は選挙で6名のスタネイタを選出し，合計24名のスタネイタが議会のメンバーとなった。コーンウォル公爵の指令は各管区内の以下のスタナリ・タウン（Stannary town またはコイネージ・タウン Coinage town）の市長に送られることになっていた。ヘルストン（ペンウィス・ケリエル），トゥルロ（ティワンヘイル），ロストウィジール（ブラックモア），ローンストン（フォイモア）がコーンウォルのスタナリ・タウンである。選出されたスタネイタは補助役 Assistant を任命することができ，鉱夫と深いつながりを有する相談役としての能力を持つ者をこれにあてた[10]。どのような法案においても，スタネイタ24人中16人の賛成がなければ通過させることはできなかった上，この審議結果がコーンウォル公爵に上申されるより前に，スタナリ長官の裁可が必要となった[11]。

（2）スタナリ議会と下院

　近世コーンウォルの44議席という過度な配分がもたらす諸問題についてはジャガードの1832年前の改革と，その後のコーンウォルの政治史研究に詳しいが，ここでは，ジャガードの当該研究の時期設定に先立つ，17世紀後半から18世紀初頭の次期のコーンウォルの議会代表状況に関して検討する[12]。

　表10-1は1685年，1702～3年，1710年の3回の下院議員選挙におけるコーンウォルの下院議員選出状況を示したものである[13]。ここからは，地元に拠点を持たない州外議員が4～5割強の割合でコーンウォルの各選挙区から選出されていることがわかる。この当時コーンウォルの議席配分の多さは必ずしも地域利害関係者の多人数選出を導くものではなかったと言えよう。

　また，近世・近代においてコーンウォルの選挙区の多くがパトロンを持ち，候補者の人選に大きな影響を与えていたことはジャガードによって次のように指摘されている。コーンウォルおよび隣州デヴォンにおいては，16世紀前半にエクセタ侯爵が処刑されて以来，大貴族は不在であった。最大の地主であるコーンウォル公爵も同地域に居城を持つことはなく，地元の大小ジェントルマンが近世を通じて影響力を持った。17世紀半ばまでには，王政復

表10-1 コーンウォル州の下院議員にみるスタネイタの内訳

	1685年	1702～3年	1710年
地元議員	22（7）	26（10）	19（7）
州外議員	22	18	25

注：（ ）内スタネイタ数
出典：Henning, *The House of Commons 1660-1690*；Cruickshanks, Handley, and Hayton, *The House of Commons, 1690-1715*, より作成。

古後にバース伯爵位を授けられることになるグレンヴィル家，すず鉱業に大きな利害を持つゴドルフィン家が力を持つようになり，ボスコーエン家，バセット家，ロバーツ家などの家々が，それぞれ一つまたは複数の，領地に関連するバラをコントロールし，友人や親戚筋の人物を選出するという結果に対して影響力を保っていた[14]。

本章の当該時期には中央の官職保有者や宮廷関係者が州外議員として多く選出されていることがわかるが，それぞれバース伯爵，エクセタ主教（トリロニ家出身）の関係者，アン女王治世の中央政府マールバラ公と大蔵卿シドニー・ゴドルフィンの推薦する者などが議員選出に反映したことが，クルックシャンクスなどの議会史研究者によって指摘されている[15]。

地元のジェントルマンは所領に関連する選挙区から選出される例が多く，上記の表10-1および以下の表10-2にあるように，スタネイタにも選出されたことがある下院議員は，17世紀から18世紀にかけての選挙では地元出身の下院議員の3分の1程度の勢力を占めていた。このことから鉱業利益関係者がウェストミンスタの議会下院でも一定数議席を保有したと考えることができるが，近世・近代を通じて議会ですず鉱業に関する法案や議題が取り上げられることは極めて稀であった[16]。

スタナリーズに対する王権の特許状によって設置を認められたスタナリ議会の役割は，すず鉱業地域内部の利害調整や法の制定など多岐にわたったことが指摘される[17]。しかし，スタナリ議会の開催は，先述のように，17世紀初頭から18世紀にかけては先買実施の特許の合意形成時に限られている。

表10-2 選挙区別内訳（1702～3年選挙）

選出区名	州外出身	議員名（姓，名）	1703 Stannator
Cornwall		Vyvyan, Richard	
Cornwall		Buller, James	○
Bodmin		Hoblyn, John	○
Bodmin	○	Howe, John G.	
Bossiney		Hooker, William	
Bossiney		Manley, John	○
Callington	○	Rolle, Samuel	
Callington		Coryon, William	
Camelford		Glyn, Dennys	○
Camelford		Manaton, Henry	
East Looe	○	Pole, John G.	
East Looe	○	Seymour, Henry	
Fowey		Granville, George	
Fowey		Hicks, John	
Grampound		Scobell, Francis	○
Grampound	○	Craggs, James	
Helston		Godolphin, Francis	
Helston	○	Godolphin, Sidney	
Launceston	○	Hyde, Henry	
Launceston	○	Cary, William	
Liskeard	○	Bridges, William	○
Liskeard		Dodson, Thomas	
Lostwithiel		Robartes, Russell	
Lostwithiel		Molesworth, John	
Mitchell		Bellott, Renatus	○
Mitchell		Basset, Francis	○
Newport	○	Morice, Nicholas	
Newport	○	Spark, John	
Penryn		Trefusis, Samuel	
Penryn		Pendarves, Alexander	○
St.Germans	○	Fleming, Henry	
St.Germans		Anstis, John	
St.Ives		Praed, James	○
St.Ives	○	Pitt, John	
St.Mawes		Tredenham, Joseph	
St.Mawes		Tredenham, John	
Saltash	○	Carew, Thomas	
Saltash	○	Rolle, John	
Tregony		Boscawen, Hugh	
Tregony		Sawle, Joseph	
Truro	○	Meadowes, Philip	

Truro		Vincent, Henry
West Looe	○	Seymour, Charles
West Looe	○	Poley, Henry

出典：Cruickshanks, Handley, and Hayton, *The House of Commons, 1690-1715*, より作成。

近世イングランドにおける王権・中央政府の財政政策や，全国的な情勢，特に国際戦争の展開と結びつくような事態が起こった時，スタナリ議会，そして地域は，どのような政治的役割を演じ，地域統治がはかられたのか，これについては詳しい検討が必要である。

第2節　先買とすずの財源化――17世紀前半

(1) 王権歳入とスタナリーズ

スタナリーズと王権の関係は，1201年と1305年に王権から司法・立法・行政・免税特権を明記した特許状がスタナリーズに付与されたことに始まる。成員ティナーは諸特権と引き換えに，すずの生産に関わる諸税をコーンウォル公爵に支払い，スタナリーズが王権歳入の確かな財源となった。鉱石採掘から一次製錬を経たすずは，ブロックの形態で年数回近接の8カ所のスタナリ・タウンで開かれるコイネージ（the coinage）に持ち込まれ，当地で計量・試金を済ませた後，ティナーはそれぞれが持ち込んだすずの重量に応じたコイネージ・タックス（the coinage tax）が所有者によって支払われた[18]。コイネージ・タックス支払いの証である刻印を受けたすずは，ティナーの手を離れ，様々な仲買人によって，スタナリ・タウンから国内・海外市場に流通することとなる[19]。

デヴォンのスタナリーズのすず年間生産量の9倍以上を当該時期に産出したコーンウォルのスタナリーズでは，1 MWT（サウザンドウェイト＝120重量ポンド）につき2ポンドのコイネージ・タックスが課され，これが公領の主要な歳入源となっていた。コイネージ・タックスに代表されるすず関連の公領歳入は，16歳以上の国王の男子長子の不在による公爵空位期には国王歳

入になる場合があった。以下に述べる近世のすず先買も，コーンウォル公爵の特権的歳入を生み出す新たな財源の一つとなり，初期ステュアート期にはしばしば請負に出され，年レントが請負人から王権へ支払われる形式をとることが多かった[20]。近世におけるすずからの歳入は，上述のようにコーンウォル公領だけでなく王権（国家）の収入として扱われる特徴を持ったが，特別税など徴税や課税権について国王の大権のあり方をめぐり議会が厳しく追及したステュアート期に，すずからの歳入と王権財政についての議論はどのようになされていたのか以下に検討する。

(2) 大蔵卿のすず財源化

　すず先買の権利は，南西部産出のすずをコイネージ後に定価でコーンウォル公爵が一括購入することを可能にした。コーンウォル公爵は中世以来その権利を有し，自らがすずの一括購入者となり，すべてのすずをティナーからいったん買い付け，仲買人や商人などに売渡し，その売買利益を収入とすることができた。先買時の現金による買取は，コイネージという年数回のすず現金化の機会しか持たない現地の鉱業関係者にとって極めて重要であった。このため先買には多額の現金を南西部まで護送運搬するという大きな困難も付随し，経費支出の負担が大きいために1367年を最後にエリザベス期の末までこれが実施された記録はない[21]。

　ところが，それまでと一転して，エリザベス朝末期に先買実施に向けた政治的な交渉がおこなわれるようになる。主導したのは当時枢密院議員であったトマス・サックヴィルで，彼は1600年代初頭に短い先買請負を，次いで1604年から1607年まで王権による直接先買を実施，さらに，1607年以降の先買請負の導入という，国家財政におけるすず財源化ともいうべき事業を大蔵卿として推進していった人物である。エリザベス1世とジェイムズ1世の治世に大蔵卿を務めたサックヴィルのすず財源化を以下で概観し，本章後半で18世紀初頭の大蔵卿で，同じくすず先買による財源化を指揮したシドニー・ゴドルフィンの役割と比較してみたい。

　すず先買請負が本格的に中央で取り上げられたのは，1595年で当時サッ

クヴィルがオクスフォード伯爵とすず先買請負の特許状をめぐり私的に競合した時点である。サックヴィルはこの頃南西部の有力者サー・ウォルタ・ローリや，後にコーンウォル公領カウンシルのメンバーとなるコーンウォルのジェントリ，リチャード・コノックを使ってスタナリーズの生産者ティナーから支持の取り付けをもくろんだが，既存の流通体制の変革に不安を持つティナーの先買請負に対する反発に苦しんだ[22]。

ロバート・セシルに宛てた手紙で，サックヴィルは，先買請負導入についてはデヴォンとコーンウォルのスタナリーズが設定価格に合意するまで伏せられねばならないとし，明るみになればロンドンの有力レヴァント商人が事業を妨害すると訴えている[23]。一時暗礁に乗り上げた事業が政府によって再度議論され，導入へと急展開するのは，サックヴィルが死去した大蔵卿バーリの後任となった1599年であった。就任わずか2週間後，新大蔵卿はスタナリ長官ウォルタ・ローリに書面を送り女王が大権の下に先買制の導入を決意したと述べ，スタナリ議会の召集を宣言し，ティナーを救済する方針を伝えた[24]。

先買反対勢力であったレヴァント商人に対して，同年干しぶどう関税徴収特権を大権侵害にあたるとして会社の特許状を剥奪するなど，政府は強硬な手段をとった。4000ポンドもの追徴金を政府に支払い同社の特許状をすぐに再獲得したレヴァント会社であったが，すず先買請負事業への反意を表明したと同時に特許状が剥奪されたと同社内部では解釈されていた[25]。しかし，資金難から請負人による先買業務は難航し，政府は1602年に2万ポンドを彼等に融資するほどであった[26]。この背景にはレヴァント商人がすず買取を1年半ボイコットするなど多くの妨害行為があったためである[27]。即位直後のジェイムズ1世によって先買は白紙に戻されてしまうが，在ロンドンのヴェネツィア大使は，すず先買の廃止はロンドンにおいて「万人の人気を博している」と本国に報告している[28]。

先王からの大蔵卿サックヴィルは廃止直後から再調整を開始し，1604年にはジェイムズ1世による直接先買が決定された[29]。この事業の指揮は大蔵卿サックヴィルがとり，彼の指示を受け現地のコイネージに出向いて先買

第10章　近世イギリスのスタナリ議会 | *261*

を監督し，ロンドンへのすず運搬と倉庫での保管，収支簿を管理したのは，コーンウォル公領の財政官であったサー・リチャード・スミスであった。銘記されるべきは，すずの直接先買制末期に王権（国家）財政枠の多額の負債が返済された事実であろう。大蔵卿は，ロンドン市民からの借金相殺業務を，すずの現物と先買請負特許を与えながら，有力な借金相殺の請負人ジョン・エルドレッドを含むグループに依頼したのである。サックヴィルが大蔵卿であった時期はコーンウォル公爵が不在であったため，中央政府による先買実施とすずの財源化が著しく進んだ。何より，新大陸の銀で潤う「スペイン王ですら戦時の即金 ready money の調達に苦慮している」としながら，イングランドの大蔵卿として即金を準備する必要性を説くサックヴィルの見解は，中央による調整が一連の先買実施を促していたことを象徴的に示している。

(3)「不平の請願」——議会とのかかわり

　中央政府にとって，ジェイムズ1世に直訴して先買請負を中止に追い込んだ，すず加工業者で有力なリヴァリ・カンパニであったロンドン・ピュータラーズ・カンパニ（London Pewterers' Company）は大きな脅威であった。同カンパニの最大の問題は加工原料のすずの確保であった。先買は輸出先の海外市場でのすず高値とスタナリーズの先買低価格の差額によって利益を生み出す構造であったため，同制度下で輸出の傾向は加速し，国内産業向け原料すずの供給が滞ることになった。同カンパニへの対応は，できるだけ事を荒立てずに水面下で交渉を進めたい大蔵卿サックヴィルにとって大きな課題であった[30]。

　特に，1601年の議会におけるモノポリー（独占）への激しい批判と国王大権による課税への疑問などと，ピュータラーズ・カンパニの反すず先買の主張が結びつくことは避けられねばならなかった。1605年から1606年の議会における「不平の請願」（Petition of Grievance）は，この状況を反映した事例である。ここで，すず先買の問題が議会下院の請願の中の一項目として取り上げられ，1606年5月に国王に届けられた。しかし，同年11月の不平の請願に対する項目別の国王回答では，すず先買については王権の既得権でティ

ナーもこれによって救済されたとし，不平にあたらずと明確に否定されている[31]。実は，国王による回答の直前11月14日に，星室裁判所はピュータラーズ・カンパニの先買業務妨害，王権の正当な権利の侵害を理由に同カンパニ首脳部の有罪を宣言した。当事者は収監の上多額の罰金を課され，カンパニの主要な職を追われていたのである[32]。

初期ステュアート期の先買請負は，1607年から1643年1月まで，異なる請負グループによって継続的に実施された。しかし，43年の内乱期に勢力を強めたウェストミンスタの議会が先買請負人を召喚し，召喚に応じた一部の請負メンバーを審問の上投獄，特許を破棄したことでこの制度は中断した[33]。この時の先買請負人のリーダーは関税請負にもかかわるサー・ジョブ・ハービィで，国王との結びつきの強いロンドン商人でありシティの有力金融業者であった。レヴァント会社や東インド会社の中枢メンバーでもあったハービィは国外に逃亡したようであった。その後議会は没収した先買請負人たちのすずを返還し，イングランドに展開していた議会軍の戦費にあてることを決めた。他方，ハービィの関税請負グループのメンバーの一人，サー・ニコラス・クリスプは，コーンウォル半島に残されたすずを大陸で売却し王党派の戦費をねん出しようとチャールズ1世の王妃アンリエッタ・マリアと連絡をとりつつ画策していたのであった。革命後の大空位期には，先買に加えてコイネージ・タックスも廃止となり，消費税が導入されることになる。

上記からピューリタン革命期にすずの財源を議会がコントロールしたと解釈することは可能である。しかしながら，王政復古後にすず先買請負が復活するため，その特質については17世紀後半から18世紀の動向を追いながら，さらに次節でこれをより詳しく検討したい。

第3節　先買とすずの財源化——17世紀後半から18世紀初頭

初期ステュアート期で議会によるコントロールが進んだかに見えるすずの財源について，王政復古後の状況を以下で検討したい。まず1670年代以降

のすず小額硬貨の鋳造と先買の事例から 1700 年代の王権によるすずの直接先買の実施まで，議会の役割を視野に入れつつ，どのような利害調整が実際におこなわれたのかを明らかにする。特に，イギリスの対外戦争が続く 17 世紀末から 18 世紀初頭にかけて，王権の大権に関わるすずの歳入について，その財源としての財政面での活用のあり方を中心に論じたい。

（1）小額硬貨鋳造と先買請負

王政復古後，コーンウォルの王党派のジェントリは様々な地域の官職に復帰し，革命前のすず先買請負人ハービィも 1660 年代前半に死亡するまでの数年間，短期間ではあるが請負の業務を再度実施した。以降 1670 年代に至るまでは，すず先買は少量かつ散発的に請負人のグループによって実施されていた[34]。

すずの財源化が進むのは，すず製の小額硬貨の鋳造が請負人グループによって実施される時点である。実は，17 世紀の後半に至っても，イングランドでは金貨，銀貨以外の小額硬貨の流通量はごく限られたものであり，国中のいたるところで，私製のトークンが発行されていた。これらは都市や同職組合が発行するものが多く，金属製から革製まで様々な種類があったが，額面通りの兌換が困難であることから，中央による統制の必要性が高まっていた[35]。

まず，1671 年に大蔵部（Treasury）で小額銅硬貨の鋳造が定義された。さらに，1672 年から 79 年にかけて王立造幣局（Royal Mint）が金貨銀貨以外の初の金属製硬貨である，「ハーフペンス貨」（halfpence）と 4 分の 1 ペンス「ファージング貨」（farthing）を鋳造の上発行したが，これらは当初すべて銅貨であった。この当時，イングランドでは銅がほとんど産出されておらず，これらの小額硬貨の原料の銅はスウェーデンから輸入されていた。銅の産出が本格的に始まり，コーンウォルの銅鉱山が生産を開始するのは 1690 年代からのことである[36]。

輸入銅を用いた硬貨鋳造業務は，造幣局の役職についていたジェイムズ・ホアを中心としておこなわれ，5 年間で 500 ポンドほどの利益を王権にもた

らした[37]｡ ヨーロッパ大陸における銅の価格の高騰は硬貨の額面と鋳造単価の差額を小さくしたため, 新たな民間のグループが国産のすずから小額硬貨ハーフペンスとファージングを鋳造する事業を王権に持ちかけた｡ チャールズ・ダンコウム, ジェイムズ・ホア, サー・ジョン・バックワース等がすず硬貨の鋳造請負業務に携わった｡ 1689年のすず硬貨鋳造では, ジェイムズ・ホアに加え, チャールズ・ゴドルフィン, アンドルー・コルベットがグループの一員として鋳造業務を主導した[38]｡

　次の小額硬貨鋳造は1684年から92年までであったが, ここではすずを主原料とする硬貨が鋳造された｡ この業務は請負人のグループに委託され, 造幣局ではなく皮革職人組合のホール (Skinners' Hall) に鋳造機材を持ち込んでおこなわれたのである｡ 国内で豊富に生産されるコーンウォル半島のすずを原料とした小額硬貨のコスト面の優位と, 国産原料使用の利点を強調した請負人の主張が認められ, すずのファージング硬貨は1684年からスキナーズ・ホールで鋳造されることになった[39]｡

　1688年にはスタナリ長官バース伯爵を含むグループが, すずの年間生産量の半分 (残りの半分は王権の先買) の先買請負とコイネージタックスの徴収請負の権利を得た｡ これに先立つ1687年にはスタナリ議会の召集をスタナリ長官バース伯爵が大蔵部に命じられ, 先買に対するスタナリーズの合意形成を政府から求められている｡ さらにバース伯爵はすず硬貨の鋳造をコーンウォルで実施できるような請負の権利を1688年6月26日付で願い出ており, 9月3日にこれを認めるロイヤル・ワラントが出されている[40]｡

　しかし, 1688年11月にはオランダからウィレムがホイッグ議員の要請を受けてイギリス南西部に上陸し, 国王ジェイムズ2世は同年末フランスへ逃亡した｡ すでに1688年秋からすず関連の請負グループからの国庫へのレントの支払いは滞ってしまっていた[41]｡

　国王となったウィリアム3世は, イングランドからフランスへの逃亡後, アイルランドに上陸したジェイムズ2世との戦いに踏み切った｡ 1690年前半, コーンウォルのジェントリでホイッグ系の議員であったヒュー・ボスコーエンが先買請負特許を得て, 彼が一括購入したすずから鋳造されたファージン

グ硬貨が，アイルランドでの戦費の一部に充てられるため同年現地に送られている。また，同じボスコーエンの先買下のすずについては，戦費としてのオランダ輸出が議会で取り上げられることもあった[42]。この時アイルランドではジェイムズ2世が小額硬貨を現地で鋳造させているとされ，ウィリアム，ジェイムズそれぞれの陣営で小額硬貨が戦費の一部として投入されたとみられる[43]。

　貨幣鋳造は国王大権とかかわっており，議会でファージングの使いみち等の是非が大きく取り上げられることはほとんどなかった。しかし，戦時下で戦費への流用が試みられたことで，財源としての有用性はこの時点で確認されていたと言える。すずのファージングに対しては，国内で硬貨偽造の事例がたびたび報告されるようになっており，1692年以降は銅の小額硬貨が採用され，すずのファージング硬貨の発行は短命なものとなった[44]。しかし，アン女王の治世に入った直後，先買によるすずの財源化は，新たに女王による直接先買として実施が推進されることになるのである。

(2) シヴィル・リスト（王室費）

　1689年からのアイルランドにおける戦争がボイン川の戦闘後ジェイムズの逃亡という形で次第に収束に向かってから，ウィリアムとメアリ治世のイギリスでは1693年の国債制度の導入，1694年のイングランド銀行の設立など，議会課税以外の軍事費調達の道も整えられていった。1689年から続くアウグスブルク同盟戦争にかかる戦費は膨大なものであったが，イギリス王位についたウィリアム3世はこうした財政政策の恩恵を受けたのだと考えられる。国王大権と密接なつながりを持つすずの歳入を強引に戦時の歳入とするような手段が必要であった初期ステュアート期などと比べ，この時期には議会などですずの財源が公的に議論される事例も少なくなっていた。1697年には例外的にコーンウォルの経済的な窮状について議会で審議がなされたが，これはすずの先買のような地域経済への救済策を求めるコーンウォルの請願が取り上げられたことによる。しかし，ここでは明確な救済案は示されなかった模様である。

1702年からのアン女王治世に入ると，女王によるすずの直接先買が1704年から1717年まで実施されるなど，スペイン継承戦争参戦以降特に王権によるすず財源化の意向が活性化した[45]。この時期に，多額の買取の費用を支出せねばならないすずの先買を長期にわたって王権が実施し続けることになっても，やはり議会などで公に議論される事例は少なかった。

　近世イギリスにおいては，王権の国家財政上の既得権と議会の至上権をめぐり，課税権を争点として議会の内外で激しく議論された結果，二度の革命を経たのちに議会の優位性が確認されていった。すなわち18世紀を迎えて段階的にではあるが，国家財政について議会の優位が確立されつつあったのだと考えることができる。この間の王権財政をめぐる大きな変化は，1697年のシヴィル・リスト（Civil List）[46]が，国王の恒常的な財政における不可侵域を年70万ドルまでとし，その支出と歳入の状況についての議会承認を定めたことにあった。

　このことは，議会による王権財政についてのコントロールの強化の事例として位置づけられるが，他方，18世紀に入ると国王，貴族院，下院の三者が均衡を保ちつつ妥協点を見出すようになり，議会至上の原則を厳格に行使するような事態は避けられたともいわれる。つまり，ステュアート期末期の王権はシヴィル・リストによる収入の中から，官職の指名採用に係る人的経費，年金の下賜等，影響力を行使するための政治的な手段を行使しえたため，財政における王権の自立性をある程度までは確保できていたと考えられる。議会制統治の優位性が高まったのは，ハノーヴァ朝に入ってシヴィル・リストに対する反発が強まり，1760年国王の財政自立性がさらに弱められた時期であったとする見解もある[47]。

　すずの先買には多額の現金が生産地のティナーからの買取り時に必要となることは先に述べた。1703年ミクルマスから1704年のミクルマスまでの年度において，シヴィル・リストから10万5300ポンドもの買付費用がスタナリ官職につくコーンウォルのジェントリに支払われている[48]。これは同年度の支出70万ポンドの中で最も大きな支出費目であった。17世紀初頭の先買の例でわかるように，導入・実施を主導した当時の大蔵卿にとって，先買

のための現金調達は，負債を抱えたエリザベス期，初期ステュアート期の国家財政には重い負担であると考えられたから，可能な限り国庫からの支出を要しない請負制度が急がれたのだと解釈できる。そして，先買請負実施が検討されるのは，ほとんどが戦時という，議会における戦時特別税承認に際して常に大きな議論が起こる時期であった。王権にとって，自由度の高い国王大権に関わるすずの財政費目は，課税や王権財政に対する議会のコントロールへの志向が強まっていく傾向の中にあっても，シヴィル・リストの中で工面される経費として扱われた。すずの購入費として大金がつぎ込まれる18世紀初頭からの王権の先買であったが，シヴィル・リストの存在はこの経費の支出の是非を議会という公の場で議論しにくいものとしたのではないか。

(3) アン女王の先買と大蔵卿

財政をめぐり王権と議会のせめぎあいがなされた後期ステュアート期において，1700年から第一大蔵卿（First Lord Treasurer）に就任したのがシドニー・ゴドルフィンであり，彼がアン女王治世期に実施される王権によるすずの先買を主導することになった。シドニー・ゴドルフィンは，すずの生産地を所領にもつコーンウォルの有力ジェントリ，ゴドルフィン家の一員で，コーンウォルのジェントリとの個人的な関係性を利用しつつ，大蔵部主導のすずの財源化を以下のように進めていった[49]。

先買実施に際しては大蔵卿シドニー・ゴドルフィン自らが指示してスタナリ議会の合議形成，収支簿の管理などを整備した[50]。大きな役割を果たすのがいとこであり義理の弟にあたるヒュー・ボスコーエンである。マールバラとも姻戚関係にあったボスコーエンは，ホイッグの政治家として重要な役割を担い，またコーンウォル選出議員としても議会でコーンウォルの経済的な窮状を伝える傍ら，スタナリ長官の職に1708年終身で就くことを許された[51]。またシヴィル・リストの支出から1703年にすず買付用の現金を預かったのは，ヘンリ・スコーブルで，彼はスタナリ議会でスタネイタを長年務め，下院議員でもあったコーンウォルのジェントリ，フランシス・スコーブルの弟であった[52]。

先買されたすずは，これも大蔵卿の指示でロンドン塔に置かれ，王立造幣局がその管理を担うこととなった。著名なアイザック・ニュートンは当時造幣局に職を得ており，大蔵部に頻繁に顔を出しつつ，すず先買の実務に携わった。1705年前後，すずの売渡先は，主に大陸に居るエージェントたちで，戦争請負人やシティの金融業者として著名な者も含まれていた。例えば，ジョン・ドラモンド，セオドア・ジャンセンなどである。「女王のすず」が運ばれたのは，リスボン，ジェノヴァ，ハンブルグ，アムステルダムなどである。しかし，イギリスでのすずの買値は大陸のすず市場での売値と開きが少なく，売買益はあまり大きくなかった。この，ヨーロッパでのすずの低価格の一つの理由がオランダ経由で持ち込まれる東南アジア産出のすずのヨーロッパ市場への展開であった。1700年代の造幣局の記録にはアジア産すずについての言及が見られる。王立造幣局は，女王のすずの買い手としてイギリス東インド会社と交渉していたが，東インド会社は競合するオランダ東インド会社がアジア産のすずをヨーロッパに持ち込むことを懸念していた[53]。

　結局，女王の先買は第一期7年間の特許状が失効する1711年を前に，買い取ったすずの売り手を見つけることすら次第に困難になっていった。

(4) スタナリ議会

　スタナリ議会を王権が召集する目的は，先買の合意形成を得ることであったのは上述した通りである。18世紀にはウェストミンスタの下院議員を輩出し鉱業利害を有するコーンウォルの代表的な家々に属する者によってスタネイタの席は占められるようになった[54]。スタナリ議会では，開会後すぐに議長が選出され，続いてスタナリ長官が開会の辞を読み上げ，議会の議事進行に不可欠な役割を担った。スタナリ議会は各委員会を持つ他，一人のスタネイタが二つの管区から同時に選出されたり会期中に死亡または議会を欠席した場合補選がおこなわれた。このようにウェストミンスタとほとんど同様の形式で進行されるスタナリ議会であったが，開会が通常午後のウェストミンスタと異なり，通常夜明けとともにコイネージ・タウンのコイネージ・ホールで開会されるならわしであった[55]。

コーンウォルのスタナリ議会は，史料で確認されるだけで1588年，1624年，1636年，1662年，1674年，1686年，1688年，1703年，1710年，1750年，1752～53年の10度開かれている56)。スタナリ議会が近世で最も頻繁に開かれたのは17世紀後半から18世紀初頭であったが，ウィリアム治世下では王権とコーンウォルのスタナリーズとの間には不和が生じたとされ，コーンウォルのジェントリを中心とする王権への反発，ティナーの騒擾が重なったこともあり，ウィリアム3世が王位に就いていた期間にスタナリ議会は開かれていない57)。

　ここでは1686年選出のコーンウォルのスタネイタを例に，簡単にこの点を見ておきたい。この時期に開かれたスタナリ議会におけるスタネイタ24人の内訳は，3名が准男爵，2名がナイト，残りは19名のエスクワイアであった。その中で直近の1685年にウェストミンスタの下院議員に選出された者は8名であった。加えて，生涯を通じた議員経験を持つ者は18名に上り，複数の当選回数を持つ者も13名で過半数を超えた。コーンウォル州内の選挙区からのウェストミンスタ下院議員のほとんどすべての議席と，スタネイタの議席を，一定数のコーンウォルのジェントリ層が担っていたことが明らかになる。主要なジェントリがスタネイタとして集結するスタナリ議会は，すずの地域利害の調整以上に，地域の統治の担い手が集う場でもあった。このような機関を統制することは，より大きな地域統治を実現する重要な鍵でもあった。ステュアート家のジェイムズ2世との戦いを続けたウィリアム3世には，ピューリタン革命期の王党派支持の拠点であったコーンウォルにあって王政復古後もステュアート王家に忠誠を示す多くのコーンウォルのジェントリと対峙し，同地域の利害について交渉する余裕はほとんどなかったかのように思われる58)。

　1703年のアン女王の治世における先買の導入時に開かれたスタナリ議会では，大蔵部で事前にデヴォンとコーンウォルのティナーに対する先買契約の条項が検討され，現地のスタナリ官職を務めていたチャールズ・ゴドルフィン等に送達するよう指示された。1703年の国王令で正式に7年特許の契約条項が確認されている59)。また，スタナリ議会の議事録は官報（Gazette）

に掲載された。

　しかし，1710年の先買特許更新時に開かれたスタナリ議会は，異なる様相を見せている。この時，シドニー・ゴドルフィンの義理の兄弟でもあり，終身のスタナリ長官に就任していたヒュー・ボスコーエンがスタナリ議会の中で，アン女王の名代として先買条件を提示したのであった。しかし，この年のスタナリ議会は当初からスタネイタの間で議論が紛糾し，加えて議場を多くのティナーが群衆として取り囲み大声をあげるなど不穏な状態にあった。スタナリ議会では新特許の先買条件の改善を求め，特に先買におけるすずの買取価格の引き上げを求めたスタネイタの厳しい意見が表明された。この時，スタナリ長官ボスコーエンは自分の役目が新しい特許状の条項をスタナリ議会でティナーに示し，地域の合意を求めることのみであるとし，条件の変更に関する同議会の希望を女王に伝達する意思はない旨表明し，以降の議論は続かず議会は解散した[60]。この後，1750年代に複数回開催されるまでスタナリ議会は召集されず，それ以降も開催の記録はない[61]。

おわりに

　1710年，特許は更新され第二期の直接先買は実施されたが，先買後に保管されていたロンドン塔のすずは溜まる一方であった。王立造幣局の高位の職務に就いていたアイザック・ニュートンの記述には，すずの売渡先を探して奔走する造幣局関係者の姿が残っている。ニュートンも売れ残りのすずを競売にかけるために官報ロンドン・ガゼットに告知を掲載するなど努力を重ねるが，当の先買事業に対しては強い批判を述べている。1717年以後，18世紀半ば以降も先買の実施が検討されることはあったが，その度にニュートンの時代のすず先買の過剰な在庫問題が引き合いに出され，先買が実現することはなかった[62]。

　17世紀前半に一度実現したすずの財源化としての先買は，18世紀初頭に成立直後のシヴィル・リストから現地でのすず買取り資金が支出されることで，アン女王治世にようやく実施に移された。先買が企図された16世紀末

から17世紀初頭の事態と同様に、地域経済の核であるすず鉱業関係者を、戦時下の流通の混乱と市場価格の下落から生じる経済的困窮から救済することが18世紀初頭においても先買の目的となっていた。このため、買取価格の停滞という問題は残ったものの、地域のスタナリ議会では1710年の先買条件の改善要求を除けば、当該時期に一応の合意が形成されたようにみえる。また、スタナリ議会の開催を指示したのは、コーンウォル公爵不在のために、国王の命を受けた政府・大蔵卿であったことも明らかになった。18世紀初頭、スタナリーズ関係者にとってはコーンウォル出身の大蔵卿ゴドルフィンとの個人的な交渉を利用することが可能となっており、政府と地域間の調整においてはこの回路が地域にとって最も有効に活用されていたと考えることができる。

　ウェストミンスタの議会は、すず財源化の中心事業である先買は国王大権に関わる問題であること、そしてシヴィル・リストの確立もあって、少なくとも18世紀初頭においては批判的な検証・議論をほとんど実施していなかったといえる。他方、先買の状況を議論し、地域の状況を改善する場となり得たスタナリ議会も、先買条件の変更を可能とする力はほとんど持たなかった。コーンウォルのスタナリ議会の代表は、ウェストミンスタ議会の代表と多くが重なる地域の有力ジェントリであるが、彼らは中央との個人的な関係を利用してスタナリーズやコーンウォル公領の役職に就く者が多く、中央と地域との調整が可能な関係性が個別に構築されていた。大蔵卿の政策の意向が同地域利害に関与し、この回路がよく機能した際には、コーンウォルのすず鉱業の利害と王権（国家）の財源化政策は共同歩調をとり、大蔵卿主導で速やかに事業が進行したため、ウェストミンスタ議会がこれに関与する機会は限定的なものに終わっていたのである。ただし、スタナリ議会も先買の地域合意形成を目的として限定的に開かれるものであり、地域の意見がコンスタントに政策に反映されることもほとんどなかったと考えられる。

　上記のように、近世イギリス王権と西部スタナリ議会の地域統治にかかわる回路は、王権のすず財源化の志向が強く働いた場合に、ウェストミンスタ議会の影響をほとんど受けずに機能した。このことから、議会制統治の外縁

における地域利害調整のあり方を，コーンウォル以外でも全国的に実証検討し，議会の持つ地域利害調整の力を改めて検証する意義が見出されよう。

注
1) Pennington, R. R., *Stannary Law*, Newton Abbot, 1973; Rowse, A. L., *Tudor Cornwall*, 2nd. ed., London, 1969; Duffin, A., *Faction and Faith*, Exeter, 1996; Stoyle, M., *West Britons*, Exeter, 1999; Jaggard, E., *Cornwall Politics in the Age of Reform 1790-1885*, Woodbridge, 1999 は南西部地域史の観点からコーンウォルの議会代表について検討する。全国的な動向は Henning, B. D., *The House of Commons 1660-1690*, 3 vols., London, 1983; Cruickshanks, E., Handley, S., and Hayton, D. W., *The House of Commons, 1690-1715*, 5 vols., Cambridge, 2002 を参照。
2) Cruickshanks, E., "The Convocation of the Stannaries of Cornwall: The Parliament of Tinners 1703-1752", *Parliaments, Estates, Representation*, 6 (1), 1986, pp. 59-67.
3) 水井万里子「近世コーンウォル地域の政治状況——スタナリーズを中心に」『九州工業大学研究報告 人文・社会科学』58号，1～16頁，2010年，および同「イングランド南西部地域のスタナリ——近世すず鉱業の利益集団」『史苑』55巻2号，1995年，74～87頁も参照。
4) Lewis, G. R., *The Stannaries*, Cambridge (Mass.), 1924; Hamilton Jenkin, A. K., *The Cornish Miner*, London, 1927.
5) Pearce, T., *The Laws and Customs of the Stannaries in the Counties of Cornwall and Devon*, London, 1725.
6) Pennington, R. R., *Stannary Law*, Newton Abbot, 1973 参照。
7) Pennington, *Stannary Law*, pp. 223-226.
8) 水井，前掲「イングランド南西部地域のスタナリ」82～85頁。
9) Cruickshanks, "Convocation", p. 60.
10) Lewis, *Stannaries*, pp. 129-130.
11) Cruickshanks, "Convocation", p. 60.
12) 18世紀末から第一次選挙法改正前までのコーンウォルの政治状況については Jaggard, *Cornwall Politics*, Chapter 1, 2 を特に参照。
13) スタナリ議会が開催された年に直近の会期を抽出。
14) Jaggard, *Cornwall Politics*, pp. 17-20.
15) 例えばバース伯爵の影響下で選出されたのは，Robert Southwell (MP for Lostwithiel, 1685), Nicholas Slanning (MP for Penryn, 1685), Edmund Waller (MP for Saltash, 1685), Henry Hyde (MP for Launceston, 1703), Bernard Granville (MP for Camelford, 1710)。エクセタ主教の推薦者は Sir Henry Seymour (MP for East Looe, 1703, 1710), Charles Seymour (MP for West Looe, 1703), Arthur Maynwaring (MP for West Looe,

1710)。マールバラ＝ゴドルフィン影響下で選出されたのは，Henry Poley (MP for West Looe, 1703), John Hill (MP for Lostwithiel, 1710), Sir Charles Hedges (MP for West Looe, 1710) などであった。Henning, *The House of Commons 1660-1690*; Cruickshanks, Handley, and Hayton, *The House of Commons, 1690-1715* の該当議員項目参照。
16) 水井万里子「近世イギリスのすず産業——すず先買制導入期（1595～1607年）を中心に」『史苑』61巻2号, 2001年; Mizui, M., "The Interest Groups of the Tin Industry in England c.1580-1640", unpublished PhD thesis, University of Exeter, 1999 を参照。
17) Pennington, *Stannary Law*, pp. 21-29.
18) G. Haslam, "Jacobean Phoenis: The Duchy of Cornwall in the principates of Henry Frederick and Charles", in Hoyle (ed.), *The Estates of the English Crown, 1558-1640*, ed. R. W. Hoyle, Cambridge, 1992, pp. 263-296.
19) J. Hatcher, *English Tin Production and Trade before 1550*, Oxford, 1973, pp. 2-3 and Chapter V を参照。
20) Haslam, "Jacobean Phoenix", pp. 287-288.
21) 水井，前掲「近世イギリスのすず産業——すず先買制導入期（1595～1607年）を中心に」『史苑』61巻2号, 29～50頁, 2001年を参照。
22) Historical Manuscripts Commission, *Calendar of the Manuscripts of the Most Honourable the Marquis of Salisbury* (hereafter HMC, *Salisbury*), v, p. 176.
23) *Ibid.*, p. 161.
24) PRO, SP12/270/123.
25) P. Croft, "Fresh Light on Bate's Case", *Historical Journal*, 30, 1987, pp. 523-539; HMC, *Salisbury*, xvi, pp. 380-381.
26) PRO, SP14/78/1; *Calendar of State Papers* (hereafter *CSP*), *Domestic, 1601-1603*, p. 674.
27) PRO, SP14/6/79; British Library (hereafter BL), Additional (hereafter Add) MS.36767, fos. 97-101, 102, 104.
28) *Royal Stuart Proclamations of King James I, 1603-1625*, eds., J. F. Larkin and P. L. Hughes, Oxford, 1973, pp. 28-29; *CSP, Venetian, 1603-1607*, p. 53.
29) 当段落の事例はトマス・サックヴィルが晩年残した書簡 BL, Add MS. 36767, fos. 90, 92, 97-101, 102-104, 105, 108-110 の記述に依拠している。サックヴィルは当時病床にあって先買請負制導入の指揮を自宅から進めるため，ロンドンの蔵相（Chancelor of Exchequer）サー・ジュリアス・シーザーに1607年5月から6月までの一連の手紙で指示を送っていた。L. M. Hill, "Sir Julius Caesar's Journal of Salisbury's First Two Months and Twenty Days as Lord Treasurer: 1608", *Bulletin of the Institute of Historical Research*, 45, 1972, p. 312 も事例の解釈に一部誤りはあるが参考にされたい。1604年から1607年の直接先買制については，財務府の収支報告書を参照。E351/2127-2131.

30) C. Welch, *History of the Worshipful Company of Pewterers of the City of London*, 2 vols., London, 1902, ii, pp. 58, 81, 88. PRO, SP14/23/57 参照。
31) *Journals of the House of Commons* (hereafter *CJ*), i, pp. 267, 295, 305, 307, 309; W. Notestein, *The House of Commons 1604-1610*, New Haven, 1971, pp. 161, 161-164, 175-176, 316-317.
32) London Guildhall Library, 22222, p. 10; PRO, STAC8/7/7, fos. 19-24.
33) JC, ii, pp. 920, 925, 927, 929, 930; CJ, iii, pp. 328, 335, 354-355, 407, 414; CSP, Domestic, 1644-1645, pp. 371, 387, 430, 448, 469-470, 502, 546. 革命期から王政復古前までの経緯は、水井万里子「近世イギリスにおける鉱物資源と財政――コーンウォル産すずの先買 1607－1643 年をめぐって」『九州工業大学研究報告　人文・社会科学』61 号，2013 年，71 ～ 84 頁，の 81 頁に詳しい。
34) J.K.Horsefield, "Copper v Tin Coins in Seventeenth-Century England", *British Numismatic Journa*l, 52, 1983, pp. 161-180, pp. 163-165
35) *Ibid.*, p. 163.
36) *A New History of the Royal Mint*, C. E. Challis (ed.), Cambridge, 1992, pp. 365-370; Horsefield, "Copper v Tin", p. 175, n. 5.
37) *Royal Mint*, p. 369.
38) *CTB*, vol. viii, 1685-1689, pp. 1609-1626.
39) "Copper v Tin", p. 168.
40) *CTB*, vol. viii, 1685-1689, pp. 2059-2067.
41) *Ibid.*, pp. 2082-2097.
42) PRO, T1/9.
43) PRO, T1/7/47, 73, T1/8/3.
44) "Copper v Tin", p. 170.
45) アン女王治世からジョージ 1 世治世までのすず先買について論じた研究は少なく，クルックシャンクスが実証論文で取り上げたものが最も詳しい。Cruickshanks, "Convocation", pp. 60-61.
46) The Civil List Act 1697 (9 Will III c. 23).
47) E.A. Reitan, "The Civil List in the Eighteenth-Century British Politics: Parliamentary Supremacy Versus the Independence of the Crown", *Historical Journal*, IX, 3, pp. 318-337. シヴィル・リストが「王室費」としての性格をより強く持つのは 1760 年代以降である。1690 年代から 18 世紀前半では，大陸における王室外交や軍事機密にかかわる費目が計上されるなど，文政費としての性格が強いと言える。
48) *CTB*, vol. xix, pp. V-LXVIII.
49) ゴドルフィン家はコーンウォル西部のすず鉱山地域に所領を持つ旧家で，シドニーの父，フランシス・ゴドルフィンはスタネイタ（1636，1663 年）で，下院議員，シェリフ，治安判事などを務めた。スタナリ・タウンの一つヘルストンに影響力を持ち，次男シドニーも 23 歳でヘルストンから下院議員に初めて選出されている。Henning, *Commons*, pp. 403-406.

50) *CTB*, vol. xviii, pp. 82-92.
51) *CTB*, vol. xxii, p. 366.
52) *Ibid.*, pp. 452-466.
53) *CTB*, vol. xviii, 1703, pp. 78-82. PRO, Mint19/III に綴じられているニュートンが書いた手稿群に，造幣局の先買業務に関する一連の史料がある。これについては稿を改めて論じたい。
54) Pennington, *Stannary Law*, pp. 26-27. コーンウォルの名家については，Gill, C., *The Great Cornish Families*, Tiverton, 1995 を参照。
55) Cruickshanks, "Convocation", p. 61.
56) Pennington, *Stannary Law*, pp. 23-27. Pearce, *Laws and Customs* も参照。
57) Cruickshanks, "Convocation", p. 61.
58) Henning, *Commons* の該当議員の項目を参照。
59) *CTB*, vol. xviii, pp. 419-438.
60) *Carew's Survey of Cornwall, with Notes illustrative of its History and Antiquities by Thomas Tonkin*, London, 1811, pp. 397-432. 同時代人トマス・トンキンによるスタナリ議会議事録が 19 世紀初頭の書籍のアペンディクスとして付加されたもの。Cruickshanks, "Conovocation", pp. 62-64 も参照。
61) *Ibid.*, pp. 64-66.
62) PRO, T1/208/30, 34, 64.

第11章 アルバート公によるコーンウォル公領の経営改善と議会政治

君塚　直隆

はじめに

　イングランド南西部に拡がるコーンウォル公領（Duchy of Cornwall）は，21世紀の今日においてもイギリス皇太子の所領であり，1760年に国王ジョージ3世（在位1760〜1820年）が所領収入をいったん政府・議会に預けて以降，王室が議会の承認を得て毎年受け取る習慣にある王室費（Civil List）の査定対象となる王室領（例えばロンドン繁華街の土地など）とは別個と考えられ，その所領経営に議会が介入できない，いわば「議会制統治モデル」とは次元を異にした存在として今日に至っている。

　そもそもコーンウォルの領主は，ヘンリ3世（在位1216〜72年）が弟のリチャードをコーンウォル伯爵に叙し，その後一族が断絶したために，国王エドワード3世（在位1327〜77年）が所領を引き継ぐとともに，1337年には当時7歳の長子エドワードをコーンウォル公爵（Duke of Cornwall）に叙し，その所領も与えたことに起源を持つ。これ以後，歴代のイングランド（イギリス）国王の長子がウェールズ大公（Prince of Wales）やチェスタ伯爵（Earl of Chester）と並んで，代々このコーンウォル公爵位を継承している。

　コーンウォル公領は，15世紀前半のヘンリ5世（在位1413〜22年）の時代におこなわれた周辺の領主層や修道院との所領の交換，16世紀半ばのヘンリ8世（在位1509〜47年）時代の宗教改革に伴う修道院解散などで，今日の所領の中核部分をほぼ築くことになった[1]。

　公領およびその周辺では，農業，林業，漁業も盛んであったが，何よりこ

の地域には「すず (tin)」資源が豊富にあり，その先買権は 13 世紀初頭以来，伯爵（のちの公爵）が保有していた。先買の請負制度も 17 世紀初頭までには整い，1616 年に公爵に叙せられた皇太子チャールズ（のちの国王チャールズ 1 世）は，公領の経営に関わる法律を制定しようと，積極的な議会活動を展開した [2]。

公領の経営は皇太子評議会（Prince's Council）を通じておこなわれたが，19 世紀前半までには，公領の主要官職（principal officer）も次の五つの高官たちへと収れんされていった。まずは，公領と裁判所の統轄をおこない，公爵家の家政長官も務めるスタナリ長官（Lord Warden of Stannary）。そして，借地権・謄本譲渡の統轄と経営の監督にあたる公領監督官（Surveyor General）。執事（Steward）・代官（Bailiff）・土地保有者（Tenant）の会計検査や，公領役人の給与・年金・手当の管理をおこなう会計検査官（Auditor）。公領収入の徴収をおこなう収税官（Receiver General）。最後に，公領に関わる法の統轄をおこなう法務総裁（Attorney General）という 5 人である [3]。

これ以外にも，数十人にも及ぶ様々な官職が公領には設けられていたが，19 世紀半ばまでにはそれらは閑職にすぎず，彼らへの給与は公領経営にとっても大きな負担となっていた。また中世以来続く，土地保有者の権利や慣習により，土地の売買も自由におこなえず，公領経営も停滞していた。これに風穴を開けたのが，ヴィクトリア女王（在位 1837～1901 年）の夫君として皇太子の成人まで公領の経営に携わったアルバート公である。

アルバートが 1840 年代に入り，公領の経営改革に乗り出すにあたっても，200 年ほど前のチャールズ皇太子の時代のように，公領関係の法整備のためには議会で制定される法が必要となった。しかし，議会政治家たちの発言力が歴史上きわめて強かったとされるヴィクトリア時代の議会では，1760 年にジョージ 3 世と議会との間に王室費をめぐる約束が取り交わされ，議会が王権や王室を総体的に統御できるようになると，ステュアート王朝初期の議会とは異なり，コーンウォル公領の経営はあくまでも「王室の私事」と解釈され，審議や討論は最小限で済まされてしまった。

本章では，ウィンザー城内の王室文書や当時の主要政治家たちの手稿史料，

議会議事録や議会文書などを使い，コーンウォル公領が「議会制統治モデル」とは次元の異なる存在として，19世紀の議会政治家たちに認識されていた状況を考察していく。

第1節　ヴィクトリア女王の即位と公領の継承

(1) 女王による継承と鋳造税の廃止

1837年6月20日，国王ウィリアム4世（在位1830～37年）の死を受けて，姪のヴィクトリアがハノーヴァ王朝で初めての女王に即位した。それと同時に女王は，14世紀末以来イングランド（イギリス）国王が所領として代々保有するランカスタ公領（Duchy of Lancaster）とともに，コーンウォル公領も伯父から引き継ぐこととなった。18歳で即位したばかりの女王は，当時まだ結婚しておらず，世継ぎも誕生していなかったため，コーンウォル公領も女王の財産に組み込まれたのである[4]。

この新しい君主の登場を機に，公領における王権歳入のあり方にも変化が生じていた。テューダー王朝（1485～1603年）の時代から，イングランド王権にとって貴重な財源となっていたのが，コーンウォル公領で採掘されるすずが市場に流通する前に生産者が公領に納入する鋳造税（Coinage Tax, Tin Duties on Coinage）である。生産者たちはすずが市場に出回る前に，年に数回はすずに刻印を受けなければならなかった。さらにこれとは別に刻印を受ける場合に公領に支払う追加手数料（Post Groats）や，精錬すずへの刻印の手数料（White Rents）など，中世以来の封建的諸税がいまだに残っていた[5]。

ヴィクトリアが公領を相続した当時にも，これらの諸税は生産者たちにより支払われており，1838年度の会計報告によれば，これら諸税だけで年間1万5000ポンド近い収益があった[6]。女王はこうした封建的諸税を廃止し，その見返りとして補償金を受け取る制度に転換を試みようとした。こうして1838年8月には，それまでの封建的諸税を廃止する法案が議会に提出され，これが通過したのちに，翌39年から諸税は撤廃されることになった。1839

年の公領会計報告を見ると，それまでの封建的諸税収入の項目が「鋳造税廃止の補償金（Compensation in lieu of the Tin Coinage Duty, abolished）」と改められ，それまでと同様に1万5000ポンド程度の収入となっているのがわかる[7]。

このように19世紀も半ばにさしかかり，女王の主導の下で王室領の改革が開始されることになったが，政務に忙しい女王に代わり，その役割を担っていくことになったのが，彼女の伴侶となるアルバートだったのである。

(2) 女王懐妊とアルバートへの期待

1840年2月10日，女王はセント・ジェイムズ宮殿内の王室礼拝堂で，従弟でザクセン＝コーブルク＝ゴータ家出身のアルバートと華燭の典を挙げた。その年すぐに女王は懐妊し，11月には第1子を出産する予定となった。子どもが男であるかはわからなかったが，王子ともなれば数々の称号とともに，コーンウォル公領も継承することになる。出産を間近に控えた10月末に，当時のホイッグ政権の首相メルバーン子爵が，アルバートに公領に関する覚書を送ると同時に，皇太子が成人に達するまでは，父親である彼が代わりに公領の経営に携わるよう進言した[8]。

さらに，メルバーン政権の大蔵大臣サー・フランシス・ベアリング（Sir Francis Baring）からも次のような覚書がアルバートに届けられた。「君主は［コーンウォル］公爵の財産を守る国制上の後見人であり，国（country）にはこの後見職を統御する国制上の権利はございません。しかし，後見がきちんとなされているかについては，満足のいく証拠をご提示いただく道義的権利は備えております」[9]。このベアリングの覚書からも，公領の経営については政府や議会には介入するだけの権利はないものの，公領の会計報告についてはこれまで通り毎年大蔵省に届ける慣例が続けられるべきであると，政府首脳の間で考えられていたことが推測される。

アルバートもこのベアリングの覚書に賛意を表したが，11月21日に生まれてきたのは女の子（ヴィクトリア王女）であった。このため，公領の問題はしばし棚上げとされた。

しかし早くも翌1841年の11月には、第2子の出産が予定された。同年8月には、ホイッグのメルバーン政権が倒壊し、サー・ロバート・ピール率いる保守党政権に交代していた。ピール首相は11月初旬の段階から、公領経営についてアルバートと意見交換をおこなっていた。そして11月9日に誕生したのは男子だった。翌10日、女王の勅命が出され、コーンウォル公領は王子が成人に達するまでは、アルバートがイングランド銀行との協力の下で経営に携わる旨が正式に布告された[10]。

　誕生から1カ月目を迎えた12月8日、王子はウェールズ大公、チェスタ伯爵とともにコーンウォル公爵に叙せられることが正式に宣言され、10日の枢密顧問会議で了承された[11]。翌年1月25日の洗礼式で、王子はアルバート・エドワードと名付けられた。

　その間に、皇太子が成人に達するまでの公領の経営について、アルバートは篤い信頼を寄せるピール首相と綿密に連絡を取り合うことになった。実はこの2人は、皇太子誕生の1カ月ほど前から、すでに公領の経営改善に向けて話し合いを進めていたのである。アルバートが女王と結婚する前に、すでに封建的諸税の廃止などが決まったものの、廃止もしくは改訂すべき中世以来の法律はまだいくつか残されていた。そのため、アルバートは有能にして信頼の置ける法務総裁を新たに任命したいと考えていたのである[12]。

　王子が誕生した直後に、アルバートがコーンウォル公領の法務総裁に就任を要請したのは、トマス・ペンバートンであった。彼は有能な法律家ではあったが、高位の官職には興味がなく、ピール政権が成立した際には法務次長や副大法官への就任要請を断っていたほどだった。ピールも半信半疑でペンバートンとの会見を試みたが、何と公領の法務総裁に就任しても良いとの返事を受けた。公領の法務総裁は議会で特に発言する必要もなく、またペンバートン自身がアルバートの能力と人柄を高く評価していたからでもあった。アルバートもこれを聞いて大いに喜んだ[13]。

　法務総裁に就任するや、ペンバートンは早速にアルバートからの諮問に応じて意見書を作成した。アルバートが公領の評議会を主宰し、皇太子が成人に達するまで公領の経営や財産管理のすべてを統轄すべきである。評議会の

構成員はスタナリ長官などの主要官職と，政府からも森林長官（First Commissioner of Woods and Forests）が加わり，公領経営の改善に協力させる。さらに，皇太子が成人になるまでの間は女王を後見人（Guardian）とする法案も早急に議会を通過させる必要がある。以上がその概要であった[14]。

(3) アルバートによる公領管理体制の確立

1841年12月に皇太子アルバート・エドワードが正式にコーンウォル公爵にも叙されると，公領の国璽と王璽はアルバートが保管し，スタナリ長官にはハートフォード侯爵，収税官にはサー・ヘンリ・ウィートリ，公領監督官にはダライル男爵がそれぞれ留任した[15]。

さらに，ピール首相とアルバートとの相談で，政府側からは公領評議会の構成員として森林長官のリンカン伯爵（のちの第5代ニューカースル公爵）もこれに加わることが決まった。リンカンはこののち公領経営に深く関わる重要人物となっていく。またアルバートは，公領の経営を改善していくにあたり，主要官職の中でも特にスタナリ長官，法務総裁，そして森林長官の3名からなる委員会を設置することもピールに伝えた[16]。

そして翌年，1842年2月14日，皇太子が成人に達するまでの間は女王が後見人となって，皇太子のコーンウォル公爵としての所領・財産などのいっさいを管財人と共同で守っていくことを盛り込んだ「コーンウォル公領法案」が下院に提出された。法案は討議されることなく，16日には第2読会，25日に第3読会を経て，同日にはそのまま貴族院へと送られた。さらに貴族院でも討議されることはなく，3月10日に法案は通過し，3月15日に女王の裁可（Royal Assent）を得て，議会制定法となった[17]。

この法案が議会を通過した過程を見ても，コーンウォル公領があくまでも王室の私的な財産であり，法整備の上で議会制定法を作る必要性はあるものの，議会が詳細に立ち入る筋合いの問題ではないと，議会政治家たちの間で認識されていたことが明らかであろう。

ただし，同法案には「アルバート」の名前はいっさい登場しない。皇太子の後見人は，あくまでも女王自身であり，たとえ実質的に公領の経営に携わ

るのがアルバートであれ，彼の名前が出てくることはなかった。この2年前に女王と結婚したアルバートは，当時の与野党間の対立とも関係したが，イギリス議会内で必ずしも好意を持たれて「婿入り」したわけではなかった。また，外国人嫌いの風潮の強いイギリスでは，「ドイツ人の旦那」であるアルバートは，この当時は国民の間でもあまり人気は高くなかった[18]。

　こうした問題も慎重に考慮に入れられたのであろう。公領の経営にアルバートが携わるという文言はいっさい法案には現れなかった。そればかりではない。法案が貴族院に上程されていたさなかの3月1日，スタナリ長官に留任していたハートフォード侯爵が急逝してしまった。この直後に女王と会見をおこなったピール首相は，ハートフォードの後任の長官は「アルバートに引き受けてもらいたい」と女王から意向を伝えられた。ピールにも異存はなかったが，「現在貴族院で審議中のコーンウォル公領法案が法制化するまでは，人事の手続きは延期したほうがよろしいかと存じます」と，女王に進言している[19]。

　このピールの慎重な助言に女王もアルバートも感謝の書簡を送り，3月15日に法律が正式にできたのちに，アルバートがスタナリ長官に就任することとなったのである[20]。こうしてアルバートは名実ともにコーンウォル公領の管理経営体制を自らの下に置くことが可能となった。こののちは，彼自身が就任を依頼したペンバートン法務総裁，ピールの懐刀でもあるリンカン森林長官と協力し合いながら，公領の経営改善に着手していく。

　さらにコーンウォル公領の管財人には，1841年11月11日にイングランド銀行との協力下で公領の管理経営に関わると宣言した署名人4人が就くこととなった。すなわち，大法官のリンドハースト男爵，ピール政権の貴族院指導者で無任所大臣のウェリントン公爵，前首相のメルバーン，そしてピールという4人である。こののち，公領の管財人には「職責上」の任にあるその時々の大法官と，首相経験者クラスの大物政治家たちが，それぞれの党派を踏襲して就いていく。

　例えば，メルバーンが亡くなった（1848年11月）後には，同じくホイッグで当時の首相ジョン・ラッセル卿が，ピールが亡くなった（1850年7月）

後には，同じくピール派のサー・ジェイムズ・グレイアムが，ウェリントンが亡くなった（1852年9月）後には，同じく保守党で当時の首相ダービ伯爵が就任するという具合にである[21]。

このように公領内では信頼する側近たちの力を借りて，公領の外では当時の議会政治の重臣たちの援護を受けるかたちで，アルバートはいよいよ公領の経営改善に乗り出していくこととなった。

第2節　公領経営改善の必要性と法制化

(1) 公領の経営改革

ヴィクトリア女王に第1子が生まれる（1840年秋）頃から，アルバートはコーンウォル公領の経営のあり方について研究を開始した。1842年3月に上記の公領法が成立し，アルバートが事実上の公領の経営責任を担うようになると，同年10月からはピール首相にもたびたび相談して，公領の土地売買をより効率的におこなえるような議会法の制定に取り組んでいく[22]。

アルバートが経営に乗り出した1840年代初頭のコーンウォル公領は，コーンウォルはもとより，デヴォン，バークシャなど13の州に所領を有し，先に見た鋳造税等廃止の補償金に加え，借地人たち（精確な数はわからない）からの地代収入等で3万ポンドほどの年収があった。しかしスタナリ長官をはじめ，公領に関わる官職保有者への給与等での支出も多く，実質的な収入は1万5000ポンド程度であった[23]。

アルバートは，公領の土地をもう少し自由に売買・交換し，大きな農園の経営，港湾や水上交通のための土地の貸与にも積極的に乗り出していきたかった。それを阻んでいたのが，中世以来の土地所有の形態である謄本保有権（Copyhold）や，免役地代（Quit Rents），慣習的地代（Customary Rents），上納金（Fines），相続上納物（Heriots）といった，旧弊な慣習の数々であった。これらは地域ごとでの慣習により，領主の意思に従属しない権利も含まれることがあった。アルバートは，土地の相続や権利譲渡等がより柔軟な自由保有権（Freehold）に切り替え，上記の旧弊な慣習も廃止するとともに，地域

によっては蔑(ないがし)ろにされてきた，公爵による不動産占有の回復権（立入権：right of Entry）も明確に法制化したいと考えていたのである 24)。

しかし，アルバートがピールに相談を持ちかけた 1842 年の秋は，同年から首相自身の主導によって始められた様々な経済改革の真っ最中であった。ヴィクトリア女王が即位する頃までには，イギリス産業革命もいったんピークを終え，ヨーロッパ大陸諸国の産業保護政策も影響し，イギリスの国家財政も経済もどん底にあった。ここに登場したピール首相は，1842 年 3 月には中産階級以上を対象とする所得税を復活させ，750 品目におよぶ商品の関税を減税もしくは廃止して，これに対処していった 25)。

1840 年前後のイギリスでは，こうした不況を背景に，労働者階級への選挙権の付与などを要求するチャーティスト運動（Chartist Movement）や輸入穀物の価格を下げようとする反穀物法同盟（Anti-Corn Law League）に代表される民衆運動が高揚し，1842 年にもスタフォードシャで鉱山労働者が暴動を起こす一方で，綿工業の中心地マンチェスタでは 5 万人の労働者がストライキを展開していた。

のちの世に「飢餓の 40 年代（Hungry Forties）」と呼ばれるこの時代にあって，ピール政権の第一課題は財政と経済の立て直しに集約され，これとは直接的に関係のない法案の審議は後回しにされた。アルバートが首相に要請していたコーンウォル公領に関わる法案の作成も，この当時では後回しにされた一つであった。

アルバートが初めて公領の経営改革について首相に切り出してから半年後の 1843 年 4 月には，ピールはこの問題を政府内で担当するリンカン森林長官に次のような書簡を送っている。「今日，殿下［アルバート］と会見をした。貴殿が公領の経営に関して殿下に送付を約束した計画案がまだ届かないと仰っておられた。大至急お送りするように」。これを受けて，リンカンは慌ててアルバートに計画案を送ったが，この問題をめぐるアルバートと政府との積極性の違いを象徴するようなやり取りといえよう 26)。

このときも最終的には法案の作成までには至らなかったが，1844 年 1 月までには，公領の土地財産に関わる新たな法案の作成もいよいよ具体化され，

2月末に，ピール首相はリンカン森林長官とペンバートン法務総裁に公領関連法案を作成することを命じた旨がアルバートへと報告された[27]。

(2) 公領関連法案の作成と有力者との調整

リンカンとペンバートンの協力により，1844年3月27日にコーンウォル公領関連法案の骨子が完成した。草稿はすぐにピール首相に送られ，ピールからアルバートへと直ちに送付された。内容的には，上記の慣習的地代等に代表される中世以来の旧弊な慣例を廃止し，土地保有の形態も自由保有権に切り替えて，土地の売買を比較的自由におこなえるようにするものであった。また公領の鉱物資源については，これまでのような周辺地主による自由な採掘は許されず，すべて公領の財産に属することと決められた[28]。

しかし，この法案が議会に提出される前に，ピール首相には課題が残されていた。この法案が議会で詳細に討議されないためにも，あらかじめ「コーンウォル利害関係者（Cornish party）」にもこの草稿を配布し，早急に検討してもらった上で，彼らの見解も徴することである。アルバートも，ピールのこのような気遣いに感謝し，コーンウォル利害関係者との意見の調整はすべてピールに任せることにした[29]。

4月1日，ピール首相とコーンウォルに利害を有する有力者との間で最初の会合が開かれた。出席者は，ファルマス伯爵，ウォーンクリフ男爵，エリオット卿（のちの第3代セント・ジャーマンズ伯爵），サー・チャールズ・レモンなど6人の政治家たちであり，いずれもコーンウォルに大きな所領を有する議員たちであった。この中では，ウォーンクリフがピール政権で現職の枢密院議長を務めており，彼が首相の命を受けてコーンウォル利害関係者内の調整をおこなっていたと考えられる。会合では，政権側の当初の予想通り，不動産占有の回復権と公領での鉱物採掘権の問題が争点となったが，それ以外にはさしたる反対もなく，同月末にもう1度会合を開いて話し合うことが了承された[30]。

それから4週間ほどを経た4月29日，ピール首相とコーンウォル利害関係者との2回目の会合が開かれた。出席者は，前回も出ていたファルマス，

ウォーンクリフ，エリオット，レモンらに加え，ジョン・トリロニなど総勢10名である。この会合でも法案の骨子に対して特に異論は生じなかった。また，その場では詳細な討論はできないが，何か問題が生じた場合には「下院の外側で友好的な交流 (friendly communications out of the House of Commons：下線は原文) を持つ」用意もあると，ピールは説明した。ピールはこの法案に関する詳細な討議が議会内でおこなわれることには反対だった。

また，彼らコーンウォル利害関係者にとっておそらく最大の関心事である鉱物採掘権に関しても，公正で自由な精神に則り，法的な保証もおこなっていきたいとのピールの約束に，出席者も満足した表情を見せていた[31]。

このあと，5月初旬に，ファルマス伯爵を代表者とする数人の議員たちが，鉱物の採掘権について再度首相に説明を求め，リンカンとペンバートンによって巧みに処理された。ファルマスからの質問状は，アルバートを議長とする公領評議会でも検討され，利害関係者の権利を可能な限り保証する一方で，公領が保有する鉱物に関する権利も改めて確保した。ピールはすぐさまその旨をファルマスに伝え，これ以後，コーンウォル利害関係者から法案に対する説明要求はいっさい出なかった[32]。

（3）公領関連法の成立

このように，コーンウォル公領に関する様々な慣例を廃したり，土地保有の形態を改め，鉱物採掘権に関して新たな取り決めを結ぶ法案は，これに直接的に関わりのある有力者たちから事前に合意を取り付けるかたちで，改めてリンカンとペンバートンによって作成された。ここに1844年6月13日に，「コーンウォル公領に関わる2法案 (Duchy of Cornwall Assessionable Manors Bill & Duchy of Cornwall Lands Bill)」が下院に提出された。

ピール首相が利害関係者らとの事前調整を進めていたおかげで，法案はほとんど討議されることもなく，7月末までには下院を通過し，貴族院でも同様の経過をたどり，8月6日と9日にそれぞれ「女王の裁可」を得て法制化されたのである[33]。

会期末を迎えた8月6日の貴族院での審議では，野党ホイッグの有力者の

ひとりでロシア大使などを歴任したクランリカド侯爵が,「今会期は,政府側から数多くの法案が提出され,それらがあまりにも大急ぎで審議されたため,コーンウォル公領関連法案など,いくつかの大事な法案が一言も発せられずに通過してしまった」と皮肉混じりで演説しているが,これに同調した議員はいなかった[34]。大急ぎで通過させられたのはコーンウォル公領関連法案だけではなかったが,公領に関わる問題はあくまでも王室の私事であり,このたびの法案のように,公領周辺の地主たちの利害に直接的に関わるような問題が浮上しても,それはあくまでも「議会の外側」で調整をおこなうことが,当時の議会政治家の多くに共通してみられた認識であったということができよう。

しかし実は,この1844年のコーンウォル公領関連法案は,議会内で1度も討議されずに通過したわけではなかった。

7月15日の下院の第2読会で,ホイッグの議員プラムリッジ海軍大佐が,コーンウォル公領関連法案は極めて大切な議題であるのでもっと慎重に討議すべきではないかとピール首相に質問した。ピールはこの法案が下院全体から合意を得られると確信していると述べると同時に,審議の進め方に対する反対動議を出してもらっても構わないと強気の姿勢に出た。また,次いで答弁に立ったリンカン森林長官も,この法案の詳細はすでに議員全体に伝えられたのであり,プラムリッジもこれ以上の追及は必要ないのではと問いかけた。こうした政府側の対応を受けて,プラムリッジはこの問題に関するそれ以上の質問を打ち切ってしまった[35]。

コーンウォルの選挙区(Penryn and Falmouth)から選出されていたプラムリッジがこのとき政府側に質問をした背景には,彼の戦友で退役海軍大佐クリースからの要望があった。クリースはコーンウォルに在住し,母親の代からすずの採掘権で生計を立ててきた人物であった。彼自身がピール首相に送った嘆願書によれば,これまでの24年間で5万ポンドもつぎ込み,農園も開拓してきた。それがこの法律で借地権を取り上げられ,採掘権もなくなってしまうのではないかと訴えてきたのである。クリースは下院議員ではなかったため,代わりに友人のプラムリッジが質問に立った[36]。

7月15日の下院審議が終了した後，ピール首相はリンカンに指示を出して，傍聴席で審議を聴いていたクリース大佐と個別に会見させた。ここでクリースと話し合ったリンカンは2000ポンドの補償金で公領と折り合いをつけたいと要望した。これを受けてピールはすぐさまアルバートに連絡を取り，クリース大佐の一件を説明するとともに，アルバートから2000ポンドの補償金をクリースに支払ってもよいとの言質を取り付けた。その旨はピールからリンカンを経てクリースにも伝えられた[37]。これ以後，プラムリッジがコーンウォル公領関連法案について議会で質問に立つことは2度となかった。
　こうしたピール政権の全面的な協力も得て，アルバートはコーンウォル公領関連法を成立させ，いよいよ公領の経営改善に積極的に乗り出していくことが可能となった。また，同じく1844年には，法務総裁のペンバートンが公領の総裁（Chancellor）にも就任し，アルバートとの協力体制をさらに強化して，公領に関わる法の整備に携わっていった。
　ところが，この法案が議会を通過してから5年ほど後に，コーンウォル公領の経営に関わる議題が下院を舞台に再び討議されることになるのである。

第3節　公か私か？――議会制統治モデルと公領の存在

(1) 公領経営をめぐる議会審議のはじまり

　コーンウォル公領関連法案が議会を通過した翌年，1845年の夏，アイルランドでは深刻なジャガイモ飢饉が発生し，それはイギリス全土における穀物価格の上昇に拍車をかけることとなった。これに伴い，ピール首相は1815年以来この国の穀物価格を高めに維持してきた穀物法（Corn Laws）の廃止を決断した。こののち議会内，さらには保守党内にも様々な波風が立ち，穀物法は保守党自由貿易派と野党ホイッグとの連携で，46年6月に廃止が決まった。その直後に，保守党保護貿易派の造反に遭い，5年近く続いたピール政権は総辞職に追い込まれた。後継には，ラッセル率いるホイッグ政権が収まった。
　これまでコーンウォル公領の経営改善に関わる問題でも，文字通り「二人

三脚」で進めてきたピールが政権から退いたことで，アルバートにも不安材料が増えてしまった。その3年後，公領の経営に関わるアルバートの不安は下院審議で現実のものとなってしまう。

1849年2月13日，与党ホイッグの下院議員ジョン・トリロニが質問に立った。5年前に新たな議会法が制定されたにもかかわらず，1846年度の会計報告を精査しても，コーンウォル公領の経営は改善されていないのではないか。46年度の公領の収入は5万395ポンドもありながら，公爵（王室）に実際に入っているのは1万2032ポンドにすぎない。これは残りの3万8363ポンドがすべて不必要な官職保有者らの給与や必要経費として消えてしまっているからである。こうした官職の廃止も含めて，今後は下院の森林委員会（Committee of Woods and Forests）の監視下で，経営改善の方針を編み出していってはどうか。これがトリロニの提案であった。

これに対してラッセル首相が答弁に立った。コーンウォル公領は，議会制定法により，すでに王室による管理・経営が認められてから久しい。それゆえ議会が経営に介入するのは，議会と王室との約束に違反することになる。この問題はすでに解決済みであり，議会内に委員会を設けて経営を監視することなど論外である。ラッセル首相の返答はこのようなものであった[38]。

トリロニは，先の1844年4月に，当時のピール首相が法案作成前に会見をおこなった，コーンウォル利害関係者のひとりであった。1832年の初当選から，公領内部とその周辺の選挙区（East CornwallとTavistock）とで当選を重ねていた地元の有力者でもあった。公領に関するこの日の審議はこれで打ち切られたものの，それから9日後の2月22日，トリロニは再度この案件を議会に持ち出しただけではなく，「コーンウォル公領ならびにランカスタ公領の経営改善を図る監視委員会を議会に設け，両公領の収入を減少させるような時代遅れで不必要な官職を廃止する」動議の提出に踏み切った。

トリロニの見解は，すでに2月13日の質問の際にも出された通りである。年間5万ポンド以上あるコーンウォル公領の収入の大半が，今日では有名無実化している収税官，会計検査官，代官，事務官などへの高額の給与で消えてしまっている。さらに，女王の所領であるランカスタ公領でも年に4万

915ポンドも収入がありながら，その大半が官職保有者への給与に使われている。コーンウォル公領は王室の私有財産であり，その収入に関わる問題については議会に介入する権利はないと，政府は反対するであろう。しかし，毎年の会計報告も議会に提出されているのだから，議会がこれに介入するのも当然である。議会にはあらゆる公式の会計に関わる権利があるはずである。

これに対して，再びラッセル首相が答弁に立った。女王の所領であるランカスタ公領については，議会にも一定の発言は許されるかもしれないが，コーンウォル公領は皇太子の生まれながらの私有財産であり，同列には扱えない。さらに，両公領の経営は最近とみに改善されている。王室からの直接的な許可が下りない限り，公領に関する介入は許されるものではない。官職保有者についても同様である。所領の管理には，様々な人材が必要であり，特に法律関係の専門家の助言は欠かせない。ラッセル自身の実家（イギリス有数の大貴族ベドフォード公爵家）でも年間2000ポンドは法律家たちへの謝礼として使っているというお家事情まで交えながら，首相は動議に反対した。

この首相の答弁に異議を唱えたのが，トリロニの動議に賛意を表明した，急進派の長老議員ジョゼフ・ヒュームだった。まず，ベドフォード公爵家と両公領の経営を混同した見解を示してはいけないと首相の発言を揶揄した後で，ヒュームは次のように力説した。両公領の資産は私有財産ではない。議会がその適切な運用に深い関心を寄せるのはごくあたり前のことである。議会には，王室所領が適切に経営されているかを監視する正当性がある。政府がトリロニの動議に反対しているのは，両公領の官職について政府が有している恩顧関係(パトロネジ)に介入されるのを恐れての反応ではないのか。

このヒュームの見解に真っ向から反対したのが，かつて森林長官として公領の経営に関わったリンカン卿であった。コーンウォル公領には 公(おおやけ) の利害などなく，ここはエドワード3世の時代以来，歴代皇太子が生まれながらに得られる財産である。また，最近では経営改善の努力も続けられており，かつてハートフォード侯爵がスタナリ長官であった時代には年1000ポンドの報酬を受け取っていたが，現長官のアルバート公は無報酬である。さらに公領総裁のペンバートンも年500ポンドの報酬を受け取ってはいない。他の役

職についても，今後は必要に応じて廃止する予定になっているはずである。

　この日の最終的な採決では，トリロニの動議に賛成は27票，反対が74票で，動議は否決された[39]。

　しかしヒュームの追及は続いた。動議が否決された6日後の2月28日に，ヒュームはリンカンと私的に連絡を取り，コーンウォル公領の収入について皇太子の管財人たちはどのような活動を展開しているのか，詳細を教えて欲しいというのである。リンカンは，アルバート公から許可を得るまでは返答できないとした上で，アルバートにすぐに連絡を取ってきた。ここでアルバートは，今や首相から退いていたものの，彼が最も信頼する相談役のひとりで公領の管財人でもあるピールに助言を仰いだ。ピールは同じく公領の管財人であるラッセル首相と下院議長室で会談を持ち，コーンウォル公領の財産管理の問題については議会ではいっさい答弁に応じないことで意見の一致を見た[40]。

　こうしてヒュームからのさらなる追及は阻止されたが，彼とともに両公領に関わる動議を提出したトリロニの追及はまだ終わっていなかった。

(2) トリロニからのさらなる追及とその収束

　1850年度の議会が1月末に始まった当初から，この前年度にコーンウォル公領の経営状態について動議を提出したトリロニが，再びこの問題について，議会内に委員会を立ち上げて追及すべきであるとの動きを見せていた。

　2月14日，これを受けてアルバートはまたもやピールにすがることにした。その当時，下院には，コーンウォル公領の経営について詳しく知る議員が少なかった。頼みの綱ともいうべき，元森林長官のリンカン卿もこのときは自身の離婚問題に追われ，議員活動を中断しているさなかであった。そこでアルバートとしては，政府が諸政策への対処で多忙を極め，ラッセル首相がトリロニに十分に対応できない現状では，公領の管財人を務め，公領の経営に詳しいピールに頼るしかなかったのである。アルバートは，トリロニが動議を提出する審議に是非ともピールに出席してもらい，討議が公領経営に関する詳細に至らず，一般論に終始するよう審議を誘導してほしいと彼に要

請した[41]。

 それから1カ月少し後の3月25日,トリロニは下院で動議の提出を試みることになった。ランカスタとコーンウォル両公領の経営はその後も改善される兆しが見えていないが,議会には1795年に時の皇太子(のちのジョージ4世)の借財(16万1000ポンド)を肩代わりし,それから程なくしてまた60万ポンドもの借金を皇太子がこしらえたとき,今後はそのような事態が起こらないために,皇太子の財源に対しても介入できるという合意が形成されたのではなかったか。

 トリロニは前年度に続き,ランカスタおよびコーンウォルの両公領の経営を監視する委員会を議会内に立ち上げる動議を提出し,あわせてコーンウォル公領の資産運用のあり方,同公領の鉱物資源採掘権と公領官職保有者のあり方について質問したいと要請した。

 これに対してまず政府を代表して答弁に立ったのが,ラッセル政権の法務次長(Solicitor General)サー・ジョン・ロミリである。彼によれば,公（おおやけ）の性格を有していない限り,議会にはいかなる資産の運用についても介入できる権限などなく,トリロニが調査を要請している資産は完全に「私的なもの」である。もし公領の経営が,極度な不正もしくは不法にもとづいておこなわれているのであれば,議会にも調査できる権利はあるかもしれないが,そうでない限り公領の資産は「絶対に私的なもの(absolutely private)」であり,毎年大蔵省に会計報告がなされているのであれば,議会内に監視委員会など設ける必要はない,というのがロミリの見解であった。

 さらにアルバートからの要望に応えるかたちで,ピール元首相も演説に立った。下院にはこの問題に関われる絶対的な権利などない。王室の世襲財産に対しては下院には調査をおこなう権限などないし,両公領は王室による排他的な経営が認められているはずである。王室費の査定に関わる王室領については,確かに議会による調査も可能かもしれないが,両公領,特にコーンウォル公領はそれとは別である。トリロニが廃止を要求した下級官職保有者への給与の件も,ウィリアム4世時代(8677ポンド)に比べれば大幅に削減されている(2500ポンドに)。公的であろうが私的であろうが,これほどま

でに慎重に経営がおこなわれている所領はなく，本院が公領の経営に介入しないことを望む。ピールの見解は以上のようなものであった。

このあと，再びヒュームから議会には公領の資産運用について調査できる権利があるはずとの主張がなされたが，最終的には動議は提出されず，審議も打ち切りとなった[42]。こののちコーンウォル公領について，議会内から調査の声があがることはなかった。

おわりに

以上に見てきた通り，議会内の左派（急進派やホイッグ左派）からは，王室の財産についても議会には監視できる権限が備わっているとの見解にもとづき，歴代皇太子の私的な財産であったコーンウォル公領の経営について，動議が提出されるような場面もあった。しかし，議会内の大勢は，公領はあくまで王室の「私有財産」であり，「公的な性格」は有しておらず，議会といえどもその経営に介入はできないとする見解で占められていた。議会政治の黄金時代ともいうべき19世紀半ばにおいてさえも，1760年の王室と議会との約束は有効と考えられ，「議会制統治モデル」とは次元の異なる問題が存在し続けたのである。

それはまた，コーンウォル公領の経営改善に積極的に乗り出したアルバートとこれを全面的に支えるピールの利害がそれぞれの思惑で合致した時期の出来事でもあった。この時期は両者の協力で，公領の問題だけでなく，国内の財政・経済改革や諸外国との王室外交の展開も可能になった。メルバーンのホイッグ政権から疎んじられていたアルバートと，「寝室女官事件」[43]で女王から敵意を抱かれていたピールは，1841年夏に第2次ピール政権が成立した頃からお互いに協力し合って，それぞれの政策を推進した。特にピールは，党利党略より国家全体の利益を最優先する政治家であり，そのために彼を支える保守党議員たちの利益が損なわれようとも平気であった[44]。

この結果，最終的には保守党も分裂してしまうが（1846年6月），それまでの間，党内各派の利害を抑えてごり押しの改革を進めていく際に，ピール

が頼りにしたのが王権（君主からの信頼）であった。かつて敵対したヴィクトリア女王とも，アルバートの積極的な取りなしのおかげで和解を果たしたどころか，ピールが辞任を余儀なくされる頃までには，彼は女王にとって最も信頼される忠臣となっていた。こうしたピールの協力の下で，アルバートは公領の資産運営について議会から追及される状況も回避できた。

　この2人の協力体制のおかげで成立した1844年のコーンウォル公領関連法により，公領の経営も1850年代に入ってからは飛躍的に向上した。周辺の地主たちとの土地の売買（交換）を通じて新たに大型の農園も形成できるようになった。またこの当時，興隆著しかった鉄道会社に土地を売却し，駅の誘致などにも積極的に関わった[45]。

　公領の経営に携わるようになってから20年後の1861年12月14日，アルバートは腸チフスで突然この世を去ってしまった。皇太子はまだ20歳になったばかりであったが，その頃までに父の優れた経営手腕のおかげで，コーンウォル公領には60万ポンドもの資産が蓄積されていた。1863年2月には，21歳を超えた皇太子とその評議会に公領の経営と管理を任せるとする法案も議会に提出された。このときもほとんど異論や討議もなされず，5月には法案も両院を通過した[46]。

　しかも，新たな公領の評議会をスタナリ長官として主導してくれたのが，かつてアルバートとともに公領の経営改革に携わったニューカースル公爵（リンカン伯爵が父の死を受けて1851年1月から襲爵）だったのである[47]。

　皇太子は亡父の残してくれた60万ポンドを，結婚（1863年3月）後に家族で住むこととなったマールバラ・ハウスの家具（10万ポンド），ノーフォークシャの私邸サンドリンガム・ハウスの購入資金（22万ポンド）にそれぞれ充て，残りの27万ポンドを投資に用いることで，公領全体からの収入として年間6万5000ポンドも得ることになった[48]。

　さらに，21世紀初頭のコーンウォル公領は，現皇太子チャールズ（Prince Charles）によるさらなる経営拡大で，24の州にまたがる15万エーカー（約607平方キロで，621.8平方キロの東京都23区より少し小さい）の土地を有し，総収入から必要経費を差し引いた1830万ポンドもの年収を皇太子にもたら

している。その資産価値は，今や7億6400万ポンドにも達している[49]。

　しかもチャールズ皇太子は，議会からの「王室費」は受け取っていないばかりか，2013年度からは王室全体が，王室領収入をいったん政府・議会に預け，その一部を王室費や助成金として受け取るそれまでの制度をやめて，財政的にも「自立」することになった[50]。

　これにより英国王室とその資産は，「議会制統治モデル」の監視を受けながらも，これまで以上に通常の議会審議とは異なった次元で論じられる存在になるであろうが，その萌芽は19世紀半ばのヴィクトリア時代，本章で検討したアルバートの頃にすでに育まれていたのかもしれない。

注
1) 中世のコーンウォル公領については，John Hatcher, *Rural Economy and Society in the Duchy of Cornwall, 1300-1500* (Cambridge University Press, 1970) を参照されたい。
2) 皇太子時代のチャールズ1世による積極的な議会活動については，Chris R. Kyle, "Prince Charles in the Parliament of 1621 and 1624," *Historical Journal*, vol. 41-3, 1998, pp. 603-624 を参照されたい。
3) Victoria Papers, The Royal Archives, RA VIC/ADDQ/26/1: Memorandum by Gardiner, Bateman and Anderson, 1861 (no date). ウィンザー城内の王室文書館所蔵の文書については，エリザベス2世女王陛下の許可を得て閲覧・使用させていただいた (Materials from the Royal Archives at Windsor Caslte is used by gracious permission of Her Majesty Queen Elizabeth II.)。また，文書の利用については，同文書館主席文書官のパメラ・クラーク女史にお世話になった。ここに謝辞を呈したい。以下，同文書については文書名と所蔵先は省略する。
4) ヴィクトリア女王の治世については，君塚直隆『ヴィクトリア女王』（中公新書，2007年）を参照されたい。
5) 中世以来の公領における封建的諸税については，水井万里子先生よりご教示を受けた。また，本書第10章も参照されたい。
6) *House of Commons Parliamentary Papers*, 1839 (205) Duchies of Cornwall and Lancaster: An account of the gross and net revenue of the duchies of Cornwall and Lancaster, for the year ending Michaelmas 1838.
7) *House of Commons Parliamentary Papers*, 1840 (86) Duchies of Cornwall and Lancaster: An account of the gross and net revenue of the duchies of Cornwall and Lancaster, for the year ending Michaelmas 1839.

8) RA VIC/MAIN/Z/470/1: Melbourne to Prince Albert, 31 Oct 1840.
9) RA VIC/MAIN/Z/470/3: Baring to Anson, 20 Nov 1840; RA VIC/MAIN/Z/470/5: Baring's Memorandum, 20 Nov 1840.
10) Peel Papers, The British Library［以下，所蔵先は省略する］, Add MSS 40433, ff. 6-8: Peel to Prince Albert, 4 Nov 1841; ibid., ff. 11-12: Prince Albert to Peel, 5 Nov 1841.
11) Peel Papers, Add MSS 40433, ff. 76-78: The Queen to Peel, 1 Dec 1841.
12) RA VIC/MAIN/Y/54/87: Anson's Memorandum, 8 Oct 1841; RA VIC/MAIN/Y/54/88: Anson's Memorandum, 21 Oct 1841; RA VIC/MAIN/Y/54/94: Anson's Memorandum, 15 Nov 1841.
13) RA VIC/MAIN/Z/470/50: Peel to Prince Albert, 16 Nov 1841; Peel Papers, Add MSS 40433, ff. 35-36: Prince Albert to Peel, 18 Nov 1841; RA VIC/MAIN/Y/54/95: Anson's Memorandum, 18 Nov 1841; Peel Papers, Add MSS 40433, ff. 39-41: Peel to Prince Albert, 19 Nov 1841.
14) Treasury Solicitor Papers, The National Archives, TS 11/444: Pemberton's Opinion, 29 Nov 1841.
15) Peel Papers, Add MSS 40433, ff. 79-80: Prince Albert to Peel, 2 Dec 1841.
16) Peel Papers, Add MSS 40433, ff. 19-112: Peel to Prince Albert, 14 Dec 1841; ibid., ff. 114-116: Prince Albert to Peel, 15 Dec 1841.
17) *Hansard's Parliamentary Debates*, 3rd series, vol. LX, cc. 327, 530, 1088, 1091; *ibid.*, vol. LXI, cc. 120, 202, 409, 583. 同議事録を以下，*Hansard* と略記する。
18) ヴィクトリア女王と結婚したての頃のアルバートについては，Stanley Weintraub, *Albert : Uncrowned King* (John Murray, 1997), chapters V-VII; 君塚，前掲『ヴィクトリア女王』第Ⅱ章を参照されたい。
19) Peel Papers, Add MSS 40433, ff. 271-272: Peel to Prince Albert, 5 Mar 1842; ibid., ff. 273-274: Peel to the Queen, 5 Mar 1842.
20) Peel Papers, Add MSS 40433, ff. 278-279: The Queen to Peel, 6 Mar 1842; ibid., ff. 278-279: Prince Albert to Peel, 7 Mar 1842.
21) RA VIC/MAIN/Z/470/23: Russell to the Queen, 20 Feb 1849; RA VIC/MAIN/Z/470/31: Graham to Prince Albert, 19 Aug 1850; RA VIC/MAIN/Z/470/43: Derby to Prince Albert, 25 Oct 1852. なお，グレイアムは首相に就いたことはなかったが，内相や海相などを歴任した保守党（次いでピール派）の重鎮であった。
22) Peel Papers, Add MSS 40481, ff. 40-41: Peel to Lyndhust, 20 Oct 1842; ibid., ff. 42-43: Peel to Lincoln, 26 Oct 1842; ibid., ff. 46-47 : Lincoln to Peel, 29 Oct 1842; ibid., ff. 48-49 : Peel to Lincoln, 30 Oct 1842.
23) コーンウォル公領文書館（The Duchy of Cornwall Archives）の館員エリザベス・ロマス女史よりご教示いただいた。記して感謝したい。
24) Peel Papers, Add MSS 40436, ff. 22-26: Prince Albert to Peel, 8 Feb 1843; ibid., ff. 28-29: Peel to Prince Albert, 9 Feb 1843.

25) ピールの諸改革については，Paul Adelmen, *Peel and the Conservative Party, 1830-1850* (Longman, 1989), chapter 3; E.J.Evans, *Sir Robert Peel: Statesmanship, Power and Party* (Routledge, 1991), chapters 8-10; Richard Gaunt, *Sir Robert Peel: The Life and Legacy* (I. B. Tauris, 2010), chapter 6 などを参照されたい．
26) Peel Papers, Add MSS 40481, f. 108: Peel to Lincoln, 18 Apr 1843; ibid., f. 109: Lincoln to Peel, 21 Apr 1843.
27) Peel Papers, Add MSS 40438, ff. 11-14: Prince Albert to Peel, 12 Jan 1844; ibid., ff. 40-41: Peel to Prince Albert, 27 Jan 1844; ibid., ff. 112-113: Peel to Prince Albert, 27 Feb 1844; ibid., ff. 114-115: Prince Albert to Peel, 2 Mar 1844.
28) Peel Papers, Add MSS 40481, ff. 242-243: Lincoln to Peel, 27 Mar 1844; ibid., Add MSS 40438, ff. 170-171: Peel to Prince Albert, 27 Mar 1844.
29) Peel Papers, Add MSS 40438, ff. 172-173: Prince Albert to Peel, 27 Mar 1844.
30) Peel Papers, Add MSS 40438, ff. 180-183: Peel to Prince Albert, 1 Apr 1844. なお，当時のコーンウォル選出の議員については，Edwin Jaggard, *Cornwall Politics in the Age of Reform, 1790-1885* (Boydell Press, 1999), chapters 6-7 を参照されたい．
31) Peel Papers, Add MSS 40438, ff. 228-229: Peel to Prince Albert, 29 Apr 1844.
32) Peel Papers, Add MSS 40481, ff. 253-254: Lincoln to Peel, 4 May 1844; ibid., ff. 256-257: Lincoln to Peel, 11 May 1844; ibid., ff. 258-259 : Peel to Falmouth, 12 May 1844.
33) *Hansard*, vol. LXXV, c. 776; *ibid.*, vol. LXXVI, cc. 821, 1003, 1371, 1411, 1504, 1669, 1714, 1786, 1911, 1944.
34) *Ibid.*, cc. 1808-1809.
35) *Ibid.*, cc. 373-374.
36) Peel Papers, Add MSS 40481, ff. 283-284: Crease to Peel, 8 Jul 1844.
37) Peel Papers, Add MSS 40438, ff. 356-357: Peel to Prince Albert, 16 Jul 1844; ibid., Add MSS 40481, ff. 287-288: Peel to Lincoln, 18 Jul 1844.
38) *Hansard*, vol. CII, cc. 667-668.
39) *Ibid.*, cc. 1148-1169.
40) RA VIC/MAIN/Z/470/24: Lincoln to Prince Albert, 28 Feb 1849; RA VIC/MAIN/Z/470/25: Peel to Prince Albert, 2 Mar 1849.
41) Peel Papers, Add MSS 40441, ff. 401-402: Prince Albert to Peel, 14 Feb 1850. なお，この時期のリンカンの離婚問題については，F. D. Munsell, *The Unfortunate Duke: Henry Pelham, Fifth Duke of Newcastle, 1811-1864* (University of Missouri Press, 1985), chapter 6 を参照されたい．
42) *Hansard*, vol. CIX, cc. 1370-1389.
43) 1839年5月に政権が保守党に移る可能性が高まったとき，寝室女官人事をめぐって女王とピールの対立が深まり，ホイッグ政権が復活するという事態が生じた．この「寝室女官事件」については，君塚，前掲『ヴィクトリア女王』32～35頁，君塚直隆『イギリス二大政党制への道――後継首相の決定と「長老政治家」』（有斐閣，1998年）68～73頁を参照．

44) Adelman, *op. cit.*, chapter 4; Evans, *op. cit.*, chapter 9; Gaunt, *op. cit.*, chapter 5.
45) Treasury Office Papers, The National Archives, T 28/73 : Duchy of Cornwall Accounts, 8 Jul 1851; DOC Duchy of Cornwall Account Book 1856, ff. 33-34.
46) *Hansard*, vol. CLXIX, cc. 644-651.
47) RA VIC/ADDQ/26/3: Proposed Instruction to the Council, 15 May 1863.
48) エドワード7世の皇太子時代については，君塚直隆『ベル・エポックの国際政治――エドワード七世と古典外交の時代』（中央公論新社，2012年）第一章を参照。
49) *The Duchy of Cornwall Annual Report 2011-2012.* なお，コーンウォル公領サイト（http://www.duchyofcornwall.org/managementandfinances_finances_accounts.htm）および，君塚直隆『チャールズ皇太子の地球環境戦略』（勁草書房，2013年）第2章も参照されたい。
50) この点については，以下のサイトにある英国王室の会計報告書を参照。http://www.royal.gov.uk/pdf/Financial%20reports%202012-13/Sovereign%20Grant%202012-13%20-%20web.pdf. なおこの報告書によれば，2013年度から王室の年間予算は王室領（Crown Estate）からの収入の15％を充てていき，毎年の会計報告は管財人である時の首相，財務相，女王手許金会計長官によってなされる旨に決まった。

コメント 選挙区と利害

ジョナサン・バリー　Jonathan Barry

　本書におさめられた各論文は，16 世紀半ばから 19 世紀半ばのウェストミンスタ議会の活動における議会選挙区と利益集団の関係のあり様を探求している。この時期にはイングランドとウェールズの代表制議会が，1707 年以降スコットランドを，1801 年以降はアイルランドを含みこんで，真の「イギリス」議会となっていったのである。そしてこの時期はまた，イギリスが先例ない経済成長と，効率的に掌握された財政軍事力によって，世界の主要大国となり，議会が権力の広場（forum）として宮廷に代わり，イギリスで最も重要な政治勢力としての地位を確立したのだと伝統的にみなされている。これらの発展（イギリス内の統合と世界的拡張）と議会権力の伸長との結び付きは長らく自明のこととみなされ，そのことは，議会制統治の進展こそがイギリスの大国化への独自の道のりを説明する鍵であるというホイッグ史観に反映されている。このことだけで，「議会史財団」の設立にあらわれるように，議会史は特別な関心を集めてきたのである。現在の財団は，その長い懐胎期の末に，主として各選挙区の詳細な選挙史と下院に選出されたすべての人物の伝記を通して，本書が扱うほとんどすべての時期の研究のための参照情報と，議会という機関が機能を進化させていった過程の概観とを見事に提供することに成功している[1]。

　しかし，財団が活動を続けてきたのと同時期に，私たちのもつ歴史観，特にイギリス史観の変化が，上述の議会についての見方の基礎にあった正史（master narrative）そのものに疑問を投げかけることになった。イギリスが世界の強国としては小さな存在へと後退し，アメリカ合衆国の忠実な同盟国と EU の（少し距離をおいた）加盟国という役割の間で困難を抱える一方，イギ

リスとは全く異なった経済成長と世界的な影響力に関するモデルが（特に中国において）出現したことによって，歴史の全体像そのものに疑義が投げかけられるようになったのである。北アイルランド問題とイギリス本土内の分離要求（2014 年以後は独立スコットランドさえ見られるかもしれない〔訳者注：このコメントが執筆されたのはスコットランドの分離独立の是非を問う住民投票（2014 年 9 月 8 日）の数カ月前のことであった〕），両者の再燃が，イギリス議会のアイデンティティに対しさらなる疑問を投げかけている。こうした同時代的な展開によってもたらされた視点の変化は，イギリス政治における議会優位の必然性に疑問を投げかけ，歴史的展開のタイミングと本質についての伝統的なモデルに挑戦する 1970 年代からの学術的修正主義の波にエネルギーを与え続けている。今や 1688 年以前の議会制統治の勝利は必然とは程遠いものだったと見られている。1688 年以降，議会が新たな財政軍事的な秩序の中で中心的な地位を占めるようになったと主張している者ですら，それはヨーロッパ情勢という広い文脈における偶然の帰結とみなす傾向にある。ヨーロッパ情勢は国内の支配と引き換えに海外での力を求める一連の君主をうみだし，イギリスの支配階級の中にいかなる行政機構にも信用を置くことができなくなるような思想的な分裂を引きおこしたのである。このような状況で，他の統治階級に対して，君主と支配エリートが説明責任を果たす場（place of accountability）として，そして社会のどんな集団に対しても過大な行政権力を与えることなく個別の社会問題を解決するための合意されたメカニズムである立法機能の場として，議会を浮かび上がらせることができたのである。

　多くの異なる構成要素がこの修正主義史観を強化してきた。その要素のなかには，より広くヨーロッパの議会，身分制議会，その他の代議制会議の歴史における，イギリスの事例の比較史的意義の新たな認識がある。イギリスの全国議会はかつて，統一された国民国家における代議制統治の発達の模範とみなされ，長らく唯一の「近代的」な統治形態だと目されてきた。いまや，複合諸王国とその連邦的構成は，統一権力を持った国民国家と全く同じように，主権の正当な形態とみなされ，イギリスはそうした複合諸王国のうちの

一つと認識されうるのである²⁾。

同様にマルクス主義，そして議会主権をブルジョア勢力の（そしてその後は労働者階級を包含する，より包括的な民主政の）勝利と結び付けて考える社会変化についての他の大規模なモデルが崩壊したことは，何であれ特定の統治モデルがいかなる社会的利害を代表しているかという設問を，答えられないままに残す結果となっている。初期の近代主義者の中には，代表制議会を，近代化する中央政府の侵略に対する，伝統主義的な地域に根差したエリートたちの抵抗の砦とみなす者もいた³⁾。

イギリス史の「分離主義的な」視点とともに，これらの修正主義的な視点（コンラッド・ラッセルの論考が最もよく知られている）は，地主階級・中流階級を代表する近代的イングランド議会による，時代遅れのステュアート王権と貴族に対する必然的な勝利，というわれわれの伝統的な内乱期への理解を完全に打ち壊した⁴⁾。

さらに 1640 年から 1660 年までの諸革命が全く異なる見方をされるようになった。例えば，複合王国内部で起こったイギリスの，さらに言えばヨーロッパ世界の一宗教戦争は，イングランドによる支配をブリテン諸島全体に強いることになるような，軍隊に基盤をおく共和国の出現によって解決をみた，という表現のようにである。のみならず，王政復古期も今や同じ問題が再燃する時代対象として見られるようになった。そこでは，議会が君主に従属させられるという可能性が強くあった（君主側は内乱が再発することへの人々の恐れに訴えかけることができたという理由も小さくない）のであり，その逆ではなかったというのである。

1688/89 年の諸革命でこの可能性は不発に終わることになったが，革命に続いた議会君主政が，伝統的地主エリートの勝利を示すのか，それとも新興の通商・都市利害の勝利を示すのかをめぐっては，いまだ論争のあるところである。最近の研究動向は，この体制をこれら諸利害の間の不安定な，ただ驚くほど有効な同盟として描く傾向にある。両者は，国の安全と帝国の拡張の両方を追い求めるなかで互いに一致点を見出すことができたのである⁵⁾。

対フランス第二次百年戦争に続く 1815 年以後のイギリスは，国内の国制

改革の新たな試みを経験した。その試みでは国定教会と地方および議会制統治のパターンに（少なくとも理論上）基礎づけられた体制が引き続き適切と言えるのかをめぐる激しい議論が目立っていた。その体制は，都市と工業の新たな勢力分布にますます不適合と見られたのである。これが生み出した諸論争と，1832 年以前の議会代表のあり方についての議論で展開された，しばしば深刻に誤解を招くような想定（特に，「古い腐敗」と，地主利害と商業・産業・都市利害間の必然的対立という想定）は，私たちが今でも議会史に対して適用している歴史モデルに，長く消えることのない影響を残している。議会史財団の研究項目を決めるのに貢献したアジェンダの形成を助けたネーミアのような歴史家が 20 世紀にこれらの想定を復活させたことも重大な理由である。

　議会史の伝統的な叙述の動揺から得られる価値ある成果の一つは，議会の詳細な業務，特にその立法活動と政府監視の業務に焦点を絞ろうとする決然とした試みであった。このようなアプローチは，一機関としての議会の権能，あるいは行政権を握る手段として議会を支配しようとする互いに対抗関係にある政治集団の試みを，探求すべき主要なテーマとして見るのではなく，議員が生活の他の諸領域に影響を及ぼす議会の権能を用いることで実際に何を達成しようとしているのかという点に注目を移してきた[6]。

　この焦点の移動の一つの影響は，立法の起案と決定における第二院の，そして主要な利益集団の代表としての爵位貴族の変わらぬ重要性を認め，貴族院への関心を復活させたことにある。このアプローチに大きな刺激となったのが，サー・ジェフリ・エルトンのテューダー期に関する著作であり，デイヴィド・ディーン他によって[7]，さらにその後，1688 年以降の時期に関するジュリアン・ホピット，ジョアンナ・イニス，そしてペリー・ガウチによる詳細な研究によって継承された[8]。デイヴィド・ヘイトンらによるスコットランドやアイルランドの議会に関する同様の研究も，並行して進められた[9]。

　エルトンによる，議会（両院）を地方（あるいは個人）と全国の「接点」とする描写，そして，何かことを得るための（しばしば相互に関連するとはい

え）代替可能な手段として宮廷や諸裁判所と並べて議会をとらえる彼の考え方は極めて豊かな実を結び[10]，1990年代半ばまでには，研究の主要な流れとして立ち現れたように思われた。そして，異なる選挙区と利害集団がどのように議会の力を利用したかを探った多くの重要著作が得られている[11]。

以来，「分離主義的な」議論によって研究の焦点はいく分ずれて，イギリス内の異なる議会の間の相互作用により強調点がおかれるようになったが，この比較研究は依然として，国制上の，あるいは政党政治上の成果よりも，むしろ立法と政策の成果に注目するという点でこれまで述べてきた共通のパラダイムの中で進行している。選挙区と利害に焦点をあてる本書は，少なくとも部分的には，この伝統に明らかに根ざしている。本書［第3章］では合同後のスコットランドの代表制が検討されているが，他はイングランドの事例研究で，コーンウォルと五港（Cinque Ports）のような，王権と結びついた地域組織という中世の伝統が，特に16世紀半ばのバラ特権付与の後には議会における非常に手厚い代表制へと変わっていくこととなる地域[12]を検討するもの［第1章，第2章，第4章，第10章，第11章］が多い。

本書は，特定の地域の選挙区の詳細［第1章，第2章，第4章，第5章，第7章，第10章，第11章］，そして海洋経済関係の活動（私掠，難破船，奴隷制廃止補償）に関する個別立法の機能［第6章，第8章，第9章］に注目して議論しており，それらはイギリス南西部やケント州などの地域に特にかかわるものである。こうして本書は地域の観点から議会を見ることで理解が進むことを実証している。

しかし，われわれは古典的な議会史の「ホイッグ史観的」想定から脱け出し，かつ「接点」としての議会という新しい叙述と，議会の持つ国制的また思想的役割の理解の見直しとの間でバランスをとる十分な方法を見つけるという大きな課題にいまだ直面している。ここで枢要なのが「代表」の概念についてのわれわれの理解である。どんな利害集団が爵位貴族を含むウェストミンスタ議会の（進化する）構成要素をなしていた選挙区内で，そして選挙民によって代表されたのか。さらに議会がそれらの利害をどのように代表したのかを決定する上で，選挙政治が果たした役割とは何か，私はこの「コメ

ント」の残りの部分でこれら課題のいくつかを論じたい[13]。

　もし「代表」という観点から問題をたてると，私たちの関心は，19世紀の議会改革の議論の中心的な観点と，有効な議会代表という現代の私たちの観念にすぐ向くであろう。私たちは，議席配分が国中の人口や富の配分を反映していたのかどうか（なぜコーンウォルは1707年以降のスコットランドより議席数が1少ないだけなのか，またなぜあれほど多くの寂れた五港都市が，成長しつつある港湾都市や商業都市も持っていない議席を保有したのか），もしくは異なる選挙区ごとの選挙権保有者の性格から彼らが効果的な「世論」の代表者であったのかどうかを問う。ここから，私たちは，議席というものを「公衆」を代表するという公算に従ってはっきりしたヒエラルキーに分類する。評価のヒエラルキーの頂点には，州の議席と，（地方税納税者あるいはフリーマンが有権者となることで）人口に対して相対的に大きな規模の選挙民をもった都市選挙区が置かれ，最底辺には，単一のパトロンに少数の投票者がコントロールされているような「腐敗選挙区」が位置づけられる。そして，その中間には，財産保有形態や都市自治体のメンバーシップを基礎とする多様な有権者資格をもった選挙区が存在する[14]。

　選挙民がどの程度まで投票において自由な選択ができたか，そしてそれが可能だとすれば，思想的な好みによって投票した（それはよいこととされる）のか，あるいは「腐敗」の結果なのかを私たちは議論している。「腐敗」という語は，敬意ある服従と土地保有に結びついた忠誠というところから，逆側の極端な例として票の公然の売買を通した最高入札者への投票というところまでの広い範囲を含む包括的な用語である。私たちは代表制の力強さを，競争選挙の頻繁さによって測るが，それは一つには，無競争になった選挙区における議員選出の背後にある過程を可視化するのはもっとずっと難しいからである。ただし，2名の下院議員を抱える通常のパターンの選挙区では，選挙上の妥協が促されがちである。そして，競争選挙にならなかった場合でも，候補者の選択をめぐって，しばしば活発な政治活動があったことは，明らかである[15]。

　このような代表をめぐる想定を全く時代錯誤的であるとするのはもちろん

誤りであろう。近世の人々自身，（ごくまれにではあったが）議席の配分について議論し，（より頻繁に）参政権の本質について議論した。彼らはずっと，「腐敗」の影響を（特にそれが自分達の政治的敵対者，あるいは「宮廷」によって行使される場合）懸念しており，投票権を行使する機会を高く評価した。これらの関心は，イングランドの政治的自己認識にとってその中核にある「自由」と「独立」のレトリックにかかわっている。それにより，農村部の自由土地保有者と都市の市民（フリーマン）は当然の選挙権者と見られることになり，（女性，貧民，奉公人などなど）他人に依存して生きる者については，投票権を行使する権利から除外することにつながった[16]。

　この政治的なレトリックは，一つの政治モデルを提唱するものであり，そこでは，下院議員自身が，宮廷権力にであれ政党による抑制にであれ従属することなく，良心に従って，投票の権利を自由に行使できるとされる。もっとも，それはしばしば現実と衝突したのではあるが。その自由が，バークが有名な発言をしているように，選挙区民の指示からの独立というところまで拡大できるかどうかというのは，より議論の余地のある質問であるが，下院議員には彼らの選挙区民の正当な利害を認めることが期待された。特に17世紀半ば以降，政治階級にとって議会の議席が手に入るということが以前より魅力的なものになったので，議員の椅子を求める競争は激しくなり，一度選ばれれば議席を保持しようという欲求もあって，確実に下院議員は選挙区の利害により敏感になった。

　このことは，選挙区民が下院議員に，あるいは下院議員から何を求めていたのかという，重大な疑問を提起する。選挙区民は下院議員を第一義的に思想的基準で，国家の重大問題に関して選挙区民と同じ政治的見解をもつ者として評価していたのか（宮廷対地方，ホイッグ対トーリ，その他の政治的対抗軸が，変化しつつ，相互横断的な影響を及ぼすことを考えると，それ自体そう簡単に評価できるものではない）。あるいは，選挙区民は，地域利害を推進すべく効果的に動くことのできる議員をかかえるということに，より関心を持っていたのであろうか。その場合地域利害推進のやり方は，議会自体のなかでの活動を通して，あるいは，おそらくより一般的に政府部内で地元民のための

パトロネジのブローカーとして，さらにまた，地域的，さらには個人的利益のために金を出してくれる直接のパトロンとしてというように，いろいろありえたが。以上の二つの判断基準は，どの程度矛盾したものと見られていたのか。あるいは，政治状況次第ということであったのか。例えば，下院議員がその思想的信条のゆえに政府の寵をえられるということになった場合，彼はそのことにより地域の利害のよりよい奉仕者たりうるのか，あるいは，「反対党」でいることだけが，独立性と，地域利害優先の意志とを保証するのであろうか。

　ホイッグあるいはトーリの下院議員を代表としてもつことが，選挙区民の私利にかなうかもしれないという社会経済的課題，あるいは外交上の政策課題をその議員が進めていくことを含意していると，どこまでみなされていたのか。特に大方の議席を占めていた都市選挙区（バラ）にとって，どんなバックグラウンドがあれば，議員が適切で効果的な代表になりそうだと思われたのか。都市が必要としている物事を最もよく知っている（ただし，都市内のある種の利害を代表することで，他の利害とは対立することになる）かもしれないが，しかし，法律問題に精通していないとか，事態をうまく動かすための適切なコネをロンドンで持っていないとかいった難点があるかもしれない（そして，ウェストミンスタに長期にわたって滞在していることは自分の商売上の権益にとって不利と感じるであろうような）都市住民，あるいは，地主ジェントルマン，または法曹や政府の役人。このような人物を議員に選ぶ利点は，それぞれ何であったのか。この種の有利不利は，1件1件個別的な状況のもとで，普通の有権者によってではないとしても，可能性のある候補者の検討をしていた（都市自治体，政治クラブ，都市に利害をもっていた近隣のジェントリやパトロンのような）地元集団によって確かに議論されていたに違いない。そして，選挙中，候補者の資格は，きびしい監視と論議に頻繁にさらされたのである。

　この疑問を問うことで，下院議員の特性を測定しようと試みてきて，そこから，したがって議会にはどんな利害が代表されていたかという結論を導き出す一群の研究に，やや異なった光があてられる。それは，1715年以降の

時期についてのイアン・クリスティの研究に顕著である[17]。

一つには，1688年以降のイギリスにおけるエリートの開放性についての論争にかかわりつつ，さらにより一般的に，当時のイギリスが「アンシャン・レジーム」と性格づけられるべきなのか，それとも商業社会として性格づけられるべきなのかという点について，クリスティのこの研究は，下院議員の社会的地位が社会の権力構造を反映する，あるいは議会の成果が議員構成によって示される利害のバランスを反映しているとみなす傾向にある。商人階級出の下院議員の増加は，通商利害の権力基盤の拡大と，通商利害に対する議会の敏感さを示すとされる。

しかし，選挙区民のグループによって下院議員に特定の技能がもとめられる場合があったり，あるいはまた／同時に，下院議員の選挙区を代表する行動は，その個人的な背景よりも，むしろ彼らがどんな利害を代表するものと期待されていたかによって制御される場合があったりしたことを考えれば，前段のどちらの議論も必ずしも説得的ではない（議員の個人的背景よりも，どんな利害を代表するものと期待されていたかということの方が重要だという点は，自分を議席に選出／推薦するのに貢献してくれたかもしれないパトロンやエリート層の仲間，もちろん政府部内の大臣も含むが，そうした人々から議員に課された拘束にもあてはまる）。同じ議論が，地元に根付いていて長く特定の選挙区を代表した下院議員は地域の利害を適切に代表する可能性が大きいという想定にもとづいて，議員を「地元」居住者かどうか，あるいはどれだけ長く議員を務めたかに従って分類しようとする試みにもあてはまる。以上のことから，議会の「インプット」に焦点を絞るよりも，むしろ議会の「アウトプット」とも呼べるものを探り，それらが，現実の議会が（国内のどの地方ということを含めて）どんな利害を実際に代表していたかについて何を語るかを探求する，ホピットとイニスの立法に関する研究のようなプロジェクトの魅力が導き出されるのである[18]。

もちろん，この作業は単純ではないし，特に1688年以前の時期では特に困難である。この時期については，議会の開催が間欠的で，国制・思想的な軋轢によって議会の機能が混乱させられた，さらにまた，他の接点に比べて

議会がずっと小さな役割しか演じていなかったこともあって，議員の意図を議会のアウトプットと突き合わせてみることが，1688年以降の時期と比べてずっと難しい（ただし，1688年以降でも，成立にいたらなかった法案は広く存在していた）。私たちはまた，議会代表，特に思想的な争いとなった競争選挙が，選挙区の利害を推進するかもしれないのと同じくらい，それを脅かすかもしれないと同時代の人々には見られていたという可能性をも真剣に考える必要がある。こうした見方は，広範な人々をまきこんだオープンな競争選挙のマイナスの影響を強調することで，限られた参政権と選挙上の妥協とを正当化することが多かった寡頭支配者に結び付けて考えられるかもしれないが，公然の不一致が，民主主義的な公開性の健全なサインとしてではなく，むしろ，党派主義と不忠の産物として，もっぱら社会的無秩序を生むものと見られる傾向のあった時代，多くの同時代人がこの見解を共有したと考えうる十分な理由がある。代表を持たなかった都市が議会選挙区の地位を求めて運動したとか，代表をもつ都市がそうではない都市に対して長期の経済成長において明らかに優位にあったといった兆候は，ほとんど見られないのである。

　むしろ，選挙の軋轢が緊迫したところで，それが地方統治組織に甚大な影響をおよぼし，統治組織をしばしば機能不全とした（もちろん，それは，すでに共同体内にあった深刻な分裂を反映したものにすぎなかったという面もあるが）という多くの証拠が見られる。極端な例としては，法人格を与えられた都市がすっかり機能停止に陥り，特許状を没収されたといった例もある。この点が目立ったのは1688年にいたる10年間であった。この時期，王位継承排除危機と，それに続く，まずはトーリ反動，そしてその後のジェイムズ2世の寛容運動に王権が積極的にかかわってきたこととがあいまって，地方統治の自立性と継続性が破壊されて王権が介入してくるという事態になった。この時の王権の介入の大部分は，王権の言いなりになる議会を手に入れることをめざすものであった。それが実現可能なものであったのかどうかは，ウィリアム3世の侵略があって結論が出ていないが，この時の経験は，ウィリアムの成功を保証しただけでなく，政治的階級に深い影響を残し，彼らは政

治制度の全体的見直しといったことは考えようとはしなくなったのである[19]。

この観点からすると，後の議会改革派からするとあまりにも我田引水的と映った見方，1688年までに出現して1832年まで続いた選挙区と選挙権のパッチワーク，そして，各地域の勢力バランスのきわめて偶然的なあり方こそが，議会にとって適切な基盤なのだとする見方を，私たちはまじめに受け止める必要がある。なぜなら，それは，特許状と慣習によって承認され，また地方統治の根拠となり，（理論的にはいかに疑問があるにせよ）国を成功裏に運営するという点では良い結果をもたらしているように見える，あの地方的権利の集積の結果を表現していたからである。1830年代の事件が示すように，議会改革は，地方統治を改革し，新たな全国規模で規定された統一的な統治モデルを作り上げて，地方ごとの権利に基礎づけられた慣行と置き換えていくことに容赦なくつき進む。それはまた，議会が，個別問題に対して地域的な交渉による解決に法的支援を提供する地域法や特別法から，全国的に共通の解決を命じる共通の法へと，その代表的な立法形態を変化させるのを見ることになる[20]。

このような変化が一度起こると，代表の論理は根本的に変化した。この時点で，政党のイデオロギーと利害集団の関係も根本的に見直され，政党は，全国的に適用される立法に反映される国内政策上の諸問題に関する立場を明確にするようになった[21]。

少なくともイングランドにおいて，（例えば，アメリカ合衆国の州の立法府に比すべき）国より下位の代議制の会議体が存在しなかったということが，新しい議会主権モデルを創造した。そして，その議会主権モデルが，今日までのイギリスの経験を確かに形作ってきた。この統治形態は現在深刻なプレッシャーにさらされているので，本書で明らかにされるイギリス議会史について，何よりも他の政治体制のもとで暮らしイギリスの経験を冷静に見ることができる歴史家の目をとおして考察することは，よりいっそう有益である。

（訳　水井万里子）

注

1) D. Cannadine, "The History of Parliament: Past, Present - and Future?", *Parliamentary History*, 26 (2007), pp. 366-386; D. Hayton, "Colonel Wedgwood and the Historians", *Historical Research*, 84 (2011), pp. 328-355; David Hayton, "Sir Lewis Namier, Sir John Neale and the Shaping of the *History of Parliament*", *Parliamentary History* 32:1 (2013), pp. 187-211. 現時点での未刊行部分は 1422 〜 1504 年、1640 〜 1660 年および 1832 年以降である。
2) H. Koenigsberger, "Dominium regale or dominium politicum et regale" in his *Politicians and Virtuosi* (London, 1986), pp. 1-25; id., "Composite States, Representative Institutions and the American Revolution" in *Historical Research*, 62 (2007), pp. 135-153; J. H. Elliott, "A Europe of Composite Monarchies" *Past and Present*, no. 137 (1992), pp. 48-71; C. Russell, "Monarchies, Wars and Estates in England, France, and Spain, c. 1580-1640" in *Legislative Studies Quarterly*, vii (1982), pp. 205-220; id., "Composite Monarchies in Early Modern Europe: The British and Irish Example", in A. Grant and K. Stringer (ed.), *Uniting the Kingdom?* (London, 1995), pp. 133-146; D. Hayton et al (ed.), *The Eighteenth-century Composite State: Representative Institutions in Ireland and Europe 1689-1800* (Basingstoke, 2010).
3) P. Blickle (ed.), *Resistance, Representation and Community* (Oxford, 1997) ; M. Graves, *The Parliaments of Early Modern Europe* (New York, 2001) ; J. Swann, *Provincial Power and Absolute Monarchy: The Estates General of Burgundy, 1661-1790* (Cambridge, 2003) ; W. Beik, *Absolutism and Society in Seventeenth-Century France: State Power and Provincial Aristocracy in Languedoc* (Cambridge, 1985).
4) C. Russell, "The Nature of a Parliament in Early Stuart England" in H. Tomlinson (ed.), *Before the English Civil War* (1984), pp. 123-150; id., *The Fall of the British Monarchies, 1637-1642* (Oxford, 1991) ; id., *King James VI and I and his English Parliaments* (Oxford, 2011).
5) J. C. D. Clark, *English Society 1688-1832* (Cambridge, 1985, revised 2000) ; J. Brewer, *The Sinews of Power* (London, 1989) ; P. Langford, *Public Life and the Propertied Englishman, 1689-1798* (Oxford, 1991) ; L. Davison et al (ed.), *Stilling the Grumbling Hive* (Stroud, 1992) ; P. Harling and P. Mandler, "From 'Fiscal-Military' State to Laissez-Faire State, 1760-1850", *Journal of British Studies*, 32 (1993), pp. 44-71; P. Lawson, *Parliament and the Atlantic Empire* (Edinburgh, 1995) ; P. Gauci (ed.), *Regulating the English Economy 1660-1850* (Ashgate, 2011) ; Clyve Jones and James Kelly (ed.), *Parliament, Politics and Policy in Britain and Ireland, c. 1680-1832* (2014), also *Parliamentary History* 33: 1 (2014), notably John Beckett, "The Glorious Revolution, Parliament, and the Making of the First Industrial Nation", pp. 36-53.
6) 例えば C. Kyle and J. Peacey (ed.), *Parliament at Work* (Woodbridge, 2002).
7) G. R. Elton, *The Parliament of England 1559-1581* (Cambridge, 1986) ; D. Dean and C. Jones (ed.), *The Parliaments of Elizabethan England* (Oxford, 1990), esp. Dean,

"Parliament and Locality", pp. 139-162; D. Dean, "Devon's MPs in Elizabeth's Reign" in T. Gray et al, *Tudor and Stuart Devon* (Exeter, 1992), pp. 75-95; id., *Law-making and Society in Late Elizabethan England* (Cambridge, 1996).

8) J. Hoppit (ed.), *Parliaments, Nations and Identities in Britain and Ireland, 1660-1850* (Manchester and New York, 2003), including his "The landed interest and the national interest, 1660-1800", pp. 83-102; Joanna Innes, *Inferior Politics: Social Problems and Social Policies in Eighteenth-Century Britain* (Oxford, 2009) ; P. Gauci, *The Politics of Trade* (Oxford, 2001).

9) David Hayton (ed), *The Irish Parliament in the Eighteenth Century* (Edinburgh, 2001) ; id., "Adjustment and Integration: Scottish Representatives in the British House of Commons 1717-14" *Parliamentary History* 27:3 (2008), pp. 410-435; K. M. Brown and A.R. MacDonald (ed.), *Parliament in Context 1235-1707* (Edinburgh, 2010). For pre-1688 considerations see: L. Bowen, "Wales at Westminster", *Parliamentary History* 22:2 (2003), 107-20 and Patrick Little on Irish and Scottish representatives in the 1650s parliaments in *Parliamentary History* 23:3 (2004), pp. 336-356 and 31:3 (2012), pp. 313-351.

10) Geoffrey Elton, "Tudor Government: The Points of Contact I: Parliament" *Transactions of the Royal Historical Society* 5th ser. 24 (1974), pp. 183-200; K. Sharpe, "Crown, Parliament and Locality", *English Historical Review* (1986), pp. 321-350; R. Tittler, "Elizabethan Towns and the 'Points of Contact': Parliament" *Parliamentary History* 8 (1989), pp. 275-288.

11) S. Handley, "Provincial Influence on General Legislation", *Parliamentary History* 16:2 (1997), pp. 171-184; id., "Local Legislation for Economic and Social Development in Lancashire 1689-1731", *Parliamentary History* 9 (1990), pp. 14-37; D. Dean and C. Jones (ed.), *Parliament and Locality 1660-1939* (Edinburgh, 1998, also issue 17:1 of *Parliamentary History*), esp. D. Eastwood, "Parliament and Locality: Representation and Responsibility in Late Hanoverian England" pp. 68-81; R. Sweet, "Local Identities and a national parliament, c. 1688-1835" in Hoppit (ed.), *Parliaments, Nations and Identities*, pp. 48-63.

12) G. Haslam, "The Duchy and Parliamentary Representation in Cornwall 1547-1640", *Journal of the Royal Institution of Cornwall* 8 (1978-81), pp. 222-242; H. Kleineke, "The Widening Gap", *Parliamentary History* 23:1 (2004), pp. 121-135.

13) 有用な議論が以下にある。S. H. Beer, "The representation of interests in British government" *American Political Science Review* 51 (1957), pp. 613-650; J. R. Pole, *Political Representation in England and the Origins of the American Republic* (New York, 1966) ; P. Langford, "Property and Virtual Representation in Eighteenth-Century England" *Historical Journal* 31 (1988), pp. 83-115; J. Innes, "Representative Histories" *Journal of Historical Sociology* 4 (1991) ; J. Miller, "Representatives and Represented in England, 1660-89" *Parliaments, Estates and Representation* 15

(1995), pp. 125-132; M. Knights, *Representation and Misrepresentation in Later Stuart Britain* (Oxford, 2005) ; M. Jansson (ed.), *Realities of Representation* (Basingstoke, 2007), esp. P. Dickinson, "The Representation of the People in Eighteenth-Century Britain" pp. 19-44, P. Seaward "Parliament and the Idea of Political Accountability in Early Modern Britain" pp. 45-62 and S. Pincus, "New Approaches to Early Modern Representation", pp. 203-213.

14) Frank O'Gorman, *Voters, Patrons and Parties* (Oxford, 1989) ; Y. Aoki, "MPs and their connections to constituencies in the eighteenth century", *Parliaments, Estates and Representation* 18 (1998), pp. 71-82.

15) D. Hirst, *The Representative of the People?* (Cambridge, 1975) ; M. Kishlansky, *Parliamentary Selection* (Cambridge, 1986) ; J. Phillips, *Electoral Behaviour in Unreformed England* (Princeton, 1982).

16) N. Rogers, *Whigs and Cities* (Oxford, 1989) ; K. Wilson, *The Sense of the People* (Cambridge, 1995) ; R. Sweet, "Freemen and Independence in English Borough Politics c. 1770-1830" *Past and Present* 161 (Nov. 1998), pp. 84-115; S. Baskerville, "Elections and the Yeoman" in Dean and Jones (ed.), *Parliament and Locality*, pp. 48-57; J. Barry, "Civility and Civic Culture in Early Modern England: the Meanings of Urban Freedom", in P. Burke et al (ed.), *Civil Histories* (Oxford, 2000), pp. 181-196.

17) I. Christie, *British Non-Elite MPs 1715-1820* (Oxford, 1995).

18) J. Hoppit, "Patterns of parliamentary legislation" *Historical Journal* 39 (1996), pp. 109-131; id. (ed.), *Failed Legislation* (London, 1997) ; Innes, *Inferior Politics*.

19) P. Halliday, *Dismembering the Body Politic* (Cambridge, 1998) ; J. Innes, 'Governing Diverse Societies', in P. Langford (ed.), *The Eighteenth Century, 1688-1815* (Oxford, 2002), pp. 103-140; J. Miller, *Cities Divided* (Oxford, 2007).

20) J. Prest, *Liberty and Locality* (Oxford, 1990) ; D. Wahrman, *Imagining the Middle Class* (Cambridge, 1995) ; P. Harling, *The Waning of "Old Corruption"* (Oxford, 1996); D. Eastwood, *Government and Community in the English Provinces, 1700-1870* (Basingstoke, 1997) ; J. Innes, "Central government 'interference'" in J. Harris (ed.), *Civil Society in British History* (Oxford, 2003), pp. 39-60; P. Jupp, *The Governing of Britain, 1688-1848* (London, 2006).

21) J. Phillips, *The Great Reform Bill in the Boroughs* (Oxford, 1992) ; J. Phillips and C. Wetherell, "The Great Reform Act of 1832 and the Political Modernization of England", *American Historical Review* 100 (1995), pp. 411-436; P. Salmon, *Electoral Reform at Work: Local Politics and National Parties, 1832-1841* (Woodbridge, 2002).

人名索引

＊この人名索引は、本書の各章（「序」と「コメント」を含む）に登場する歴史上の人物については可能な限り網羅的に採るという方針で作成した。歴史研究者は拾っていない。
＊配列は、姓、名（ただし、君主、王族については、名）のアイウエオ順とし、爵位をもった貴族が爵位名で本書中に登場したなどの場合は、その別名（爵位名など）でも「見よ項」を立てて、参照すべき本項目を指示した。
＊［　］内は生没年。
＊爵位貴族や下院議員など、同定が容易な人物以外については、例えば、「ブリストル市の市長」とか「スミス、ジャリットの妻（初婚）」といったような説明を加えた。
＊人物の下院議員歴について、ウェストミンスタの議会で議員歴のある人物には、人物説明のところにMPを付した。また、1707年以前のスコットランド議会での議員歴を確認できた人物の場合はMP*とし、さらにその人物にウェストミンスタの議会でも下院議員歴があった場合にはMP*#とした。

【作成者：辻本 諭】

【ア行】

アイラ伯爵　⇒キャンベル、アーチボルド
アーガイル公爵〔第3代〕　⇒キャンベル、アーチボルド
アクランド、ジョン　John Acland ［1756-1831］　MP　　　　　　116, 118-129, 132-134
アシュリ＝クーパ、アンソニ　Anthony Ashley Cooper ［1621-83］シャフツベリ伯爵〔初代〕MP　　　　　　　　　　　　　　　　　　　　　　　　　　　　　　　　　　　　　　99
アースキン、ジェイムズ　James Erskine ［c.1678-1754］　MP　　　　　　　　　　　　71
アーニストン卿　⇒ダンダス、ロバート
アール、ジョゼフ　Joseph Earle ［c.1658-1730］　MP　　　　　　　　171, 172, 189
アルバート　⇒ザクセン＝コーブルク＝ゴータ、アルバート
アルバート・エドワード　⇒エドワード7世
アレキサンダ、ウィリアム　William Alexander（ブリジウォータ市の書記）　123, 133
アレン、ベンジャミン　Benjamin Allen ［1731-91?］　MP　　　　　　116-129, 132-134
アン　Anne ［1665-1714］（イングランド女王、スコットランド女王、グレートブリテン女王）在位 1702-07〈前二者〉, 1707-14〈後者〉　　58, 60, 62, 74, 160, 257, 266-271, 275
イェイト、ロバート　Robert Yate ［1643-1737］　MP　　　　　　　　　　　　　　189
ヴァーノン、ジェイムズ　James Vernon ［1646-1727］　MP　　　　　　　　　157, 158
ヴィア、エドワード　Edward Vere, 17th Earl of Oxford ［1550-1604］オクスフォード伯爵〔第17代〕　　　　　　　　　　　　　　　　　　　　　　　　　　　　　　　　　　261
ヴィヴィアン、リチャード　Richard Vivian ［1775-1842］　MP　　　　　　　　　　241
ヴィクトリア　Victoria ［1819-1901］（連合王国女王）在位 1837-1901
　　　　　　　　　　　　　　　　　　　　　　　　　　278-285, 287, 290, 291, 295-298
ヴィクトリア　Victoria of Saxe-Coburg and Gotha ［1840-1901］（ヴィクトリア女王の長女、ドイツ皇帝ヴィルヘルム1世の妃）　　　　　　　　　　　　　　　　　　　　　　280
ウィートリ、ヘンリ　Henry Wheatley（コーンウォル公領収税官）　　　　　　　　282
ウィリアム3世　William III/II ［1650-1702］（イングランド王、スコットランド王ウィリアム2世）在位 1689-1702　　　　　　　　　　　　　　61, 62, 66, 74, 265, 266, 270, 310

315

ウィリアム 4 世　William IV［1765-1837］（連合王国王）在位 1830-37　　　　　*279, 293*
ヴィリヤーズ，ジョージ　George Villiers［1592-1628］バッキンガム公爵〔初代〕　*18, 20, 32*
ウィルキンソン，ジョン　John Wilkinson（救命胴衣（1765 年特許取得）の発明者）　*193*
ウィルクス，ジョン　John Wilkes［1725-97］　MP　　　　　　　　　　　　　　　*173*
ウィルバーフォース，ウィリアム　William Wilberforce［1759-1833］　MP　　　　*237*
ウィルモット＝ホートン，ロバート・ジョン　Robert John Wilmot Horton［1784-1841］　MP
　　　　　　　　　　　　　　　　　　　　　　　　　　　　　　　　　　　　　238, 245
ウィレム　⇒ウィリアム 3 世
ウェア，ナサニエル　Nathaniel Ware［?-1767］（マラガ（スペイン）領事）　　　*212*
ウェッジウッド，ジョサイア・クレメント　Josiah Clement Wedgwood［1872-1943］MP　*80*
ウェリントン公爵〔初代〕　⇒ウェルズリ，アーサー
ウェルズリ，アーサー　Arthur Wellesley, 1st Duke of Wellington［1769-1852］ウェリントン公爵
　　〔初代〕（首相）在任 1828-30, 34　MP　　　　　　　*229, 233, 234, 241, 246, 283, 284*
ウォラー，エドマンド　Edmund Waller［1606-87］　MP　　　　　　　　　　　　*273*
ウォルポール，ロバート　Robert Walpole［1676-1745］（首相）在任 1721-42　MP　*77, 78*
ウォーンクリフ男爵〔初代〕　⇒ステュアート＝ウォートリ，ジェイムズ
ウルジ，トマス　Thomas Wolsey［1470/71-1530］（大法官）　　　　　　　　　　　*16*
エウァート，ウィリアム　William Ewart［1798-1869］　MP　　　　　　　　　　　*239*
エヴェレット，ジョージ　George Everett（パンフレット作家）　　　　　　　　　*165*
エクセタ侯爵　⇒コートニ，ヘンリ
エセックス伯爵〔第 2 代〕　⇒デヴァル，ロバート
エドガ，マイルズ　Miles Edgar（ライ市の市参事会員，市長）　　　　　　　　　*103*
エドワーズ，トマス（ジュニア）　Thomas Edwards, junior［1673?-1743］　MP　*170-172, 189*
エドワード 3 世　Edward III［1312-77］（イングランド王）在位 1327-77　　　　*277, 291*
エドワード 7 世　Edward VII［1841-1910］皇太子アルバート・エドワード，コーンウォル公爵
　　（連合王国王）在位 1901-10　　　　　　　　　　　　　　　　*281, 282, 291, 295, 299*
エリオット，エドワード　Edward Eliot, 3rd Earl of St Germans［1798-1877］セント・ジャーマ
　　ンズ伯爵〔第 3 代〕　MP　　　　　　　　　　　　　　　　　　　　　　　　*286, 287*
エリザベス 1 世　Elizabeth I［1533-1603］（イングランド女王）在位 1558-1603
　　　　　　　　　　　　　　　　　16, 17, 21, 23, 28, 33, 35, 55, 67, 88, 200, 260, 261, 268
エリザベス 2 世　Elizabeth II［1926-］（連合王国女王）在位 1952-　　　　　　　*296*
エリス，チャールズ・ローズ　Charles Rose Ellis, 1st Baron Seaford［1771-1845］シーフォード男
　　爵〔初代〕　MP　　　　　　　　　　　　　　　　　　　　　　　　　　*237, 238, 247*
エルドレッド，ジョン　John Eldred（すず先買請負人，シティ金融業者）　　　　　*262*
エルトン，エイブラハム（シニア）　Abraham Elton, senior［1654-1728］　MP *171, 181, 189, 191*
エルトン，エイブラハム（ジュニア）　Abraham Elton, junior［1679-1742］　MP
　　　　　　　　　　　　　　　　　　　　　　　　　　　　　　　170-172, 180, 181, 189, 191
エルトン，エイブラハム　Abraham Elton［1703-61］（ブリストル貿易協会会長，エルトン，エ
　　イブラハム，ジュニアの息子）　　　　　　　　　　　　　　　　　　　　　*183, 191*
オクスフォード伯爵〔第 17 代〕　⇒ヴィア，エドワード
オークニ伯爵〔初代〕　⇒ハミルトン，ジョージ
オグルヴィ，ジェイムズ　James Ogilvy, Viscount (later Earl of) Seafield［1663-1730］シーフィー
　　ルド子爵（1701 年に伯爵に昇爵）　MP *　　　　　　　　　　　　　　　　　*74, 75*
オズワルド，ジェイムズ　James Oswald［1715-69］　MP　　　　　　　　　　　　*79, 84*

オーフォード伯爵　⇒ラッセル，エドワード
オルソープ子爵　⇒スペンサー，ジョン［1782-1845］

【カ行】

カー，ジョン　John Ker, 1st Duke of Roxburghe［c.1680-1741］ロクスバラ公爵〔初代〕　　　78
カニング，ジョージ　George Canning［1770-1827］（首相）在任 1827　MP
　　　　　　　　　　　　　　　　　　　　　　　　　　　　　　229-233, 235-239, 241, 242, 244
カルー，バンプフィールド・ムーア　Bampfylde Moore Carew［1693-1759］（浮浪者集団の頭目，
　『カルー伝』の主人公）　　　　　　　　　　　　　　　　　　　　　　　　　　　　　199, 200
カレン，ニコラス　Nicholas Cullen（ドーヴァ市の市参事会員，市長）　　　　　　　　　97, 110
キャンベル，アーチボルド　Archibald Campbell, Earl of Ilay, 3rd Duke of Argyll［1682-1761］ア
　イラ伯爵，アーガイル公爵〔第3代〕（アーガイル公爵〔初代〕の次男）　　　　　　77, 78, 84
クイーンズベリ侯爵〔第6代〕　⇒ダグラス，チャールズ
クームズ，バーソロミュ　Bartholomew Coombes（サンドウィッチ市の市長）　　　　　　　109
クラーク，ジョン　John Clerk of Penicuik［1676-1755］（英蘇合同交渉委員）　MP＊＃　　81
クラージズ，トマス　Thomas Clarges［1617?-95］　MP　　　　　　　　　148, 150, 151, 153
クラッグズ，アン　Anne Craggs（ニュージェント，ロバートの妻）　　　　　　　　　　　187
グラッドストン，ウィリアム・エウァート　William Ewart Gladstone［1809-98］（首相）在任
　1868-74, 80-85, 86, 92-94　MP　　　　　　　　　　　　　　　　　　　　　　242, 243, 248
グラッドストン，ジョン　John Gladstone［1764-1851］　MP　　　　　　　　　　　242, 248
クラレンドン伯爵〔初代〕　⇒ハイド，エドワード
グランヴィル，ジョン　John Granville, 1st Earl of Bath［1628-1701］バース伯爵〔初代〕
　　　　　　　　　　　　　　　　　　　　　　　　　　　　　　　　　　　　　257, 265, 273
グランヴィル，バーナード　Bernard Granville［c.1670-1723］　MP　　　　　　　　　　273
クランリカド侯爵〔初代〕　⇒ド・バラ，ユーリック
クリース，ヘンリ　Henry Crease［?-1862］（海軍士官）　　　　　　　　　　　　　288, 289
クリスプ，ニコラス　Nicholas Crisp［c.1598-1666］　MP　　　　　　　　　　　　　　　263
クリューガー，ヘンリ　Henry Cruger［1739-1827］　MP　　　　　　　　　171-173, 186, 189
グールバーン，ヘンリ　Henry Goulburn［1784-1856］　MP　　　　　　　　　　　　233, 234
クレア子爵　⇒ニュージェント，ロバート
グレイ，チャールズ　Charles Grey, 2nd Earl Grey［1764-1845］グレイ伯爵〔第2代〕（首相）在
　任 1830-34　MP　　　　　　　　　　　　　　　　　　　　　　　　229, 233-236, 240, 241
グレイ，ヘンリ　Henry Grey, Viscount Howick, 3rd Earl Grey［1802-94］ハーウィック子爵，グレ
　イ伯爵〔第3代〕（グレイ伯爵〔第2代〕の長男）　MP　　　　　　　　　　　239-242, 247
グレイアム，ジェイムズ　James Graham［1792-1861］　MP　　　　　　　　　　　284, 297
グレイ伯爵〔第2代〕　⇒グレイ，チャールズ
グレンヴィル，ジョージ　George Grenville［1712-70］（首相）在任 1763-65　MP
　　　　　　　　　　　　　　　　　　　　　　　　　　　　　　　　　121, 123, 132, 183-187
クロスフィールド，ロバート　Robert Crosfeild（パンフレット作家）　　　　　　　　　147
クロムウェル，オリヴァ　Oliver Cromwell［1599-1658］　MP　　　　　　　　　　　62, 220
クロムウェル，トマス　Thomas Cromwell［by 1485-1540］　MP　　　　　　　　　　16, 34
ゲージ，トマス　Thomas Gage, 1st Viscount Gage［c.1695-1754］ゲージ子爵〔初代〕　MP　179
ゲージ子爵〔初代〕　⇒ゲージ，トマス
ゴア，アラベラ　Arabella Gore［1703-48］（スミス，ジャリットの義妹）　　　　　　　176

ゴア, エドワード　Edward Gore（スミス, ジャリットの義理の甥）	176
コウバーン, ジョン　John Cockburn [c.1679-1758]　MP	220
コートニ, ヘンリ　Henry Courtenay, 1st Marquess of Exeter [1498/99-1538] エクセタ侯爵	16, 34, 256
コスター, アストリーア　Astrea Coster [1698-1738]（コスター, トマスの妻）	178
コスター, トマス　Thomas Coster [1684-1739]　MP	171, 172, 174, 178, 179, 189
ゴダリッチ子爵〔初代〕⇒ロビンソン, フレデリック・ジョン	
ゴドルフィン, シドニ　Sidney Godolphin [1645-1712]　MP	257, 260, 268, 271, 272, 275
ゴドルフィン, チャールズ　Charles Godolphin [c.1650-1720]　MP	265, 270
ゴドルフィン, フランシス　Francis Godolphin [1605-67]　MP	275
コープリ, ジョン　John Copley, Baron Lyndhurst [1772-1863] リンドハースト男爵　MP	283
コルストン, エドワード　Edward Colston [1636-1721]　MP	189
コルベット, アンドルー　Andrew Corbet（すず硬貨鋳造請負人）	265
コーンウォル公爵　⇒プランタジネット, エドワード	
コーンウォル公爵　⇒ステュアート, ヘンリ・フレデリック	
コーンウォル公爵　⇒チャールズ1世	
コーンウォル公爵　⇒エドワード7世	
コーンウォル伯爵〔初代〕⇒プランタジネット, リチャード	

【サ行】

サウスウェル, エドワード　Edward Southwell [1705-55]　MP	171, 172, 189
サウスウェル, ロバート　Robert Southwell [1635-1702]　MP	273
ザクセン＝コーブルク＝ゴータ, アルバート　Albert of Saxe-Coburg and Gotha [1819-61]（ヴィクトリア女王の夫君）	277, 278, 280-287, 289-297
サックヴィル, トマス　Thomas Sackville [1535/36-1608] ドーセット伯爵〔初代〕MP	260-262, 274
サマセット公爵〔初代〕⇒シーモア, エドワード [c.1500-52]	
サンクロフト, ウィリアム　William Sancroft [1617-93]（カンタベリ大主教）	109
サンダーランド伯爵〔第2代〕⇒スペンサー, ロバート	
サンダーランド伯爵〔第3代〕⇒スペンサー, チャールズ	
サンドン子爵　⇒ライダー, ダドリ	
シェイクスピア, ウィリアム　William Shakespeare [1564-1616]（劇作家, 詩人）	200
ジェイムズ1世　James I/VI [1566-1625]（イングランド王, スコットランド王ジェイムズ6世）在位 1603-25〈前者〉, 1567-1625〈後者〉	18, 35, 61, 66, 67, 260-263
ジェイムズ2世　James II/VII [1633-1701]（イングランド王, スコットランド王ジェイムズ7世）在位 1685-88	62, 85, 90, 91, 93, 95, 103-107, 111, 131, 265, 266, 270, 310
ジェンキンズ, レオライン　Leoline Jenkins [1625-85]　MP	109
ジェンキンソン, ロバート　Robert Jenkinson, 2nd Earl of Liverpool [1770-1828] リヴァプール伯爵〔第2代〕(首相) 在任 1812, 12-27　MP	229, 231, 238, 239
シーザー, ジュリアス　Julius Caesar [1558-1636]　MP	274
シデナム男爵〔初代〕⇒プーレット＝トムソン, チャールズ	
シドニ, フィリップ　Philip Sidney, 1st Baron De Lisle and Dudley [1800-51] ダライル男爵〔初代〕MP	282
シーフィールド子爵　⇒オグルヴィ, ジェイムズ	

シーフォード男爵〔初代〕⇒エリス，チャールズ・ローズ
シーモア，エドワード　Edward Seymour, 1st Duke of Somerset［c.1500-52］サマセット公爵（初代）　20
シーモア，エドワード　Edward Seymour［1633-1708］MP　151
シーモア，チャールズ　Charles Seymour［aft.1679-1740］MP　259, 273
シーモア，ヘンリ　Henry Seymour［1674-1714］MP　258, 273
シーモア＝コンウェイ，フランシス・チャールズ　Francis Charles Seymour Conway, 3rd Marquess of Hertford［1777-1842］ハートフォード侯爵〔第3代〕MP　282, 283, 291
ジャーヴィス，エドワード　Edward Jervis, 2nd Viscount St Vincent［1767-1859］セント・ヴィンセント子爵〔第2代〕　246
シャフツベリ伯爵〔初代〕⇒アシュリ＝クーパ，アンソニ
ジャンセン，セオドア　Theodore Janssen［c.1654-1748］MP　269
シュルーズベリ公爵　⇒タルボット，チャールズ
ジョージ1世　George I［1660-1727］（グレートブリテン王）在位 1714-27　170, 275
ジョージ3世　George III［1738-1820］（グレートブリテン王，連合王国王）在位 1760-1800〈前者〉, 1801-20〈後者〉　114, 277, 278
ジョージ4世　George IV［1762-1830］（連合王国王）在位 1820-30　293
シーリ，エドワード　Edward Sealy（ブリジウォータ市のキャピタル・バージェス）　128
スクロープ，ジョン　John Scrope［c.1662-1752］MP　171, 172, 189
スコット，ウィリアム　William Scott, Baron Stowell［1745-1836］ストウェル男爵　MP　141
スコット，ジェイムズ　James Scott, Duke of Monmouth［1649-85］モンマス公爵　99, 131
スコーブル，フランシス　Francis Scobell［1664-1740］MP　258, 268
スコーブル，ヘンリ　Henry Scobell（スタネイタ）　268
スタンプ，トマス　Thomas Stampe（聖職者）　174
スタンリ，エドワード・スミス　⇒スミス＝スタンリ，エドワード・ジョージ・ジョフリ
ステア子爵〔初代〕⇒ダルリンプル，ジェイムズ［1619-95］
ステア子爵〔第2代〕⇒ダルリンプル，ジョン［1648-1707］
スティーヴン，ジェイムズ　James Stephen［1758-1832］MP　247
ステップニ，ジョージ　George Stepney［1663-1707］（外交官）　157
ステュアート，ジェイムズ　James Stewart, 1st Earl of Bute［bef.1666-1710］ビュート伯爵〔初代〕MP*　74, 75
ステュアート，チャールズ・エドワード　Charles Edward Stuart［1720-88］（ジェイムズ2世／7世の孫）（ボニー・チャーリー）　177
ステュアート，パトリック・マクスウェル　Patrick Maxwell Stewart［1795-1846］MP　235, 239
ステュアート，ヘンリ・フレデリック　Henry Frederick Stuart, Duke of Cornwall［1594-1612］コーンウォル公爵（ジェイムズ1世／6世の長男）　18
ステュアート＝ウォートリ，ジェイムズ・アーチボルド　James Archibald Stuart Wortley, 1st Baron Wharncliffe［1776-1845］ウォーンクリフ男爵〔初代〕MP　286, 287
ストウェル男爵　⇒スコット，ウィリアム
ストウクス，ウィリアム　William Stokes［1624-91］MP　97, 110
ストリクランド，ウィリアム　William Strickland［c.1686-1735］MP　220
ストロウド，ジョージ　George Strode［?-1663］（ロンドン商人）　90
ストロウド，ジョン　John Strode［1627-86］MP　89-93, 95-98, 100-104, 106, 108-111
スプラッグ，エドワード　Edward Spragge［?-1673］MP　93

人名索引 | 319

スペンサー, ジョン　John Spencer［1734-83］　MP　　　　　　　　　　　　　　　　　　　*171, 173*
スペンサー, ジョン・チャールズ　John Charles Spencer, Viscount Althorp, 3rd Earl Spencer
　　［1782-1845］オルソープ子爵, スペンサー伯爵〔第3代〕（スペンサー伯爵〔第2代〕の長男）
　　MP　　　　　　　　　　　　　　　　　　　　　　　　　　　　　　　　　　*235, 236, 238*
スペンサー, チャールズ　Charles Spencer, 3rd Earl of Sunderland［1675-1722］サンダーランド
　　伯爵〔第3代〕　MP　　　　　　　　　　　　　　　　　　　　　　　　　　　　　　　　*70*
スペンサー, ロバート　Robert Spencer, 2nd Earl of Sunderland［1641-1702］サンダーランド伯
　　爵〔第2代〕　　　　　　　　　　　　　　　　　　　　　　　　　　　　　　　　　　　*111*
スマイズ, アン　Ann Smyth［1693-1761］（スミス, ジャリットの義姉）　　　　　　　　　　*176*
スマイズ, ジョン　John Smyth［1699-1741］（スミス, ジャリットの義兄, ジェントリ）
　　　　　　　　　　　　　　　　　　　　　　　　　　　　　　　　　　　　　174, 176, 190
スマイズ, フロレンス　Florence Smyth［1701-67］（スミス, ジャリットの妻（再婚））
　　　　　　　　　　　　　　　　　　　　　　　　　　　　　174, 175, 178, 182, 187, 188, 190
スミス, ウィリアム　William Smith［1756-1835］　MP　　　　　　　　　　　　　　*237, 238*
スミス, エリザベス　Elizabeth Smith［1696- ?］（スミス, ジャリットの義姉）　　　　　　　*190*
スミス, ジェラード　Gerard Smith（ジャコバイト）　　　　　　　　　　　　　　　　　　*190*
スミス, ジャリット　Jarirt Smith［1691?-1783］　MP　　　　　　*169-171, 173-182, 184-191*
スミス, ジョン　John Smith（スミス, ジャリットの父, 石鹸製造業者）　　　　　　　　　　*174*
スミス, ジョン　John Smith（スミス, ジャリットとスミス, マーサとの間の息子）　　　　　*190*
スミス, ジョン・ヒュー　John Hugh Smith［1734-1802］（スミス, ジャリットの長男）　　*177*
スミス, トマス　Thomas Smith［1740-1800］（スミス, ジャリットの次男）　　　　　　　*177*
スミス, マーサ　Martha Smith（スミス, ジャリットの妻（初婚））　　　　　　　　　　　　*174*
スミス, マーサ　Martha Smith（スミス, ジャリットとスミス, マーサとの間の娘）　　　　*190*
スミス, リチャード　Richard Smith（コーンウォル公領財政官）　　　　　　　　　　　　*262*
スミス＝スタンリ, エドワード・ジョージ・ジョフリ　Edward George Geoffrey Smith Stanley,
　　14th Earl of Derby［1799-1869］ダービ伯爵〔第14代〕（首相）在任 1852, 1858-59, 1866-68
　　MP　　　　　　　　　　　　　　　　　　　　　　　　　　　　　　　　　　*240-243, 284*
スラニング, ニコラス　Nicholas Slanning［1643-91］　MP　　　　　　　　　　　　　　*273*
セシル, ウィリアム　William Cecil, Baron Burghley［1520/21-98］バーリ男爵　MP　　*261*
セシル, ロバート　Robert Cecil, 1st Earl of Salisbury［1563-1612］ソールズベリ伯爵〔初代〕
　　MP　　　　　　　　　　　　　　　　　　　　　　　　　　*17, 18, 31, 33-35, 261*
セドグリ, サミュエル　Samuel Sedgley（ブリストル市の市長）　　　　　　　　　　　　*186*
セント・ヴィンセント子爵〔第2代〕⇒ジャーヴィス, エドワード
セント・ジャーマンズ伯爵〔第3代〕⇒エリオット, エドワード
セント・ロー, ジョージ　George St. Lo［1655-1718］　MP　　　　　　　　　*147, 151, 165*
ソールズベリ伯爵〔初代〕⇒セシル, ロバート

【タ行】

ダグラス, ウィリアム・ロバート・キース　William Robert Keith Douglas［1783-1859］　MP
　　　　　　　　　　　　　　　　　　　　　　　　　　　　　　　　　　　234, 235, 237, 239
ダグラス, チャールズ　Charles Douglas, 6th Marquis of Queensbury［1777-1837］クイーンズベ
　　リ侯爵〔第6代〕　　　　　　　　　　　　　　　　　　　　　　　　　　　　　　*246, 248*
タッカー, ジョサイア　Josiah Tucker［1713-99］（政治・経済著作家）　　　　　　　　*173*
ダニング, ジョン　John Dunning（ブリジウォタ市のキャピタル・バージェス）　*129, 130, 135*

ダービ伯爵〔第14代〕⇒スミス=スタンリ,エドワード・ジョージ・ジョフリ
ダライル男爵〔初代〕⇒シドニ,フィリップ
タルボット,チャールズ　Charles Talbot, Duke of Shrewsbury［1660-1718］シュルーズベリ公爵
　　157
ダルリンプル,ウィリアム　William Dalrymple［1678-1744］MP　　　　　　　　　　76
ダルリンプル,ジェイムズ　James Dalrymple, 1st Viscount Stair［1619-95］ステア子爵〔初代〕
　MP*　　　　　　　　　　　　　　　　　　　　　　　　　　　　　　　　　74-76
ダルリンプル,ジェイムズ　James Dalrymple［1692-1751］（ダルリンプル,デイヴィドの長男）
　MP　　　　　　　　　　　　　　　　　　　　　　　　　　　　　　　　　　　76
ダルリンプル,ジョージ　George Dalrymple［1680-1745］（ステア子爵〔第2代〕の五男）　MP*
　　　　　　　　　　　　　　　　　　　　　　　　　　　　　　　　　　　　　　　76
ダルリンプル,ジョン　John Dalrymple, 2nd Viscount Stair［1648-1707］ステア子爵〔第2代〕
　MP*　　　　　　　　　　　　　　　　　　　　　　　　　　　　　　　　　　76
ダルリンプル,ジョン　John Dalrymple［aft.1699-1742］（陸軍士官,ダルリンプル,ウイリアム
　の次男）MP　　　　　　　　　　　　　　　　　　　　　　　　　　　　　　　76
ダルリンプル,デイヴィド　David Dalrymple［1665-1721］MP*#　　　　　　　　　　76
ダルリンプル,ヒュー　Hew Dalrymple［1652-1737］（スコットランド民事上訴裁判所長）　MP*
　　　　　　　　　　　　　　　　　　　　　　　　　　　　　　　　　　　　　　　76
ダルリンプル,ヒュー　Hew Dalrymple［1712-90］MP　　　　　　　　　　　　　　76
ダレル,ジョン　John Darell［1645-94］MP　　　　　　　　　　　　　　　　　　148
ダンコウム,チャールズ　Charles Duncombe［1648-1711］MP　　　　　　　　　　265
ダンダス,ヘンリ　Henry Dundas, 1st Viscount Melville［1742-1811］メルヴィル子爵〔初代〕
　MP　　　　　　　　　　　　　　　　　　　　　　　　　　　　　　　　　　　78
ダンダス,ロバート　Robert Dundas, Lord Arniston［1685-1753］アーニストン卿　MP　77, 78, 84
チャーチル,ジョン　John Churchill, 1st Duke of Marlborough［1650-1722］マールバラ公爵〔初
　代〕MP　　　　　　　　　　　　　　　　　　　　　　　　　　　　　　257, 268
チャブ,ジョナサン　Jonathan Chubb（ブリジウォータ市の商人）　　　　　　　　　133
チャブ,ジョン　John Chubb（ブリジウォータ市のキャピタル・バージェス）
　　　　　　　　　　　　　　　　　　　　117, 118, 123, 124, 130, 132, 133, 135
チャムリ,ジョージ　George Cholmondeley, Viscount Malpas［1703-70］マルパス子爵　MP
　　　　　　　　　　　　　　　　　　　　　　　　　　　　　　　　　　　　　　220
チャールズ1世　Charles I［1600-49］コーンウォル公爵（イングランド王,スコットランド王）
　在位 1625-49　　　　　　　　　　　　　　　　　　　　　　　　18, 263, 278, 296
チャールズ2世　Charles II［1630-85］（イングランド王,スコットランド王）在位 1660-85
　　　　　　　　　　　　　　　　　　62, 85, 90, 95-101, 103-108, 110, 111
チャールズ　Prince Charles［1948-］皇太子（エリザベス2世の長男）　　　　295, 296
チャンドス侯爵　⇒テンプル=ニュージェント=ブリッジズ=チャンドス=グレンヴィル,リチャ
　ード・プランタジネット
チャンピオン,リチャード　Richard Champion［1743-91］（ブリストル市の貿易商人）
　　　　　　　　　　　　　　　　　　　　　　　　　　　　　　　　170, 181, 186
テイラー,ヘンリ　Henry Taylor［1800-86］（植民省事務官）　　　　　　　　　　247
デインズ,ウィリアム　William Daines［c.1656-1724］MP　　　　　　171, 172, 189
デヴァル,ロバート　Robert Devereux, 2nd Earl of Essex［1565-1601］エセックス伯爵〔第2代〕
　　　　　　　　　　　　　　　　　　　　　　　　　　　　　　　　　　　　31, 33

テンプル＝ニュージェント＝ブリッジズ＝チャンドス＝グレンヴィル，リチャード　Richard Temple Nugent Brydges Chandos Grenville, 1st Duke of Buckingham & Chandos ［1776-1839］バッキンガム＝チャンドス公爵〔初代〕MP　　　　　　　　　　　　　　　　　　　246

テンプル＝ニュージェント＝ブリッジズ＝チャンドス＝グレンヴィル，リチャード・プランタジネット　Richard Plantagenet Temple Nugent Brydges Chandos Grenville, Marquis of Chandos, 2nd Duke of Buckingham & Chandos ［1797-1861］チャンドス侯爵，バッキンガム＝チャンドス公爵〔第2代〕（バッキンガム＝チャンドス公爵〔初代〕の長男）MP
　　　　　　　　　　　　　　　　　　　　　　　　　　　　　　　　233, 235, 239, 246, 248

ド・バラ，ユーリック　Ulick de Burgh, 1st Marquess of Clanricarde ［1802-74］クランリカド侯爵〔初代〕　　　　　　　　　　　　　　　　　　　　　　　　　　　　　　288

ド・コタンタン，アンヌ・イラリオン　Anne Hilarion de Cotentin, Comte de Tourville ［1642-1701］トゥルヴィル伯爵（フランス海軍提督）　　　　　　　　　　　　　　　　　　　145

トゥルヴィル伯爵　⇒ド・コタンタン，アンヌ・イラリオン

ドーブニ，ジョージ　George Daubeny ［1742-1806］ MP　　　　　　172, 179, 189

ドーブニ，ジョージ　George Daubeny（ブリストル市の貿易業者・精糖業者）　　178-180

ドラモンド，ジョン　John Dramond（シティ金融業者）　　　　　　　　　　269

トリロニ，ジョナサン　Jonathan Trelawney ［1650-1721］（エクセタ主教）　257, 273

トリロニ，ジョン　John Trelawny ［1816-85］ MP　　　　　　287, 290-293

トンキン，トマス　Thomas Tonkin ［1678-1742］ MP　　　　　　　　　　276

【ナ行】

ニューカースル公爵〔第5代〕⇒ペラム＝クリントン，ヘンリ

ニュージェント，ジョージ　George Nugent ［1757-1849］ MP　　　　　　238

ニュージェント，ロバート　Robert Nugent ［1709-88］クレア子爵 MP　171-173, 182-189, 192

ニュートン，アイザック　Isaac Newton ［1642-1727］ MP　　　　269, 271, 276

ノース，フレデリック　Frederick North ［1732-92］（首相）在任 1770-82　MP
　　　　　　　　　　　　　　　　　　　　　　　　　　　　116, 117, 123, 131

ノリス，ジョン　John Norris ［c.1670-1749］ MP　　　　　　　　　　　220

【ハ行】

ハイド，エドワード　Edward Hyde, 1st Earl of Clarendon ［1609-74］クラレンドン伯爵〔初代〕MP　　　　　　　　　　　　　　　　　　　　　　　　　　　　　91

ハイド，ヘンリ　Henry Hyde ［1672-1753］ MP　　　　　　　　　　258, 273

ハイド，ローレンス　Laurence Hyde, 1st Earl of Rochester ［1642-1711］ロチェスタ伯爵〔初代〕MP　　　　　　　　　　　　　　　　　　　　　　　　　　　159

ハーウィック子爵　⇒グレイ，ヘンリ

バーク，エドマンド　Edmund Burke ［1729/30-97］ MP　　　　170-173, 189, 307

バクストン，トマス・フォウェル　Thomas Fowell Buxton ［1786-1845］ MP
　　　　　　　　　　　　　　　　　　229-231, 235-237, 239-241, 243, 248

バサースト，ヘンリ　Henry Bathurst, 3rd Earl Bathurst ［1762-1834］バサースト伯爵〔第3代〕MP　　　　　　　　　　　　　　　　　　　　　　　　　　231, 232

バサースト伯爵〔第3代〕⇒バサースト，ヘンリ

バージ，ウィリアム　William Burge ［c.1786-1849］ MP　　　　　　　235, 248

バース伯爵〔初代〕⇒グランヴィル，ジョン

ハスキソン, ウィリアム	William Huskisson [1770-1830] MP	239

バッキンガム公爵〔初代〕 ⇒ヴィリヤーズ, ジョージ
バッキンガム=チャンドス公爵〔初代〕 ⇒テンプル=ニュージェント=ブリッジズ=チャンドス
 =グレンヴィル, リチャード

バックワース, ジョン	John Buckworth（すず硬貨鋳造請負人）	265

ハードウィック伯爵〔初代〕 ⇒ヨーク, フィリップ
ハートフォード侯爵〔第3代〕 ⇒シーモア=コンウェイ, フランシス

バーナード, ジョン	John Barnard [c.1685-1764] MP	220
バーナル, ラルフ	Ralph Bernal [1784-1854] MP	237, 239
ハニング, ジョン	John Hanning（ドーセット州治安判事）	203
ハーバート, ウィリアム	William Herbert, 3rd Earl of Pembroke [1580-1630] ペンブルック伯爵〔第3代〕	17, 18, 20, 32, 34
ハービィ, ジョブ	Job Harby（すず先買請負人, 関税徴収請負人）	263, 264
パピヨン, トマス	Thomas Papillon [1623-1702] MP	110
パーマー, トマス	Thomas Palmer [1685?-1735] MP	116
ハーマン, トマス	Thomas Harman [fl.1547-67]（浮浪者に関する画期的な著作をのこした人物）	200, 201
ハミルトン, ジョージ	George Hamilton, 1st Earl of Orkney [1666-1737] オークニ伯爵〔初代〕	74, 75
ハミルトン, ジョン	John Hamilton, 1st Earl of Ruglen [1665-1744] ラグレン伯爵〔初代〕	74, 75

バーリ男爵 ⇒セシル, ウィリアム

パルマー, チャールズ・ニコラス	Charles Nicholas Pallmer [1772-1848]（西インドプランター）MP	245
バレット, ポール	Paul Barret [1633-85] MP	110
ハワード, ジョージ・ウィリアム・フレデリック	George William Frederick Howard, Viscount Morpeth, 7th Earl of Carlisle [1802-64] モーペス子爵, カーライル伯爵〔第7代〕（カーライル伯爵〔第6代〕の長男）MP	239
ピット, ウィリアム（大ピット）	William Pitt [1708-78]（首相）在任 1766-68 MP	184, 186
ピット, ウィリアム（小ピット）	William Pitt [1759-1806]（首相）在任 1783-1801, 04-06 MP	78

ビュート伯爵〔初代〕 ⇒ステュアート, ジェイムズ

ヒューム, ジョゼフ	Joseph Hume [1777-1855] MP	291, 292, 294
ヒューム, デイヴィド	David Hume [1711-76]（哲学者）	79
ヒューム, パトリック	Patrick Hume, Baron of Polwarth, 1st Earl of Marchmont [1641-1724] ポルワース男爵, マーチモント伯爵〔初代〕（1697年に伯爵に昇格）MP*	62, 74, 75
ヒル, ジョン	John Hill [?-1735] MP	273
ピール, ロバート	Robert Peel [1788-1850]（首相）在任 1834-35, 41-46 MP	229, 233, 234, 237, 239, 281-290, 292-295, 297, 298
ファー, トマス	Thomas Farr（ブリストル市の商人）	186
ファーレル, ジョゼフ	Joseph Farrell（ブリストル市の商人）	178, 179, 186
ファグ, ジョン	John Fagg [1627-1701] MP	148

ファルマス伯爵〔第2代〕 ⇒ボスコーエン, ジョージ

フィリップス, ジョン	John Philipps [1701?-64] MP	171, 173
フェルプス, ジョン	John Phelps（ブリジウォータ市のキャピタル・バージェス）	128, 129, 134

フェルプス,トマス　Thomas Phelps（ブリジウォータ市のキャピタル・バージェス）
　　　　　　　　　　　　　　　　　　　　　　　　　　　　　　　121, 123, 128, 133, 134
フォックス,チャールズ・ジェイムズ　Charles James Fox ［1749-1806］　MP
　　　　　　　　　　　　　　　　　　　　　　　　117-120, 123, 124, 126-130, 132-134
ブライアント,ロバート　Robert Bryant（ブリジウォータ市のキャピタル・バージェス）129, 134
ブライト,ヘンリ　Henry Bright ［1784-1869］　MP　　　　　　　　　　　　　　　237
ブラウン,ゴードン　［1951-］（首相）在任 2007-10　MP　　　　　　　　　　　　　79
プラムリッジ,ジェイムズ・ハンウェイ　James Hanway Plumridge ［1787-1863］　MP　　288
プランタジネット,エドワード　Edward Plantagenet, Duke of Cornwall ［1330-76］コーンウォル
　　公爵（エドワード3世の長男）　　　　　　　　　　　　　　　　　　　　　　　277
プランタジネット,リチャード　Richard Plantagenet, 1st Earl of Cornwall ［1209-72］コーンウォ
　　ル伯爵〔初代〕　　　　　　　　　　　　　　　　　　　　　　　　　　　　　277
フリーク,フィリップ　Philip Freke（ブリストル市選挙区下院議員候補者）　　170-172
ブリックデール,ジョン　John Brickdale（ブリストル市の商人）　　　　　　178, 179
ブリックデール,マシュー　Matthew Brickdale ［1735-1831］　MP　　171-173, 179, 189
プリムローズ,アーチボルド　Archibald Primrose, 1st Earl of Rosebury ［1664-1723］ローズベリ
　　伯爵〔初代〕　MP*　　　　　　　　　　　　　　　　　　　　　　　　　　　75
ブルースター,フランシス　Francis Brewster（パンフレット作家）　　　　　　　156
ブルーム,ヘンリ　Henry Brougham ［1778-1868］　MP　　　　　　　　　　　232, 237
フレッチャ,アンドルー　Andrew Fletcher ［1655-1716］（思想家）　MP*　　　　81
フレッチャ,アンドルー　Andrew Fletcher, Lord Milton ［1691/92-1766］ミルトン卿（スコット
　　ランド民事上訴裁判所次長）　　　　　　　　　　　　　　　　　　　　　　77, 84
プーレット,アン　Anne Poulett ［1711-85］　MP　　　　116-125, 127-129, 132-134
プーレット,ヴィア　Vere Poulett, 3rd Earl Poulett ［1710-88］プーレット伯爵〔第3代〕　MP
　　　　　　　　　　　　　　　　　　　　　　　　115-120, 122-130, 132-135
プーレット,ジョン　John Poulett, 2nd Earl Poulett ［1708-64］プーレット伯爵〔第2代〕　131
プーレット,ジョン　John Poulett, 4th Earl Poulett ［1756-1819］プーレット伯爵〔第4代〕　131
プーレット＝トムソン,チャールズ・エドワード　Charles Edward Poulett Thompson, 1st Baron
　　Sydenham ［1799-1841］シデナム男爵〔初代〕　MP　　　　　　　　　　　　235
プーレット伯爵〔第2代〕　⇒プーレット,ジョン ［1708-64］
プーレット伯爵〔第3代〕　⇒プーレット,ヴィア
プーレット伯爵〔第4代〕　⇒プーレット,ジョン ［1756-1819］
ヘアウッド伯爵〔第2代〕　⇒ラセルズ,ヘンリ
ベアリング,アレクサンダ　Alexander Baring ［1773-1848］　MP　　　235, 237, 238, 244
ベアリング,フランシス　Francis Baring ［1740-1810］　MP　　　　　　　　　　238
ベアリング,フランシス　Francis Baring ［1796-1866］　MP　　　　　　　　　　280
ベイコン,フランシス　Francis Bacon ［1561-1626］　MP　　　　　　　　　　18, 35
ヘイルズ,エドワード　Edward Hales ［1645-95］　MP　　　　　　　　　　　105, 111
ベックフォード,リチャード　Richard Beckford ［1712-56］　MP　　171, 173, 176, 179, 188, 189
ヘッジズ,チャールズ　Charles Hedges ［1650-1714］　MP
　　　　　　　　　　　　　　　　　　　　　　144, 149, 154, 157, 159, 160, 166, 167, 273
ベドフォード伯爵〔初代〕　⇒ラッセル,ジョン ［c. 1485-1554/55］
ベドフォード伯爵〔第2代〕　⇒ラッセル,フランシス
ペラム＝クリントン,ヘンリ　Henry Pelham Clinton, Earl of Lincoln, 5th Duke of Newcastle

324　人名索引

[1811-64] リンカン伯爵，ニューカースル公爵〔第5代〕（ニューカースル公爵〔第4代〕の長男）　MP　　　　　　　　　　　　　　　　*282, 283, 285-289, 291, 292, 295, 298*
ヘリーズ，ジョン・チャールズ　John Charles Herries［1778-1855］MP　　　　*234*
ペンバートン，トマス　Thomas Pemberton［1793-1867］MP　　*281, 283, 286, 287, 289, 291*
ペンブルック伯爵〔第3代〕⇒ハーバート，ウィリアム
ヘンリ，パトリック　Patrick Henry［1736-99］（アメリカ独立革命の指導者，ヴァージニア州知事）　　　　　　　　　　　　　　　　　　　　　　　　　　　　　　　　　　　*1*
ヘンリ3世　Henry III［1207-72］（イングランド王）在位 1216-72　　　　　　*277*
ヘンリ5世　Henry V［1387-1422］（イングランド王）在位 1413-22　　　　　　*277*
ヘンリ8世　Henry VIII［1491-1547］（イングランド王）在位 1509-47　　*16, 20, 200, 277*
ホア，ジェイムズ　James Hoare（造幣局役人）　　　　　　　　　　　　　　*264, 265*
ボイル，デイヴィド　David Boyle, Baron Boyle, Earl of Glasgow［1666-1733］ボイル男爵〔初代〕（1703年にグラスゴー伯爵に昇爵）　MP＊　　　　　　　　　　　　　　　　　*74, 75*
ボイル男爵　⇒ボイル，デイヴィド
ボスコーエン，ジョージ　George Boscawen, 2nd Earl of Falmouth［1811-52］ファルマス伯爵〔第2代〕MP　　　　　　　　　　　　　　　　　　　　　　　　　　　　　　*286, 287*
ボスコーエン，ヒュー　Hugh Boscawen［c.1680-1734］MP　　*258, 265, 266, 268, 271*
ボディントン，ジョージ　George Boddington［1675-1759］（レヴァント会社選出のスミルナ領事）
　　　　　　　　　　　　　　　　　　　　　　　　　　　　　　　　　　　211, 221
ホープ，チャールズ　Charles Hope, 1st Earl of Hopetoun［1681-1742］ホープトン伯爵〔初代〕MP＊　　　　　　　　　　　　　　　　　　　　　　　　　　　　　　　　　　*75*
ホプキンズ，リチャード　Richard Hopkins［?-1736］MP　　　　　　　　　　　*209*
ホープトン伯爵〔初代〕⇒ホープ，チャールズ
ホブリン，ロバート　Robert Hoblyn［1710-56］MP　　　　　*171-173, 178, 179, 190*
ポリー，ヘンリ　Henry Poley［c.1653-1707］MP　　　　　　　　　　　　　*259, 273*
ポルワース男爵　⇒ヒューム，パトリック

【マ行】

マコーリ，ザハリ　Zachary Macaulay［1768-1838］MP　　　　　　　　　　　*239*
マーチモント伯爵〔初代〕⇒ヒューム，パトリック
マッキントッシュ，ジェイムズ　James Mackintosh［1765-1832］MP　　　　　*245*
マナリング，アーサー　Arthur Maynwaring［1668-1712］MP　　　　　　　　*273*
マニング，ウィリアム　William Manning［1763-1835］MP　　　　　　　　*237, 238*
マリア，アンリエッタ　Henrietta Maria［1609-69］（チャールズ1世の妃）　　　　*263*
マリー，ジョージ　George Murray［1772-1846］MP　　　　　　　　　　*239, 246*
マールバラ公爵〔初代〕⇒チャーチル，ジョン
マルヤット，ジョゼフ　Joseph Marryat［1757-1824］MP　　　　　　　*235, 237, 239*
ミッチェル，アンドルー　Andrew Mitchell［1708-71］MP　　　　　　　　　*78, 79*
ミラー，マイケル　Michael Miller（ブリストル市の商人）　　　　　　　　*176, 181*
ミルズ，ジェイムズ　James Mills（ブリジウォータ市のキャピタル・バージェス）　*128, 135*
ミルトン卿　⇒フレッチャ，アンドルー［1691/92-1766］
メアリ　Mary［1542-87］（スコットランド女王）在位 1542-67　　　　　　　　　*67*
メアリ1世　Mary I［1516-58］（イングランド女王）在位 1553-58　　　　　　　*17*
メアリ2世　Mary II［1662-94］（イングランド女王，スコットランド女王）在位 1689-94

		66, 74, 165, 266
メイヒュー，ヘンリ　Henry Mayhew［1812-87］（社会改良家，著作家）		219
メイヤーズ，ジョン・ポラード　John Pollard Mayers［c.1777-1853］（バルバドス植民地エージェント）		248
メルヴィル子爵〔初代〕　⇒ダンダス，ヘンリ		
メルバーン子爵〔第2代〕　⇒ラム，ウィリアム		
モア，トマス　Thomas More［1478-1535］　MP		200
モー，ニールス　Niels Moe（クリスティアンサン（ノルウェー）副領事）		212, 213
モス，ジョン　John Moss［1782-1858］（西インドプランター）		242
モーペス子爵　⇒ハワード，ジョージ・ウィリアム・フレデリック		
モリス，ハンフリ　Humphry Morrice［c.1671-1731］　MP		220
モリニュークス，サミュエル　Samuel Molyneux［1689-1728］　MP		220
モンマス公爵　⇒スコット，ジェイムズ		

【ヤ行】

ヨーク，フィリップ　Philip Yorke, 1st Earl of Hardwicke［1690-1764］ハードウィック伯爵〔初代〕MP		79
ヨーク公爵　⇒ジェイムズ2世		

【ラ行】

ライ，ジョン　John Rye［?-1855］（バース市の医師）		218
ライダー，ダドリ　Dudley Ryder, Viscount Sandon, 2nd Earl of Harrowby［1798-1882］サンドン子爵，ハロービ伯爵〔第2代〕（ハロービ伯爵〔初代〕の長男）　MP		243
ラグレン伯爵　⇒ハミルトン，ジョン		
ラシントン，スティーヴン　Stephen Lushington［1782-1873］　MP		239
ラセルズ，ヘンリ　Henry Lascelles, 2nd Earl of Harewood［1767-1841］ヘアウッド伯爵〔第2代〕MP		241, 248
ラッセル，エドワード　Edward Russell, Earl of Orford［1652-1727］オーフォード伯爵　MP		159, 167
ラッセル，ジョン　John Russell, 1st Earl of Bedford［c.1485-1554/55］ベドフォード伯爵〔初代〕MP		16, 17, 19, 20, 31, 33, 34
ラッセル，ジョン　John Russell［1792-1878］（首相）在任 1846-52, 65-66　MP		283, 289-293
ラッセル，フランシス　Francis Russell, 2nd Earl of Bedford［1526/27-85］ベドフォード伯爵〔第2代〕MP		17, 19, 30, 31, 33, 34, 36
ラム，ウィリアム　William Lamb, 2nd Viscount Melbourne［1779-1848］メルバーン子爵〔第2代〕（首相）在任 1834, 35-41　MP		280, 281, 283, 294
リーヴ，ウィリアム　William Reeve（ブリストル市の貿易商協会会長）		186
リヴァプール伯爵〔第2代〕　⇒ジェンキンソン，ロバート		
リピンコット，ヘンリ　Henry Lippincott［1737-80］　MP		172, 189
リンカン伯爵　⇒ペラム＝クリントン，ヘンリ		
リンドハースト男爵　⇒コープリ，ジョン		
レモン，チャールズ　Charles Lemon［1784-1868］　MP		286, 287
ロクスバラ公爵〔初代〕　⇒カー，ジョン		
ローズベリ伯爵〔初代〕　⇒プリムローズ，アーチボルド		

ロチェスタ伯爵〔初代〕 ⇒ハイド,ローレンス
ロッキンガム侯爵〔第2代〕 ⇒ワトソン=ウェントワース,チャールズ
ロックハルト,ジョージ　George Lockhart of Carnwath［1681-1731］（英蘇合同交渉委員）
　　MP *#　　　　　　　　　　　　　　　　　　　　　　　　　　　　　　　　　　　　　*81*
ロビンソン,チャールズ　Charles Robinson［c.1732-1807］　MP　　　　　　　*122, 123*
ロビンソン,フレデリック・ジョン　Frederick John Robinson, 1st Viscount Goderich［1782-1859］
　　ゴダリッチ子爵〔初代〕（首相）在任 1827-28　MP　　　　　　　　　　*229, 239, 240*
ロミリ,ジョン　John Romilly［1802-74］　MP　　　　　　　　　　　　　　　　　*293*
ローリ,ウォルタ　Walter Raleigh［1554-1618］　MP　　　　　　　　*17, 31, 34, 261*

【ワ行】

ワトソン=ウェントワース,チャールズ　Charles Watson Wentworth, 2nd Marquess of Rocking-
　　ham［1730-82］ロッキンガム侯爵〔第2代〕（首相）在任 1765-66, 1782　　　*173, 186*
ワトソン=テイラー,ジョージ　George Watson Taylor［1771-1841］　MP　　　　*238*

【編者・執筆者紹介】

青木 康(あおき・やすし)　【編者, 序, 第2章, 第5章】
立教大学文学部教授。文学修士(東京大学, 1976年)
主要業績
『議員が選挙区を選ぶ——18世紀イギリスの議会政治』(山川出版社, 1997年); "To be a member of the leading gentry: the Suffolk voluntary subscriptions of 1782", *Historical Research*, 76 (2003).

仲丸 英起(なかまる・ひでき)　【第1章】
金沢学院大学文学部講師。博士(史学:慶應義塾大学, 2009年)
主要業績
『名誉としての議席——近世イングランドの議会と統治構造』(慶應義塾大学出版会, 2011年);「近世イングランド下院議員による選挙区移動様態の時系列的変遷」『西洋史学』(第248号, 2013年)

松園 伸(まつぞの・しん)　【第3章】
早稲田大学文学学術院教授, 英国王立歴史学会正会員 (FRHistS)。Ph. D. (University of Leeds, 1990)
主要業績
『産業社会の発展と議会政治——18世紀イギリス史』(早稲田大学出版部, 1999年); Shin Matsuzono, " 'Attaque and Break Through a Phalanx of Corruption ... the Court Party !' The Scottish Representative Peers' Election and the Opposition, 1733-5: Three New Division Lists of the House of Lords of 1735", *Parliamentary History*, 31: 3 (2012) pp. 332-353.

辻本 諭(つじもと・さとし)　【第4章, 人名索引作成】
岐阜大学教育学部助教。Ph. D. (University of Cambridge, 2010)
主要業績
「王政復古期イングランドにおける都市・城砦守備隊」(『史学雑誌』119編11号, 2010年);「18世紀イギリスの陸軍兵士とその家族——定住資格審査記録を手がかりにして」(『社会経済史学』80巻4号, 2015年)

薩摩 真介(さつま・しんすけ)　【第6章】
広島大学総合科学研究科准教授。Ph. D. (University of Exeter, 2010)
主要業績
Britain and Colonial Maritime War in the Early Eighteenth Century: Silver, Seapower and the Atlantic (Boydell & Brewer, 2013);「海, 掠奪, 法——近世大西洋世界における私掠制度の発展と拡大」(『歴史学研究』911号, 2013年)

一柳 峻夫(ひとつやなぎ・たかお)　【第7章】
帝京平成大学中野キャンパス現代ライフ学部講師。文学修士(東京大学, 1994年)
主要業績
「ブリストル商人の経営構造——貿易の多角的システム」(『国際商業』深沢克己編著, ミネルヴァ書房, 2002年); "Leading European Traders in Late Eighteenth-Century Bristol", *Journal of Teikyo Heisei University*, 19 (2008), pp. 15-37.

金澤 周作（かなざわ・しゅうさく）　【第8章】
京都大学大学院文学研究科准教授。文学博士（京都大学，2002年）
主要業績
『チャリティとイギリス近代』（京都大学学術出版会，2008年）；『海のイギリス史――闘争と共生の世界史』（編著，昭和堂，2013年）

川分 圭子（かわわけ・けいこ）　【第9章】
京都府立大学文学部教授。文学修士（京都大学，1992年）
主要業績
『文献解説　西洋近現代史1　近世ヨーロッパの拡大』（共著，南窓社，2012年）；ロン・ハリス『近代イギリスと会社法の発展』（翻訳，南窓社，2013年）

水井 万里子（みずい・まりこ）　【第10章，「コメント」日本語訳】
九州工業大学大学院工学研究院教授。Ph. D. (University of Exeter, 1999)
主要業績
「近世イギリスにおける鉱物資源と財政――コーンウォル産すずの先買1607―1643年をめぐって」（『九州工業大学研究報告（人文・社会科学）』61号，2013年）；『図説　テューダー朝の歴史』（河出書房新社，2011年）

君塚 直隆（きみづか・なおたか）　【第11章】
関東学院大学国際文化学部教授。博士（史学：上智大学，1997年）
主要業績
『パクス・ブリタニカのイギリス外交――パーマストンと会議外交の時代』（有斐閣，2006年）；『物語 イギリスの歴史』（上・下，中公新書，2015年）

Jonathan Barry（ジョナサン・バリー）　【コメント】
エクセター大学人文学群（University of Exeter, College of Humanities）教授。D. Phil. (University of Oxford, 1985)
主要業績
Raising Spirits: How the Story of Thomas Perks was Transmitted across the Enlightenment, (Palgrave Macmillan, 2013)；*Witchcraft and Demonology in South-West England, 1640-1789*, (Palgrave Macmillan, 2012).

イギリス近世・近代史と議会制統治

2015 年 11 月 10 日　初版第 1 刷発行

編著者　青　木　　　康
発行者　吉　田　真　也
発行所　合同会社 吉田書店
102-0072　東京都千代田区飯田橋 2-9-6 東西館ビル本館 32
TEL：03-6272-9172　FAX：03-6272-9173
http://www.yoshidapublishing.com/

装丁　長田年伸
定価はカバーに表示してあります。
Ⓒ AOKI Yasushi, 2015

印刷・製本　藤原印刷株式会社

ISBN978-4-905497-38-7

―――― 吉田書店刊 ――――

グラッドストン――政治における使命感

神川信彦 著

1967年毎日出版文化賞受賞作。英国の大政治家グラッドストンの生涯を流麗な文章で描いた名著。気鋭の英国史家の解題を付して復刊。解題：君塚直隆　　四六判，512頁，4000円

太陽王時代のメモワール作者たち――政治・文学・歴史記述

嶋中博章 著

ルイ14世時代の政治と文化の交錯を回想録を読み解きながら考察。歴史と文学の新たな関係の構築を目指す意欲作。　　四六判，331頁，3700円

ヨーロッパとはどこか――統合思想から読む2000年の歴史

中嶋洋平 著

若き俊英が，統合思想の観点から壮大に描くヨーロッパ統合の夢と現実。ヨーロッパはどう生まれどこへ向かうのか？　　四六判，324頁，2400円

フランスの肖像――歴史・政治・思想

ミシェル・ヴィノック 著，大嶋厚 訳

政治史・政治思想史学の泰斗による格好のフランス入門書。「フランスについて，簡単に説明していただけますか」との外国の学生からの質問に答えるべく著した全30章から成る1冊。

四六判，425頁，3200円

国家の歴史社会学〔再訂訳版〕

B・バディ／P・ビルンボーム 著，小山勉／中野裕二 訳

「国家」（État）とは何か。歴史学と社会学の絶えざる対話の成果。国民国家研究の基本書が，訳も新たに再刊。　　四六判，328頁，2700円

国民国家　構築と正統化――政治的なものの歴史社会学のために

イヴ・デロワ 著

中野裕二 監訳，稲永祐介／小山晶子 訳

歴史学と社会学の断絶から交差へと至る過程を理論的に跡づけ，近代国家形成，国民構築，投票の意味変化について分析。フランスにおける政治社会学の理論的展開を理解するのに最適の1冊。　　四六判，228頁，2200円

憎むのでもなく、許すのでもなく――ユダヤ人一斉検挙の夜

B・シリュルニク 著，林昌宏 訳

ナチスから逃れた6歳の少年は，トラウマをはねのけて長い戦後を生き延びた――。フランスの精神科医が自らの壮絶な過去を綴った1冊。世界10カ国以上で翻訳刊行。朝日新聞，日経新聞など各紙誌絶賛！　　四六判，342頁，2300円

定価は表示価格に消費税が加算されます。
2015年10月現在